Martin Krake

Maremonto Reise- und Wanderführer

Salzkammergut

Martin Krake

Maremonto Reise- und Wanderführer: Salzkammergut

1. Auflage 2015

ISBN: 978-3-9503696-3-2

Zahnradbahnstraße 23/15
1190 Wien, Österreich
Firmenbuchnummer 403707m
beim Handelsgericht Wien
info@maremonto.com
www.maremonto.com

Recherche und Text: Martin Krake, Wien

Alle Fotos von Martin Krake, außer:

- S. 9: OÖ. Tourismus/Hochhauser
- S. 18: OÖ. Tourismus Marketing/Klein
- S. 25: Andrzej Gibasiewicz/ Shutterstock.com
- S. 26: Chr. Howe/Kurat. Pfahlbauten
- S. 40 (2 Fotos): Manfred Wittmann
- S. 46 links: Kletr/Shutterstock.com
- S. 67 oben: Kurt Tutschek/Fotolia
- S. 78: Thomas Exel
- S. 85 unten: Peter Wey/Fotolia
- S. 118: OÖ-Tourismus/Fersterer
- S. 119 oben: Salzwelten
- S. 126 und 128: Dachstein & Eishöhlen GmbH
- S. 152: Loser Bergbahnen/M. Raich
- S. 154: Grimming Therme GmbH
- S. 158: Tourismus Salzburg GmbH
- S. 160: Salzb. Festspiele/Forster
- S. 161: Can Stock Photo Inc./hiro1775
- S. 164 oben links: Can Stock Phot Inc./ erichines
- S. 164 oben rechts: Can Stock Photo Inc./gina_sanders
- S. 170, 176 und 178: Tourismus Salzburg GmbH
- S. 180: Salzburg Museum
- S. 182 oben: Spielzeug Museum Salzb.
- S. 182 unten: Haus der Natur/Kressl

Straßenkarten: © OpenStreetMap und Mitwirkende, CC-BY-SA

Reliefkarten und topogr. Karten: Toursprung GmbH, Daten von Open Street Map und Mitw., CC-BY-SA

Druck: R12 Spannbauer Ges.m.b.H. & Co KG, Fockygasse 29-31, 1120 Wien

Verlags- und Herstellungsort: Wien

●●●●	*top, unbedingt machen!*
●●●	*sollte man erlebt haben*
●●	*nette Abwechslung*
●	*man versäumt nicht viel*

Pflicht oder nicht: *Das System zur Bewertung der Attraktivität sagt Ihnen auf einen Blick, ob sich der Weg lohnt!*

Dieser Reiseführer stellt für alle erwähnten Orte **GPS-Daten** zur Verfügung. Die Koordinaten sind im Format Grad/Dezimalgrad angegeben. Datenpakete mit Wegpunkten für alle Ziele sowie Tracks zu den Wanderungen können kostenlos heruntergeladen werden:

www.maremonto.com/gps/salzkammergut.zip

Eine Region mit Geschichte

Berge und Seen – nirgendwo sonst in Österreich gehen diese beiden Landschaftselemente eine so großartige Verbindung ein wie im Salzkammergut! Doch nicht immer hatte man hier einen Sinn für diese Schönheit: Über Jahrhunderte war die Region am nördlichen Alpenrand einer der größten Produzenten des „weißen Goldes", das ihm seinen Namen gab. An der „Salzachse" zwischen Hallstatt und Gmunden ging es kaum um etwas anderes, nur wenige Gebiete sind so von Abbau und Verarbeitung des Salzes geprägt worden wie das Salzkammergut. Doch schon früh wurde es auch als Reiseziel entdeckt: Im 19. Jahrhundert suchten Adlige und wohlhabende Bürger hier Entspannung, viele berühmte Künstler fanden in dieser Landschaft Ruhe und Inspiration. Auch der Tourismus ist also bereits Teil der Geschichte dieser Region und hat sie auf besondere Art geprägt!

Doch ist gar nicht so klar, wo das Salzkammergut überhaupt anfängt und aufhört. Die Grenzen sind nämlich nicht genau definiert und wurden in historischen Epochen sehr viel enger gefasst als heute: Die meiste Zeit hindurch bezeichnete man nur die Gegend um den Hallstätter See und das Trauntal bis einschließlich Bad Ischl als Salzkammergut. Der Traunsee gehörte schon nicht mehr dazu, von Attersee und Wolfgangsee gar nicht zu reden. Erst in moderner Zeit wurde der Name wegen seines guten Klangs auf die gesamte Seenregion in diesem Teil Österreichs ausgeweitet. Heute versteht man unter dem Salzkammergut in der Regel die Gegend vom Fuschlsee im Westen bis zum Almtal im Osten und vom Attersee im Norden bis zur Grenze des

Das Salzkammergut wird von den Seen bestimmt – vom weitläufigen Attersee...

...bis zu malerischen Bergseen wie dem Hinteren Langbathsee.

Ennstals im Süden. Auch der nördliche Teil des Dachsteinmassivs, der von den Salzkammerguttälern aus zugänglich ist, wird mit einbezogen. Für das eigentliche historische Salzkammergut um den Hallstätter See hat sich der Begriff „Inneres Salzkammergut“ eingebürgert. So genau muss man es aber gar nicht wissen, und es macht auch Sinn, die Grenzen großzügig zu fassen: Die ganze Region bildet mit allen ihren großen und kleinen Seen ein fantastisches, abwechslungsreiches Urlaubsgebiet, in dem alle Attraktionen mit kurzen Wegen erreichbar sind!

Mit der Stadt Salzburg und dem umgebenden Salzburger Land hat das Salzkammergut – auch wenn es sich ähnlich anhört – jedoch nichts zu tun. Die „Mozartstadt“ gehört definitiv nicht mehr dazu; da sie quasi um die Ecke liegt, wird ein Ausflug dorthin aber gerne in einen Salzkammergut-Urlaub einbezogen. Dieses Buch berücksichtigt das mit einem Extrakapitel über Salzburg ab Seite 157.

Internet

allgemeine Informationen
www.salzkammergut.at

Das offizielle Internetportal ist eine umfassende und hervorragend strukturierte Informationsquelle für alle Orte, Ausflugsziele und Freizeitmöglichkeiten.

Die Seen

Die Faszination des Salzkammerguts liegt natürlich in erster Linie daran, dass es die seenreichste Region Österreichs ist: Mehr als 70 sollen es sein, wobei in dieser Zahl allerdings auch die allerkleinsten Teiche mit einberechnet sind. Doch auch wenn man nur die größeren mit einer Fläche von mehr als einem Quadratkilometer zählt, kommt man immerhin auf neun, darunter einige der größten Seen des Landes. Vom riesigen Attersee über den malerischen Hallstätter See bis zum intimen Altausseer See hat jeder einzelne seinen ganz besonderen Charakter. Eines

Die großen Salzkammergutseen

Attersee	46,20 km²	Seite 16
Traunsee	24,35 km²	Seite 58
Mondsee	13,78 km²	Seite 27
Wolfgangsee	12,84 km²	Seite 36
Hallstätter See	8,55 km²	Seite 109
Grundlsee	4,22 km²	Seite 138
Irrsee	3,55 km²	Seite 33
Fuschlsee	2,65 km²	Seite 55
Altausseer See	2,10 km²	Seite 144

haben sie aber alle gemeinsam: Sie sind großartige Badegewässer von hervorragender Wasserqualität!

Alle Seen sind großartige Badegewässer.

Thema: Schifffahrt im Salzkammergut

Die Schifffahrt hat eine lange Tradition im Salzkammergut. Anders als heute befuhr man Seen und Flüsse früher aber nicht zum Vergnügen: Sie waren in den unwegsamen Bergregionen die einzigen Verkehrswege, denn Straßen und Eisenbahnlinien wurden hier erst während des 19. Jahrhunderts gebaut. Alle Güter – vor allem das Salz, aber auch Holz und Nahrungsmittel – mussten über das Wasser transportiert werden. Auch für den Personenverkehr gab es oft keine Alternativen, weil nicht einmal Fußpfade existierten.

Erst Ende des 19. Jahrhunderts, als die ersten Touristen das Salzkammergut besuchten, wurde die Schifffahrt zu einem Freizeitvergnügen, denn mit der 1877 eröffneten Salzkammergutbahn und den ersten Straßen standen endlich Alternativen zur Verfügung. Heute gibt es auf allen größeren Seen während des Sommers regelmäßig verkehrende Linienschiffe, die Seeorte und Ausflugsziele miteinander verbinden.

Auf dem Traunsee fährt das älteste Schiff des Salzkammerguts.

Fahrpläne, Anlegestellen und andere Details erfahren Sie bei den Schifffahrtsgesellschaften. Telefonnummern und Internetadressen beim Kapitel über den jeweiligen See im Kasten „Wie man hinkommt"!

Berge und Wandern

Doch ist das Salzkammergut mehr als nur ein Badeziel: Die Möglichkeiten für Wanderungen sind enorm vielfältig, in nur wenigen Alpenregionen findet man ein so breit gefächertes Angebot an Touren unterschiedlichsten Anspruchs vor. An vielen Seen gibt es liebliche Uferwege, an denen immer wieder schöne Badeplätze zu einer Unterbrechung einladen. Viele Gipfel sind durch Seilbahnen erschlossen, die aussichtsreiche Höhentouren ohne langwierige Aufstiege ermöglichen.

Die Berge des Salzkammerguts sind größtenteils nicht allzu hoch: Abgesehen von Dachsteinmassiv und Totem Gebirge erreichen die Gipfel maximal Höhen um die 2000 Meter und sind mit Latschenkieferbeständen und Bergwiesen bedeckt. Die Wege sind überwiegend einfach bis mittelschwer und zumeist auch von weniger geübten Wanderern zu bewältigen. Sportliche Abenteurer finden am Traunstein, im Dachsteingebiet und im Toten Gebirge Möglichkeiten für anspruchsvolle Touren mit hohem Erlebniswert.

Seilbahnen und Zahnradbahnen

Berg	*Talort*	*Seite*
Schafberg	St. Wolfgang	44
Zwölferhorn	St. Gilgen	53
Grünberg	Gmunden	66
Feuerkogel	Ebensee	80
Katrin	Bad Ischl	96
Zwieselalm	Gosau	107
Krippenstein	Obertraun	122

Viele Seen haben schöne Uferwege.

Salzkammergut-Erlebniscard

Diese Karte bringt bei vielen Ausflugszielen, Aktivitäten und Attraktionen einen vergünstigten Preis. Sie kostet 4,90 Euro und gilt für den ganzen Urlaub, in den meisten Orten ist sie ab drei Übernachtungen sogar kostenfrei! Details auf *www.salzkammergut.at*.

Städte, Dörfer und Ausflugsziele

Das Salzkammergut ist bis heute eine ländlich geprägte Region geblieben. Selbst die beiden größten Städte – Gmunden und Bad Ischl – erreichen nur Einwohnerzahlen von 13-14.000, Bad Aussee ist mit rund 5000 Einwohnern sogar eine der kleinsten Städte Österreichs. Dennoch hat die Geschichte einen reichen Schatz an Kultur- und Kunstdenkmälern und reizvollen historischen Ortszentren hinterlassen: Hallstatt, St. Wolfgang, Bad Aussee, Gmunden und viele andere Städte und Gemeinden haben ihre ganz eigene, unverwechselbare Atmosphäre.

Geschichtlich interessierte Besucher können sich in außerordentlich interessante Themen vertiefen: Vom bronzezeitlichen Bergbau in Hallstatt und der spätmittelalterlichen Wallfahrtstradition in St. Wolfgang über die Salzwirtschaft der frühen Neuzeit bis zum großbürgerlichen Sommerfrischetourismus des späten 19. Jahrhunderts, der nahezu überall in der Region seine Spuren hinterlassen hat. Zahlreiche größere und kleinere Museen vermitteln Einblicke in die Vergangenheit, und die Bergwerke und Schauhöhlen bieten ein Schlechtwetterprogramm, das auch erlebnishungrige Kinder über manchen Regentag hinwegtrösten wird.

Tipp: Geschichts-und Heimatmuseen

Überall im Salzkammergut gibt es zahlreiche größere und kleinere Museen, in denen man sehr gut aufbereitete Informationen über die Geschichte der Region erhält. Die größeren stehen unter wissenschaftlicher Leitung und bieten einen breiten Überblick über verschiedene Epochen und historische Zusammenhänge. Die größten sind das **K-Hof Museum** in Gmunden (➤ Seite 66) und das **Stadtmuseum** in Bad Ischl (➤ Seite 91), etwas kleiner das **Kammerhofmuseum** in Bad Aussee (➤ Seite 135) und das **museum. ebensee** (➤ Seite 75).

Daneben gibt es viele kleinere Museen, die von engagierten Privatpersonen oder Vereinen betreut werden und sich oft in original eingerichteten historischen Gebäuden befinden. Hier ist der Besuch in der Regel mit einer kleinen Führung durch heimatverbundene Einheimische verbunden – eine bessere Möglichkeit, in die regionale Identität und Geschichte einzutauchen, gibt es nicht!

Reisezeit

Das Salzkammergut ist in erster Linie ein Sommerreiseziel. Viele touristische Angebote – Schiffe sowie Museen und andere Besichtigungsmöglichkeiten – stehen daher nur von April oder Mai bis zum Spätherbst zur Verfügung. Die Hochsaison sind die Monate Juli und August, im Juni und September ist etwas weniger los. Der September gilt mit seinen oft stabilen Schönwetterperioden als hervorragende Wandersaison, im Oktober braucht man dagegen schon Glück, um noch sonnige und warme Tage zu erwischen. Auch der Mai ist eine Option für Besucher, die es gerne ruhig (und preisgünstig) mögen. Beim Wandern kann es im Frühling jedoch Einschränkungen geben: Selbst die kleineren Berge können dann noch schneebedeckt sein, viele Wanderwege im Dachsteingebiet und im Toten Gebirge sind sogar erst ab Juli zuverlässig schneefrei.

Wie alle Gebiete am nördlichen Alpenrand ist das Salzkammergut eine vergleichsweise wolken- und regenreiche Zone, da die meistens von Nordwesten herantreibenden Wolken hier erstmals auf höhere Berge treffen und von diesen aufgehalten werden. Eine Sonnengarantie gibt es daher auch im Hochsommer nicht, mit ein paar Schlechtwettertagen muss man immer rechnen.

Internet

Wetter
www.zamg.at
Die beste Wettervorhersage für alle österreichischen Regionen! Mit detaillierter Bergwettervorhersage *(Produkte und Services/Bergwetter).*

Unterkünfte

In nahezu allen Orten des Salzkammerguts gibt es eine große Auswahl an touristischen Unterkünften in allen Preisklassen – von der einfachen Pension bis zum Luxushotel. Große Hotelanlagen sind selten, meistens handelt es sich um kleine bis mittelgroße Betriebe in Familienbesitz. Ferienwohnungen werden überwiegend privat angeboten. Das Preisniveau hängt natürlich von der Ausstattung, aber auch ganz wesentlich von der Lage ab: Am teuersten wohnt man direkt am Wasser, am günstigsten in den Orten, die nicht an einem der Seen liegen, etwa in Bad Goisern, Gosau oder Bad Mitterndorf. In sehr populären Ortschaften wie Hallstatt, St. Wolfgang oder Gmunden muss man mit einem Exklusivitätszuschlag rechnen.

Das Angebot ist so groß, dass auch während der Hochsaison immer noch kurzfristig etwas zu haben ist. Wenn man in einen ganz bestimmten Ort will oder auf preisgünstige Unterkünfte angewiesen ist, sollte man aber zumindest 1-2 Wochen vorher reservieren. Eng wird es vor allem an sonnigen Wochenenden, weil sich dann viele Österreicher zu einem spontanen Kurztrip ins Salzkammergut entschließen.

Unterkünfte
www.tiscover.at
www.booking.de

Eine gute Möglichkeit, Unterkünfte individuell zu buchen, sind Portale, die umfassende Preisvergleiche und sofortige Buchungen ermöglichen. Die meisten Hotels und Pensionen akzeptieren auch Buchungen für einzelne Nächte, so dass Sie Ihren Urlaub auf verschiedene Orte aufteilen können.

Internet

Anreise und Mobilität

Autofahrer müssen auf österreichischen Autobahnen und Schnellstraßen neben dem Tempolimit von 130 km/h vor allem die **Mautpflicht** beachten: Das Auto muss eine Vignette, die für einen bestimmten Zeitraum gilt, an der Frontscheibe haben. Das umgangssprachlich so genannte „Pickerl“ ist an allen Tankstellen erhältlich, auch in Deutschland in Grenznähe. Die Vignette für 10 Tage kostet derzeit für PKW 8,70 Euro und für Motorräder 5,00 Euro. Die Varianten für zwei Monate oder ein ganzes Jahr sind für deutsche Touristen normalerweise nicht sinnvoll. Für Fahrzeuge ab 3,5 Tonnen wird die kilometerabhängige LKW-Maut fällig. Bundesstraßen sind in Österreich nicht mautpflichtig; wenn Sie aus Deutschland kommen und ab der Grenze alle Autobahnen meiden, können Sie also auf die Vignette verzichten. Details zur Maut finden Sie auf *www.asfinag.at*.

Das Salzkammergut verfügt über ein hervorragendes Netz aus **öffentlichen Verkehrsmitteln**, so dass ein Urlaub ohne Auto sehr gut möglich ist. Alle Städte und größeren Ortschaften sind gut miteinander verbunden, auch die Ausgangspunkte der meisten Wanderungen lassen sich öffentlich erreichen. In vielen Fällen ist die Nutzung von Bahn oder Bus beim Wandern sogar ein Vorteil, weil man dadurch nicht zum Ausgangspunkt zurückkehren muss.

Die öffentliche Hauptverkehrsader des Salzkammerguts ist die von den Österreichischen Bundesbahnen (ÖBB) bediente **Salzkammergutbahn** von Attnang-Puchheim nach Stainach-Irdning über Gmunden, Ebensee, Bad Ischl, Bad Goisern, Obertraun und Bad Aussee. Zwischen Attnang-Puchheim und Obertraun gibt es eine Verbindung pro Stunde, abwechselnd mit Regionalzügen (im Fahrplan mit R gekennzeichnet) und Regionalexpresszügen (REX). Die Regionalzüge halten an allen Stationen, Regionalexpresszüge fahren an einigen kleineren Stationen durch. Im südlichen Abschnitt zwischen Obertraun und Stainach-Irdning fahren die Züge nur alle zwei Stunden. In Attnang-Puchheim gibt es direkte Anschlüsse an die Fernzüge auf der Strecke Salzburg-Wien.

Zugtickets gibt es am Automaten (mit Bargeld und EC-Karte) oder am Schalter. Achtung: In österreichischen Nahverkehrszügen (also in allen Zügen der Salzkammergutbahn) kann man das Ticket nicht beim Schaffner lösen – wenn man den Zug ohne Ticket besteigt, gilt das als Schwarzfahren und wird mit einer Sondergebühr bestraft! Nur wenn es an der Einstiegsstation keinen Schalter oder Automaten gibt oder alle vorhandenen Automaten außer Funktion sind, darf man beim Schaffner nachlösen.

Neben dieser Zuglinie gibt es ein dichtes Netz von **Linienbussen**, die zumeist von der ÖBB-Tochterfirma Postbus betrieben werden. Die Linie 150 stellt eine Ost-West-Verbindung von Bad Ischl über Wolfgangsee und Fuschlsee zum Salzburger Hauptbahnhof her (wochentags stündlich, am Sonntag alle zwei Stunden). Die Busstation am Bahnhof Bad Ischl ist ein wichtiger Knotenpunkt mit Umsteigemöglichkeiten zu weiteren Linien. In den Bussen zahlt man grundsätzlich beim Fahrer.

Alle Züge der Salzkammergutbahn haben großzügige **Fahrradabteile**; für die Mitnahme braucht man ein Regio-Biking-Ticket (2,00 Euro pro Fahrt, auch am Automaten). In den OIC-Fernzügen (von/bis Attnang-Puchheim) ist die Fahrradmitnahme reservierungspflichtig (auch online buchbar auf *www.oebb.at*). Die Schiffe transportieren Fahrräder, sofern Platz an Deck ist – normalerweise ist das der Fall, es gibt jedoch keine Garantie. Auch die Postbusse nehmen Fahrräder mit.

Internet

Bus und Bahn
www.oebb.at

Die Fahrplanauskunft der ÖBB berücksichtigt neben den Zügen auch alle Buslinien und sogar Schiffsverbindungen. Für Smartphones steht die App *Scotty* auf derselben Datenbasis zur Verfügung.

Teil 1

Region Attersee/Mondsee

Der Attersee ist der größte der Salzkammergutseen und bietet die besten Möglichkeiten für alle Arten von Spaß am und im Wasser: Segler und Taucher schätzen den See gleichermaßen, und auch zum Baden ist er ein Topziel. Die kulturellen Sehenswürdigkeiten fallen hier bescheidener aus als anderswo im Salzkammergut. Eine findet man am lieblichen Mondsee: Eines der ersten Klöster Österreichs, das die Region über Jahrhunderte geprägt hat.

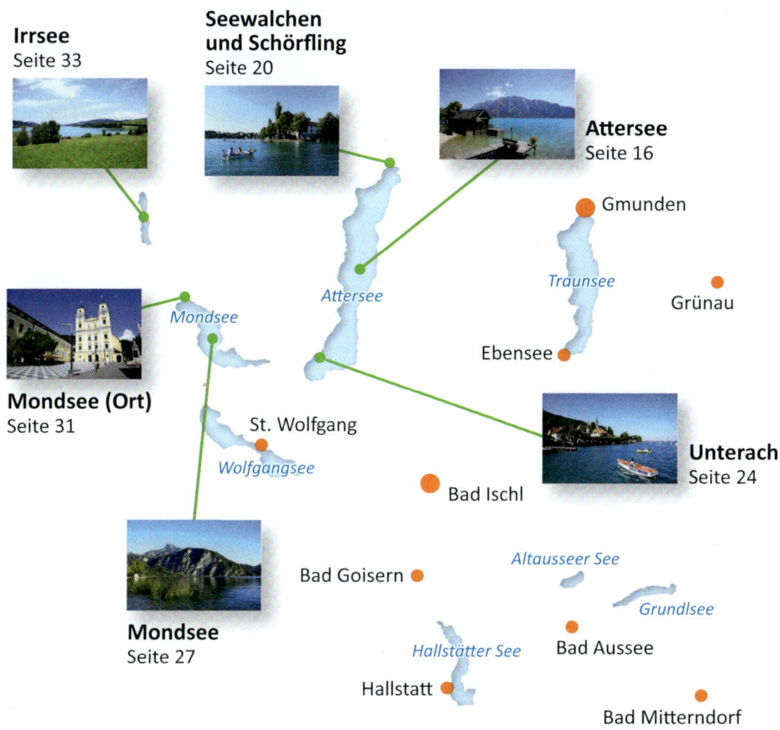

Attersee

Der Attersee, oft auch Kammersee genannt, ist der größte See im Salzkammergut: Mit einer Länge von knapp 20 Kilometern und einer Fläche von über 46 Quadratkilometern übertrifft er selbst den Traunsee um fast das Doppelte. Er befindet sich zum größten Teil im hügeligen Alpenvorland, was ihm insgesamt eine liebliche Anmutung gibt. Nur im äußersten Südosten überragen die westlichen Ausläufer des Höllengebirges den Attersee mit steilen Felshängen und bis zu 1600 Meter hohen Gipfeln. Das Westufer ist flach und durch eine Reihe kleinerer Orte – Attersee, Nußdorf und Unterach mit vielen Ortsteilen – fast durchgehend locker bebaut. Das Ostufer ist etwas steiler, hier befinden sich mit Weyregg, Weißenbach und Steinbach nur wenige Dörfer. Am schmalen Nordende, wo die Ager aus dem See austritt, breitet sich mit dem Doppelort Seewalchen/Schörfling das größte Siedlungszentrum der Seeregion aus.

Pflicht oder nicht?

- •••• *top, unbedingt machen!*
- ••• *sollte man erlebt haben*
- •• *nette Abwechslung*
- • *man versäumt nicht viel*

Der Attersee ist ein Traumziel für Badefreunde und Wassersportler, kulturelle Sehenswürdigkeiten gibt es dagegen kaum.

Große historische Sehenswürdigkeiten und Kulturschätze hat jedoch keiner der Seeorte zu bieten, und auch die Wandermöglichkeiten in der Region sind nicht allzu üppig. Den Attersee besucht man in erster Linie, um Spaß am

Der Attersee wirkt weit und offen.

und im Wasser zu haben: Mit sieben Strandbädern und vielen weiteren Badeplätzen gibt es hier etliche Möglichkeiten, sich an heißen Tagen zu vergnügen. Die um den ganzen See herumgeführte und an schönen Tagen natürlich dicht befahrene Straße sorgt freilich für eine gewisse Lärmkulisse. Die Umrundung des Sees mit dem Fahrrad ist mit einer Länge von 48 Kilometern eine schöne Tagestour, einen Radweg gibt es jedoch nicht. Das **Attersee-Aquarium** in Weyregg lohnt dabei einen kurzen Zwischenstopp: In einem 4,50 Meter langen Becken werden verschiedene im See vorkommende Fischarten gezeigt.

Aber der See bietet nicht nur zum Baden hervorragende Bedingungen, sondern auch für unterschiedliche Wassersportarten: Segler und Surfer schätzen die hier stetig und zuverlässig wehenden Winde, so dass der See an Sommerwochenenden oft von einem ganzen Meer aus Segeln bedeckt ist. Auch Taucher gehen hier gerne auf Abenteuersuche, denn das klare Wasser mit hohen Sichtweiten und die großartige Unterwasserlandschaft machen den Attersee zum besten Tauchrevier des Salzkammerguts! Die Infrastruktur ist entsprechend

Wanderungen

1 Attersee-Westwanderweg
Technik ●●○○○
Kondition ●●●○○
➤ *Seite 188*

2 Über Brennerin und Mahdlgupf
Technik ●●●●○
Kondition ●●●●○
➤ *Seite 193*

Segler lieben die zuverlässigen Winde.

gut: Insgesamt 26 Einstiegsstellen sind gekennzeichnet, in den drei Tauchbasen in Unterach, Weyregg und Steinbach kann man Ausrüstung leihen und Kurse machen.

Der Attersee gilt als hervorragendes Tauchrevier.

Wie man hinkommt

Der Attersee wird von den Bundesstraßen 151 und 152 umringt, es gibt jedoch nicht allzu viele Stellen, an denen man parken kann. Alle Strandbäder (Weyregg, Steinbach, Weißenbach, Unterach, Nußdorf, Attersee und Schörfling) haben Parkplätze, die meistens kostenpflichtig sind.

Die Atterseeorte sind mit zwei Buslinien an die Fernzüge in Vöcklabruck oder Attnang-Puchheim angebunden: Linie 564 am Westufer über Seewalchen und Nußdorf nach Unterach, Linie 562 am Ostufer von Schörfling über Weyregg nach Unterach und weiter nach Mondsee. Linie 548 von Bad Ischl nach Unterach (Rufbus, mind. 60 Minuten vorher unter 0043 650 740 2225 anmelden). Von Vöcklamarkt nach Attersee verkehrt eine Lokalbahnlinie.

***Allgemeine Informationen** über die Region: www.attersee.at oder Tel. 0043 7666 7719*

*Die **Schiffe** fahren auf einem Nordkurs (Seewalchen bis Weyregg und Attersee) und einem Südkurs (Attersee bis Unterach und Weißenbach). Wer den ganzen See befahren will, muss in Attersee umsteigen. Von Mitte/Ende Mai bis Mitte/Ende September tägl., im Frühling und Herbst nur Sa und So. www.atterseeschifffahrt.at, Tel. 0043 7666 7806*

***Strandbäder** gibt es in Seewalchen, Schörfling, Attersee, Nußdorf, Unterach, Steinbach und Weyregg. Die Attersee-Bädercard ist eine für alle Bäder gültige Pauschalkarte und als Punktekarte oder Saisonkarte in allen Bädern erhältlich. www.attersee-baeder.at*

***Attersee-Aquarium:** In Weyregg am Seeufer (beschildert). Mai bis Ende September tägl. 9:00-22:00 Uhr, kostenlos.*

*Informationen für **Segler und Taucher**:*
attersee.salzkammergut.at/segeln.html
attersee.salzkammergut.at/tauchen.html

Seewalchen
Seite 20
Schörfling
Seite 20
A1
Wien
St. Georgen
im Attergau
Attersee
am Attersee
Salzburg
Attersee
Fläche: 46,2 km²
Höhe ü.d.M.: 469 m
Maximale Länge: 19,4 km
Maximale Tiefe: 169 m
1: Burggrabenklamm
2: Attersee-Aquarium
Weyregg
2
Nußdorf
am Attersee
Attersee
B152
B151
Traunsee
Steinbach
Wanderung 2
Wanderung 1
Unterach
Seite 24
Mondsee
Weißenbach
1
B153
1,8 km
1:110.000
Bad Ischl

Seewalchen und Schörfling

Am nördlichen Ende des Attersees liegen die beiden größten Gemeinden der Gegend, Seewalchen und Schörfling, direkt nebeneinander. Die historischen Zentren befinden sich jeweils ein Stück vom Ufer entfernt. Heute spielt sich das Leben allerdings am See ab, wo die beiden Ortschaften längst zusammengewachsen sind und nur noch durch das Flüsschen Ager, das hier aus dem See austritt, getrennt werden.

Das auffälligste historische Gebäude der Gegend ist das klotzige **Schloss Kammer** 1, das dem am See gelegenen Ortsteil Schörflings seinen Namen gab. Es wurde ab 1260 auf einer kleinen Insel erbaut, die später durch eine Aufschüttung zur Halbinsel wurde. In einer Bucht direkt daneben liegt der mit Segelbooten unterschiedlichster Größe gefüllte Jachthafen. Das 2012 am Rand des kleines Schlossparks eröffnete **Gustav Klimt Zentrum** 2 informiert mit einer kleinen Multimedia-Ausstellung über die Schaffensphase des Jugendstilmalers am Attersee, im selben Gebäude befindet sich die Touristeninformation. Hier beginnt auch der Themenweg „Klimt am Attersee“, der mit verschiedenen

Pflicht oder nicht?

- •••• *top, unbedingt machen!*
- ••• *sollte man erlebt haben*
- •• *nette Abwechslung*
- • *man versäumt nicht viel*

Wenn man ohnehin in der Nähe ist, sind Seewalchen und Schörfling einen Abstecher wert, einen weiten Weg lohnen die Orte jedoch nicht.

Weit vorgeschoben auf einer Halbinsel, bewacht Schloß Kammer den Ort.

Tafeln zu den Landschaftsmotiven führt, die Klimt in seinen Gemälden interpretierte. Etwa 400 Meter südwestlich des Jachthafens, vorbei am Bahnhof, erreicht man das kleine **Seebad Schönauer**.

Das recht hübsche historische Zentrum Schörflings rund um den Marktplatz 3 befindet sich einige hundert Meter landeinwärts auf einem Hügel. Es steht im Schatten des lebhaften und stets gut besuchten Uferviertels, lohnt aber durchaus den knapp zehnminütigen Weg die Agerstraße hinauf.

Das historische Zentrum Schörflings liegt etwas abseits.

Thema: Gustav Klimt und der Attersee

Gustav Klimt (1862-1918) war einer der wichtigsten Wegbereiter der modernen Malerei um die Jahrhundertwende. In Wien geboren und aufgewachsen, war Klimt eigentlich eher ein Stadtmensch und in der Metropole mit seinen außergewöhnlichen Portraits bei der großbürgerlichen Oberschicht ausgesprochen erfolgreich. Im Jahr 1900 entdeckte er den Attersee als ländliches Sommerziel und verbrachte 16 Jahre lang fast jeden Sommer in Seewalchen, Schörfling oder Weißenbach. Die Inspiration, die er aus diesen Aufenthalten bezog, brachte eine wichtige Ergänzung seines künstlerischen Schaffens: Von den insgesamt etwa 50 Landschaftsgemälden, die Klimt während seines ganzen Lebens anfertigte, entstand der größte Teil am Attersee. Wie auch seine Portraits waren diese Landschaftsbilder wichtige Impulse für die Entwicklung der Malerei in seiner Epoche.

„Schloß Kammer am Attersee II" von 1908 ist eines der Gemälde, die Klimt am Attersee malte.

An warmen Tagen spielt sich das Leben am See ab.

Um 1900 herum war der Doppelort ein wichtiges Zentrum des großbürgerlichen Sommerfrische-Tourismus (➤ Seite 95). Zeugnisse dieser Zeit sind die größtenteils zwischen 1870 und 1900 in unterschiedlichsten Baustilen errichteten Villen, die sich die Seewalchener Uferpromenade westlich der Ager entlangziehen. Am auffälligsten ist die **Villa Paulick**, die mit ihrem neogotischen Spitzturm an den Schauplatz eines Gruselfilms erinnert: Das 1877 erbaute Gebäude gehörte einer Wiener Großbürgerfamilie und war ein wichtiger gesellschaftlicher Treffpunkt, der auch von Gustav Klimt immer wieder besucht wurde. Zwischen der Villensiedlung und der Agerbrücke befindet sich das große **Seewalchener Strandbad** 4. In der Nähe der Brücke informiert ein **Pfahlbau-Pavillon** über die neolithische Pfahlbausiedlung, die hier gefunden wurde (➤ Seite 26).

Die Seewalchener Villen wurden in unterschiedlichsten Stilen gestaltet.

Wie man hinkommt

*Seewalchen und Schörfling sind über die Autobahn A1 (Ausfahrt Seewalchen) zu erreichen. Am Strandbad Seewalchen gibt es einen großen Parkplatz, weitere Parkplätze an der B152 in Schörfling. Von der Bundesstraße ins historische Zentrum Schörflings sind es etwa 700 m. Details zu **Buslinien** und **Schiffsverkehr** auf Seite 18.*

***Touristeninfo:** im Haus des Klimt-Zentrums. Tel. 0043 7662 2578*

*Die **Seebäder** sind von Anfang Mai bis Mitte September täglich geöffnet. Hier gilt die Attersee-Bädercard (Seite 18).*

***Gustav Klimt Zentrum:** in Schörfling zwischen Bundesstraße und Schloss Kammer. 1.6.-30.9. tägl. 10:00-18:00 Uhr, 1.10.-30.5. Mi-So 10:00-16:00 Uhr. Erwachsene 5,00 €, Kinder von 6-15 2,00 €.*
www.seeparkkammer.at/klimt-zentrum, Tel. 0043 664 8283 990

GPS-Wegpunkt 01 (Strandbad Seewalchen): 47,95017 13,59071
GPS-Wegpunkt 02 (Klimt Zentr. Schörfling): 47,94624 13,59418

Unterach

Mit der landschaftlich hübschen Lage am von hohen Berghängen umgebenen südlichen Seeteil ist Unterach sicherlich der schönste Atterseeort. Auf einem Hügel thront die ansehnliche Pfarrkirche, die auf das 15. Jahrhundert zurückgeht und im späten 18. Jahrhundert ihre heutige barocke Gestalt erhielt. Das kleine Ortszentrum unten am Seeufer hat eine angenehm unspektakuläre und entspannte Atmosphäre, im großen Strandbad ein paar Schritte weiter kann man einen schönen Blick auf die gegenüberliegenden Steilhänge des Höllengebirges genießen. Die um den Ort herumgeführte Bundesstraße entlastet das Zentrum vom Verkehrslärm.

Pflicht oder nicht?

- •••• *top, unbedingt machen!*
- ••• *sollte man erlebt haben*
- •• *nette Abwechslung*
- • *man versäumt nicht viel*

Unterach kann sich nicht mit berühmten Seeorten wie Hallstatt oder St. Wolfgang messen, lohnt aber einen Stopp bei einer Runde um den See.

Einige Sommerfrischevillen erinnern daran, dass auch Unterach ab dem späten 19. Jahrhundert vom Tourismus im Salzkammergut (➤ Seite 95) profitieren konnte. Dafür wurde sogar in eine hochmoderne Infrastruktur investiert: Von 1907 bis 1949 verbanden elektrische Triebwagen auf einer drei Kilometer langen Bahnlinie

Unterach hat eine wunderbare Lage am südlichen Attersee.

Unterach mit dem Mondsee. Der Turbinenerfinder Viktor Kaplan besaß in Unterach eine Villa, und auch viele Künstler wie Johannes Brahms und Hugo Wolf kamen oft zu Besuch. Gustav Klimt (➤ Seite 21) verewigte das Dorf sogar in mehreren Gemälden und wurde dafür mit einem Denkmal am Seeufer gewürdigt.

Wie man hinkommt

Es gibt einen großen, gebührenpflichtigen Parkplatz am Strandbad südlich des Zentrums. Mit dem Bus: Linie 564 ab Vöcklabruck über Seewalchen und Nußdorf, Linie 562 ab Mondsee. Details zur Attersee-Schifffahrt auf Seite 18.

GPS-Wegpunkt 03 (Zentrum): 47,80434 13,48917

Tipp: Burggrabenklamm

Die Burggrabenklamm am südlichen Ende des Attersees, zwischen Unterach und Weißenbach, gilt mit ihrem 18 Meter hohen Wasserfall als schönste Klamm des Salzkammerguts. Nach einem Unfall im Jahr 2007 wurde jedoch der Wanderweg durch die Klamm gesperrt, da niemand mehr die Verantwortung für die Sicherheit der Anlagen übernehmen wollte. Der oberhalb der Klamm entlangführende Valerieweg blieb geöffnet, doch hat man von hier aus keinen Blick in den engeren Klammteil.

Ab 2015 soll der Wasserfall in der Klamm wieder zugänglich sein.

Während der Recherche für dieses Buch wurde an einer Revitalisierung des Klammweges mit neuen Stegen gearbeitet. Die Eröffnung ist für 2015 angekündigt, danach wird die Burggrabenklamm in jedem Fall wieder ein interessantes Ausflugsziel sein! Eine neue Schiffsstation soll die Klamm dann auch leichter erreichbar machen.

GPS-Wegpunkt 04: 47,78955 13,49449

Thema: **Pfahlbausiedlungen**

1870 wurden im Attersee bei Seewalchen die Überreste einer jungsteinzeitlichen Ufersiedlung gefunden. In den folgenden Jahrzehnten stießen die Archäologen auf eine ganze Reihe weiterer Siedlungsplätze im Attersee und im Mondsee, die auf eine Zeit zwischen 4000 und 3000 v. Chr., also in die Jungsteinzeit, datiert werden konnten. Einige wenige Siedlungen sind deutlich jünger und lassen sich der frühen Bronzezeit (um 1500-1000 v. Chr.) zuordnen. Da alle Fundstellen mehrere Meter unter der Wasseroberfläche liegen, ging man anfangs davon aus, die Häuser seien auf Pfählen ins Wasser hinein gebaut worden. Spätere Untersuchungen ergaben jedoch, dass sie ursprünglich am Ufer standen und durch einen späteren Anstieg des Wasserspiegels, möglicherweise infolge eines katastrophalen Bergsturzes, versanken.

Der schlammige Seeboden hat konservierende Eigenschaften. Daher blieben hier nicht nur Gegenstände aus Stein oder Keramik erhalten, sondern auch Holzreste, Textilien und Abfälle jeglicher Art. Daraus können ausgesprochen detaillierte Rückschlüsse auf die Lebensweise der sogenannten „Mondseekultur" gezogen werden: Es war eine Gesellschaft sesshafter Bauern, die Feldfrüchte anbauten, aber auch jagten und Wildfrüchte sammelten. Sie stellten Keramikgegenstände und Steinwerkzeuge mit einer typischen Formensprache her und unterhielten Handelsbeziehungen mit weit entfernten Regionen.

Die Fundstellen liegen unter Wasser und sind daher nicht zugänglich. Drei *Pfahlbau-Pavillons* (je einer in Seewalchen, in Attersee und in Mondsee) informieren über diese archäologische Besonderheit. Wer mehr erfahren will, kann unter *www.pfahlbauten.at* nachlesen oder die App *Palafittes Guide* installieren, die auch einen Audioguide zu drei Stätten enthält.

Die Fundstellen unter Wasser machen eine ferne Vergangenheit lebendig.

Mondsee

Nicht weit vom Südende des Attersees entfernt und von diesem nur durch einen flachen, knapp drei Kilometer breiten Landstreifen getrennt, befindet sich der Mondsee. Sein südöstliches Ende wird von Berghängen begrenzt, im Nordwesten sind die Ufer von einer hügeligen Wiesenlandschaft umgeben. Der Eindruck ist insgesamt lieblich und sanft, nur die steile Drachenwand, die das Südufer um fast 500 Meter überragt, setzt einen dramatischen Akzent. Der Klettersteig, der sich die Wand hinaufwindet, ist in jedem Fall die spektakulärste Art, den Mondsee zu erleben (➤ Seite 29)! Landschaftlich am schönsten ist der südöstliche Teil des Sees, der sich als schmale Zunge Richtung Attersee zieht.

Die einzige größere Siedlung am See ist der gleichnamige Hauptort am nordwestlichen Ende (➤ Seite 31). Daher gibt es am Mondsee – anders als an den übrigen großen Salzkammergutseen – auch keine Linienschifffahrt: Die Ausflugsboote drehen vom Hauptort aus eine Runde auf dem See und kehren dann wieder zurück, weitere Haltepunkte gibt es nicht.

Pflicht oder nicht?

- ● ● ● ● *top, unbedingt machen!*
- ● ● ● *sollte man erlebt haben*
- ● ● *nette Abwechslung*
- ● *man versäumt nicht viel*

Der Mondsee ist einer der landschaftlich reizvollsten Salzkammergutseen und ein großartiges Badeziel.

Am schönsten ist der südöstliche Teil des Mondsees.

Der Mondsee ist vor allem als Badesee beliebt: Durch seine vergleichsweise geringe Tiefe ist er einer der wärmsten Seen im Salzkammergut, im Sommer sind bis zu 26 Grad drin. Das **Alpenseebad Mondsee** in Mondsee ist sogar die größte Freibadeanlage im gesamten Salzkammergut mit Sandstrand, Sprungturm und mehreren Rutschen. Kleinere Badeplätze gibt es in Schwarzindien im westlichen Seebereich, in Plomberg am mittleren Südufer und in Loibichl am mittleren Nordufer.

Auch für Radfahrer ist der Mondsee eine schöne Option: Die Umrundung ist mit einer Gesamtlänge von rund 25 Kilometern eine sehr gemütliche Tour, die reichlich Zeit für Bade- und Besichtigungsstopps lässt und fast ausschließlich auf Radwegen verläuft. Besonders spaßig ist das Passieren der Kienbergwand im südöstlichen Seeabschnitt, wo man durch einige kurze Fahrradtunnel fährt.

Mondsee

Fläche:	*13,8 km²*
Höhe ü.d.M.:	*481 m*
Maximale Länge:	*9,5 km*
Maximale Tiefe:	*68 m*

1: Alpenseebad
2: Badeplatz Schwarzindien
3: Badeplatz Loibichl
4: Badeplatz Plomberg
5: Drachenwand
6: Kienbergwand (Fahrradtunnel)

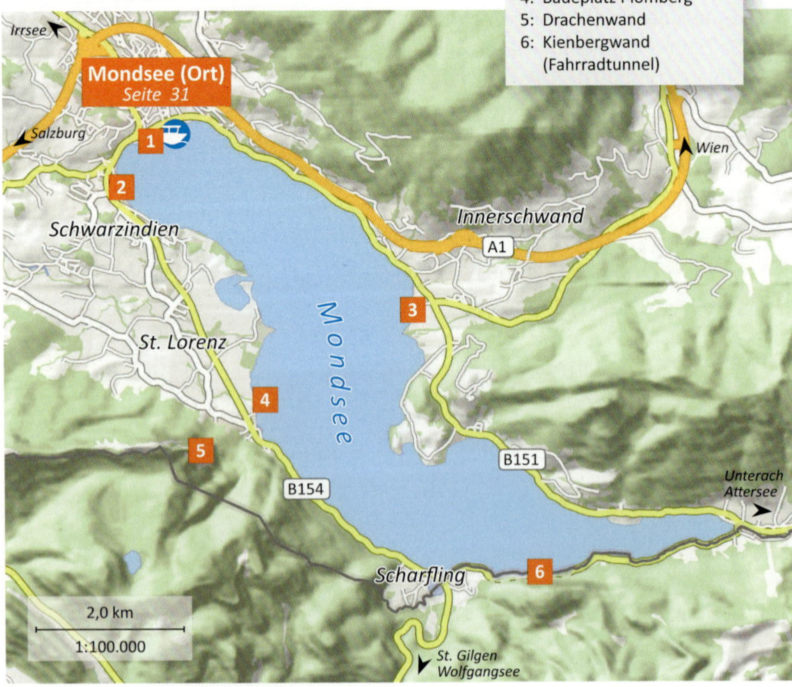

Wie man hinkommt

Die Buslinie 140 verbindet Mondsee (Ort) mit Salzburg, dort Anschluss an Fernzüge. Buslinie 562 von Mondsee am Nordufer entlang bis Unterach, Linie 156 am Südufer von Mondsee nach Scharfling, drei Fahrten täglich weiter nach St. Gilgen.

***Allgemeine Informationen:** www.mondsee.at, 0043 6232 2270*

***Schiffsrundfahrten** starten in Mondsee und werden angeboten von Firma Meindl (www.schifffahrt-meindl.at, Tel. 0043 6232 7412) und Firma Hemetsberger (www.mondsee-schifffahrt.at, Tel. 0043 664 4934 684).*

***Alpenseebad Mondsee:** In Mondsee (Ort). Mai-September tägl. ab 9:00 Uhr. Tageskarte Erwachsene 5,50 €, Kinder von 6-14 2,40 €, Kinder bis 5 kostenlos. Ab 13:00 Uhr und ab 16:00 Uhr Kurzzeittarife. www.mondseeland.org/alpenseebad.html, Tel. 0043 6232 2291*

GPS-Wegpunkt 05: 47,85123 13,34910

***Drachenwand-Klettersteig:** Parkplatz beim Gasthof Drachenwand in St. Lorenz (Buslinie 156 ab Mondsee), ca. 30 min Zustieg.*

GPS-Wegpunkt 06 (Einstieg): 47,81252 13,35799

Tipp: Klettersteige

Ein Klettersteig (oft auch mit dem italienischen Begriff *Via Ferrata* bezeichnet) ist eine gesicherte Steiganlage in steilem Fels. „Gesichert“ heißt, dass es ein durchgehendes, am Fels fixiertes Stahlseil gibt, an dem man sich festhalten und hochziehen kann. Oft sind außerdem eiserne Bügel oder Stifte als Tritthilfen vorhanden, so dass man meistens nicht direkt am Fels klettert. Die Sicherung erfolgt mit einem sogenannten Klettersteigset: zwei „Schwänze“, die mit Karabinern am Sicherungsseil eingehängt werden. Da man sich selbst sichert, ist man nicht auf einen Kletterpartner angewiesen. Zusätzlich benötigt man noch einen Gurt, wie er auch beim Fels- oder Hallenklettern verwendet wird, und einen Helm, der vor Steinschlag schützt. Spezielle Klettersteighandschuhe (eng sitzende Handschuhe aus robustem Leder) sind zwar nicht sicherheitsrelevant, aber dringend zu empfehlen, weil das Stahlseil ziemlich unfreundlich zu den Händen ist. Besondere Schuhe sind dagegen nicht nötig, gute Bergstiefel reichen im Normalfall aus. ➤

Tipp: Klettersteige

Klettersteiggehen ist im Prinzip einfach, die Sicherungstechnik hat man schnell gelernt. Anfänger sollten dennoch nicht auf eigene Faust losziehen, sondern sich zumindest von einer erfahrenen Person begleiten lassen. Noch besser ist ein Klettersteigkurs, zum Beispiel von *Outdoor Leadership* in Bad Goisern (www.outdoor-leadership.com, Tel. 0043 6135 6058).

Klettersteige sind in fünf Schwierigkeitsgrade von A (sehr leicht) bis E (sehr schwierig) eingeteilt. A-Steige tauchen meist als kurze Abschnitte auf normalen Bergwanderwegen auf und können ungesichert und ohne Vorkenntnisse benutzt werden. B-Steige sind ein wenig anspruchsvoller, werden aber zumeist ebenfalls noch ohne Sicherung begangen. Schöne Steige der Kategorien A und B gibt es am Traunstein (➤ Seite 226) und am Dachstein (Linzersteig, ➤ Seite 258).

Spektakulärer Aufstieg über dem Mondsee: Drachenwand-Klettersteig.

Ab Kategorie C wird's ernst, hier braucht man in jedem Fall Sicherungsset und Helm. Anfänger sollten maximal mit Stufe C beginnen, bevor sie sich an die wirklich schweren D- und E-Steige wagen! Anfängertaugliche C-Steige gibt es zum Beispiel auf der Katrin (➤ Seite 96) und am Feuerkogel (➤ Seite 80). Erfahrene Klettersteiggeher finden im Salzkammergut zahlreiche lohnende Möglichkeiten im mittleren bis anspruchsvollen Bereich, etwa in der Drachenwand am Mondsee (➤ Seite 27), am Loser (➤ Seite 150) oder in der Postalmklamm (➤ Seite 49).

Eine vollständige, detaillierte Auflistung aller Klettersteige der Region finden Sie auf ***www.bergsteigen.com/klettersteig*** *oder im Buch* ***Klettersteigführer Österreich*** *von Axel Jentzsch-Rabl, Andreas Jentzsch, Dieter Wissekal, ISBN 978-3902656124*

Mondsee (Ort)

Bei den doch eher bescheidenen Ausmaßen der Gemeinde Mondsee überrascht es, hier auf die größte Kirche des Salzkammerguts zu treffen: Die Basilika des ehemaligen Benediktinerklosters Mondsee ist mit einer Innenraumlänge von 70 Metern eine beeindruckende Erscheinung! An den mächtigen Kirchenbau schließt sich der Komplex des Schlosses an, der mit vier Trakten einen quadratischen Innenhof umschließt. Gegenüber von Kirche und Schloss, auf der Südseite des kleinen Marktplatzes, bildet eine Häuserzeile mit farbigen Fassaden eine schöne Ergänzung des sakralen Prunks. Das Seeufer ist von hier aus knapp 500 Meter entfernt, der Bereich zwischen Ort und See ist nur locker bebaut und parkähnlich gestaltet.

Pflicht oder nicht?

- •••• *top, unbedingt machen!*
- ••• *sollte man erlebt haben*
- •• *nette Abwechslung*
- • *man versäumt nicht viel*

Mit der Basilika und den Museen ist Mondsee ein interessantes Ziel für geschichtlich und kulturell Interessierte.

Das zentrale Ereignis in der Geschichte ist die Gründung des Benediktinerklosters Mondsee durch den Baiernherzog Odilo im Jahr 748. Es war eine der ersten Klostergründungen im Gebiet des heutigen Österreich. Das Kloster stieg rasch zu einem der bedeutendsten kulturellen Zentren des Herzogtums Baiern auf und war schon um 800 herum für seine Schreibstube und Buchmalerei berühmt. Über Jahrhunderte war es der bestimmende Faktor für die Entwicklung der ganzen Region.

Die mächtige Basilika bestimmt den Ort Mondsee.

Die Kirche ist mit prachtvollen Altären ausgestattet.

Im 15. Jahrhundert wurde eine neue Klosterkirche gebaut, die im Lauf des 17. Jahrhunderts mit mehreren prunkvollen frühbarocken Altären ausgestattet wurde, wie dem 18 Meter hohen Hauptaltar von 1626 und dem 1684 fertiggestellten Corpus-Christi-Altar von Meinrad Guggenbichler im linken Seitenschiff. Noch größere Veränderungen brachte das 18. Jahrhundert: Dem gotischen Kirchenschiff wurde eine prunkvolle Barockfassade mit zwei 52 Meter hohen Türmen vorgeblendet, das Klostergebäude neben der Kirche wurde von 1776-1780 gleich komplett neu errichtet. Doch kurz nach dieser letzten Blüte waren die Tage des Klosters Mondsee gezählt: 1791 wurde es auf kaiserlichen Erlass aufgehoben. 1810 ging das Gebäude in den Besitz einer Fürstenfamilie über, seitdem ist die Bezeichnung „Schloss Mondsee" üblich. Heute wird es zum größten Teil von einem Hotel eingenommen.

Im Schloss befindet sich auch das **Mondseeland- und Pfahlbaumuseum**. Die Themen dieses Heimat- und Geschichtsmuseums sind die Geschichte von Kloster und Ort sowie die prähistorische Pfahlbaukultur (➤ Seite 26). Die in die Jahre gekommene Ausstellung wirkt heute ein wenig verstaubt. Ein Besuch lohnt sich aber alleine schon wegen der Möglichkeit, einige sehr alte Teile des Klosterkomplexes wie den Betchor und den Kreuzgang aus dem 15. Jahrhundert besichtigen zu können.

Gegenüber der Basilika flankiert eine farbenfrohe Häuserzeile den Marktplatz.

Ein Stück oberhalb des Zentrums, am Hang hinter der Basilika, lohnt das **Freilichtmuseum Mondseer Rauchhaus** einen kleinen Abstecher. Zentrales Ausstellungsstück ist ein Mittertennhof, ein regionaltypisches Bauernhaus aus dem 15. Jahrhundert, das hier mit vollständiger Einrichtung wieder aufgebaut wurde. Weitere Gebäude sowie ein kleines, sehr modern und attraktiv gestaltetes Museum über traditionelle Landwirtschaft runden die Anlage ab.

Wie man hinkommt

Große Parkplätze am Seeufer beim Strandbad (beschildert). Details zu Buslinien und Schiffsrundfahrten auf Seite 29.

Touristeninformation: *Doktor-Franz-Müller-Straße 3 (vom Marktplatz 100 m Richtung See). Tel. 0043 6232 2270*

Mondseeland- und Pfahlbaumuseum: *im Schloss, Eingang links neben der Basilika. Mitte Juni bis Anfang September täglich außer Mo 10:00-18:00 Uhr, Mai bis Mitte Juni und im September nur bis 17:00 Uhr, im Oktober Sa und So 10:00-17:00 Uhr, im Winter geschlossen. Erwachsene 3,00 €, Kinder 1,50 €. Tel. 0043 6232 2895*

Freilichtmuseum Rauchhaus und Bauernmuseum Mondseeland: *zwischen Ortszentrum und Autobahn. Zu Fuß vom Marktplatz rechts an der Basilika vorbei, dann der Beschilderung folgen (ca. 15 min). 1.5. bis Anfang Okt. tägl. außer Mo 10:00-17:00 Uhr, Juli und Aug. bis 18:00 Uhr, Oktober nur Sa und So 10:00-17:00 Uhr, im Winter geschlossen. Erwachsene 3,00 €, Kinder und Studenten 1,50 €, Senioren 2,20 €. www.museummondsee.at, Tel. 0043 664 340 6020*

GPS-Wegpunkt 07 (Marktplatz): 47,85599 13,35018
GPS-Wegpunkt 08 (Freilichtmuseum): 47,85601 13,35449

Irrsee

Der wenige Kilometer vom Mondsee entfernte Irrsee, nach der einzigen Ortschaft in Seenähe auch Zeller See genannt, ist von einer hügeligen Wiesenlandschaft umgeben. Mit einer Länge von 4,6 Kilometern ist er recht klein und vergleichsweise unspektakulär: Die Alpen sind nur noch eine ferne Kulisse, schicke Seeorte oder historische Sehenswürdigkeiten gibt es hier nicht. Daher liegt der See abseits der großen Touristenströme und wird vor allem von

Pflicht oder nicht?

- •••• *top, unbedingt machen!*
- ••• *sollte man erlebt haben*
- •• *nette Abwechslung*
- • *man versäumt nicht viel*

Für einen ruhigen Badetag ist der Irrsee eine Empfehlung, abgesehen davon gibt er nicht viel her.

Der Irrsee ist in eine ruhige Wiesenlandschaft eingebettet.

Einheimischen besucht, die ihn als entspannte Freizeitoption schätzen. Der Uferbereich ist unbesiedelt, der einzige größere Ort, Zell am Moos, liegt einige hundert Meter vom Ufer entfernt.

Der Irrsee ist ein sogenannter Moorsee, er ist von ökologisch bedeutenden Feuchtgebieten umgeben und steht daher komplett unter Naturschutz. Nicht einmal Elektroboote dürfen hier fahren, nur Rudern oder Segeln ist erlaubt. Auch Baden darf man, und da der Irrsee neben dem Mondsee einer der wärmsten Seen im Salzkammergut ist, eignet er sich dafür besonders gut! Große Uferteile sind allerdings von Schilfzonen und Feuchtwiesen gesäumt und daher nicht ohne Weiteres zugänglich. Das größte Strandbad liegt am Südende (Badeplatz Tiefgraben), weitere Anlagen gibt es bei Zell am Moos sowie im Oberhofener Ortsteil Laiter am Nordende. Am Ostufer wird der See von der Bundesstraße 154 tangiert, das verkehrsarme Westufer eignet sich dagegen perfekt für Radfahrer.

Der Badeplatz Tiefgraben ist ein schönes Ziel für einen entspannten Badetag.

Wie man hinkommt

Parkplatz am Badeplatz Tiefgraben gebührenpflichtig, der Eintritt zum Bad ist frei. Buslinien 594 und 595 ab Mondsee (nur Mo-Fr).

GPS-Wegpunkt 09 (Badepl. Tiefgraben): 47,89134 13,31687

Region Wolfgangsee/Fuschlsee

Der Wolfgangsee gilt als einer der schönsten Salzkammergutseen und ist von geschichtsträchtigen Orten mit klangvollen Namen umgeben: St. Wolfgang und St. Gilgen sind viel besuchte Klassiker des Salzkammergut-Tourismus. Aber auch die Umgebung bietet einzigartige Erlebnisse wie die Fahrt mit der Zahnradbahn auf den Schafberg, die Seilbahn zum Zwölferhorn oder die Wandermöglichkeiten der Postalm. Der benachbarte Fuschlsee ist als malerischer Badesee bekannt.

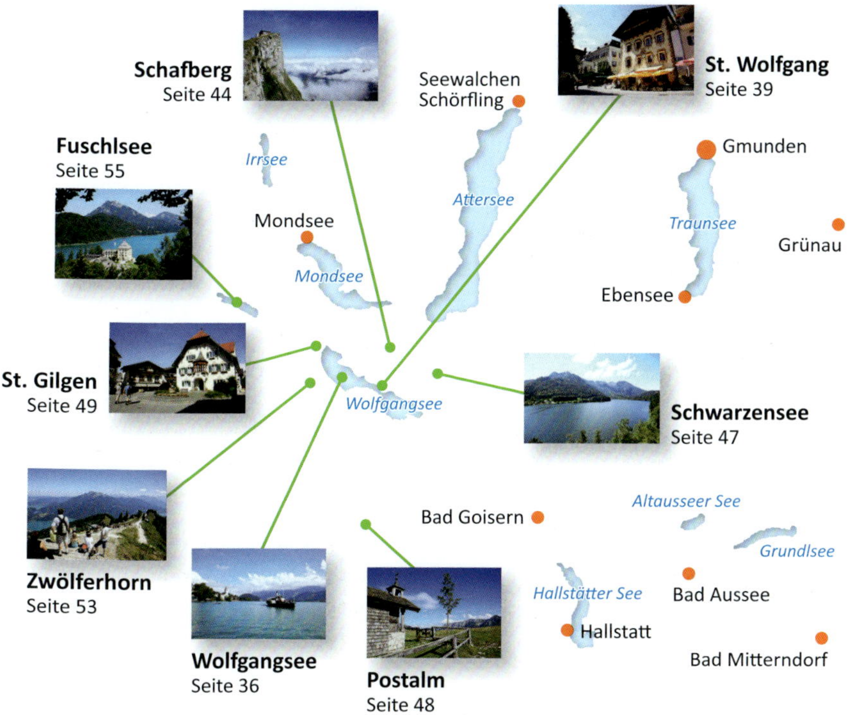

Wolfgangsee

Der sich über eine Länge von etwas mehr als zehn Kilometern erstreckende Wolfgangsee gilt mit seiner Lage inmitten bewaldeter Hänge als einer der schönsten Salzkammergutseen. Der Name Wolfgangsee setzte sich übrigens erst in den letzten Jahrhunderten durch, manchmal wird heute noch der alte Name „Abersee" benutzt.

Das geschichtsträchtige Dorf St. Wolfgang (➤ Seite 39), das sich am Nordufer an den Hang des Schafbergs drängt, steht im Mittelpunkt des touristischen Interesses und stellt das ebenfalls reizvolle St. Gilgen am Westufer (➤ Seite 49) in den Schatten. Das am südöstlichen Ende gelegene Strobl ist ein angenehmer, entspannter Urlaubsort, als Ausflugsziel jedoch nicht wirklich lohnend, ebenso wie die weit ausgebreiteten Streusiedlungen Gschwendt, Reith und Langgassen am Südufer. Hier, wo reichlich Platz vorhanden ist, befinden sich gleich mehrere Campingplätze. Der schönste Abschnitt ist das Ufer zwischen St. Gilgen und St. Wolfgang mit der wunderbaren Fürbergbucht und der unzugänglichen Steilwand des Falkensteins. Der mittelalterliche Pilgerweg, der jahrhundertelang Wallfahrer nach St. Wolfgang brachte, ist eine der reizvollsten Wandermöglichkei-

Pflicht oder nicht?

- ●●●● *top, unbedingt machen!*
- ●●● *sollte man erlebt haben*
- ●● *nette Abwechslung*
- ● *man versäumt nicht viel*

Mit der großartigen Landschaft und den historischen Seeorten ist der Wolfgangsee einer der schönsten Salzkammergutseen!

Schon seit 1873 auf dem Wolfgangsee: die „Kaiser Franz Josef I".

ten im westlichen Salzkammergut (➤ Seite 205), das „Ochsenkreuz" ein außergewöhnlich malerisches Motiv.

Im 19. Jahrhundert entdeckten wohlhabende Touristen den See. Schon 1873 wurde daher ein erster Schiffsverkehr mit dem Raddampfer „Kaiser Franz Josef I" eingerichtet, 1888 kam die „Kaiserin Elisabeth" hinzu. Beide Schiffe sind, ergänzt durch eine moderne Flotte, heute noch im Einsatz. Am Wolfgangsee sind die Schiffe durchaus sinnvolle Verkehrsmittel: Das Südufer ist durch die Bundesstraße 158 erschlossen, das Nordufer ist dagegen nicht durchgehend befahrbar, die Straße endet in der Siedlung Ried bei St. Wolfgang. Von St. Gilgen

Das Ochsenkreuz ist eines der schönsten Motive des Salzkammerguts.

nach St. Wolfgang müsste man daher umständlich um den See herumfahren – die Linienschiffe sind eine ebenso praktische wie entspannende Alternative.

Es gibt zahlreiche Badeplätze rund um den See, vor allem am flachen Südufer, aber auch in St. Gilgen, bei Strobl und in Ried bei St. Wolfgang. Ein besonderer Tipp ist das **Waldbad Fürberg** im westlichen Abschnitt der Fürbergbucht, die mit dem Auto über Aich zugänglich ist, aber auch von den Schiffen angefahren wird.

Wie man hinkommt

Die meisten Parkplätze in Seenähe sind kostenpflichtig. In Gschwendt gibt es einen großen kostenlosen Parkplatz an der Anlegestelle. Buslinie 150 Bad Ischl-Salzburg über Strobl und St. Gilgen, Linie 546 von Bad Ischl über Strobl nach St. Wolfgang.

***Schiffsverkehr** von April bis Ende Oktober stündlich zwischen St. Gilgen, St. Wolfgang, Gschwendt und Strobl mit Halten am Schafbergbahnhof, in Ried und in der Fürbergbucht. Raddampfer „Kaiser Franz Josef I" in der Hauptsaison 3x tägl. www.wolfgangseeschifffahrt.at, Tel. 0043 6138 22320*

Allgemeine Informationen:
www.wolfgangsee.at, Tel. 0043 6138 8003

GPS-Wegpunkt 10 (Waldbad Fürberg): 47,76666 13,39071
GPS-Wegpunkt 11 (Parkplatz Gschwendt): 47,72686 13,43766
Weitere Wegpunkte auf S. 42 und 53.

Tipp: Bürglsteinpromenade

Mit echten Sehenswürdigkeiten kann der Seeort Strobl nicht aufwarten, doch gibt es hier einen der schönsten Spazierwege des Salzkammerguts: Die Bürglsteinpromenade führt etwa 1,5 Kilometer um den steilen Hang des Bürglsteins herum, immer direkt am Wasser, zum Teil über Holzstege. Am Weg liegen zahlreiche lauschige Badeplätze. Vom Ende der Promenade kann man den Weg nach St. Wolfgang fortsetzen (weitere 3,3 km auf einem Fuß-/Radweg neben der Straße).

Die Bürglsteinpromenade führt zu schönen Badeplätzen.

St. Wolfgang

Der wichtigste Seeort ist die Gemeinde St. Wolfgang, die sich am mittleren Nordufer an den Hang des Schafbergs drängt. Der kleine Ort hat eine weitreichende historische Bedeutung, die auf den Regensburger Bischof Wolfgang zurückgeht. Der einflussreiche Geistliche zog sich um 976 ins Kloster Mondsee (➤ Seite 31) zurück, kurz danach lebte er in der Gegend der später nach ihm benannten Ortschaft St. Wolfgang. Er muss wohl eine charismatische Persönlichkeit gewesen sein: Legenden bildeten sich um ihn, und nur wenige Jahrzehnte nach seinem Tod wurde er heiliggesprochen. Am nahegelegenen Falkenstein soll er fünf Jahre lang als Einsiedler gelebt haben, tatsächlich war sein Aufenthalt in dieser Gegend aber wohl sehr viel kürzer. Dennoch war er der Grund für eine Wallfahrtstradition, die wahrscheinlich im 13. Jahrhundert begann und im 15. und 16. Jahrhundert ihren Höhepunkt erreichte. Während dieser Zeit war St. Wolfgang sogar eines der bedeutendsten

Pflicht oder nicht?

- •••• *top, unbedingt machen!*
- ••• *sollte man erlebt haben*
- •• *nette Abwechslung*
- • *man versäumt nicht viel*

St. Wolfgang ist einer der schönsten und geschichtsträchtigsten Orte des Salzkammerguts, allerdings auch stark vom Tourismus vereinnahmt.

St. Wolfgang ist einer der schönsten Salzkammergutorte.

Pilgerziele der christlichen Welt, und natürlich waren die zahlreichen Besucher ein wichtiger Wirtschaftsfaktor für die lokale Bevölkerung.

Die enorme Popularität als Wallfahrtsziel brachte dem kleinen Ort gleich mehrere bemerkenswerte Kunstwerke ein: Der prachtvolle doppelflügelige **Wolfgangaltar** in der Wallfahrtskirche zählt zu den bedeutendsten Altären der Spätgotik. Das 1481 vom Südtiroler Bildhauer und Maler Michael Pacher vollendete Werk zeigt im Mittelteil mit aufwendig geschnitzten Figuren die Marienkrönung in Anwesenheit des Heiligen Wolfgang und des Ordensgründers Benedikt. Die Figurenszene wird umrahmt von mehreren Gemälden auf den Seitenflügeln und überkront von einem filigranen Gesprenge. Beim Betreten der Kirche fällt zunächst aber der 1676 von Thomas Schwanthaler erschaffene barocke Nebenaltar ins Auge, der ein wenig eigenwillig in der Raummitte platziert ist. Auch er ist ein Kunstwerk von hohem Stellenwert. Der Kirchenbau selbst, der im Wesentlichen aus dem 15. Jahrhundert stammt, zählt dagegen nicht zu den bedeutenden Bauwerken der Region. In dem niedrigen, gedrungenen Turm ist ein kleines Museum mit religiösen Kunstwerken eingerichtet, das sich alleine schon wegen der Aussicht auf St. Wolfgang und der Gelegenheit, das Innere des Turmes besichtigen zu können, lohnt. Vor der Kirche befindet sich unter einem baldachinartigen Überbau der gotische **Wallfahrerbrunnen** von 1515. Seinem Wasser wurden wundersame Heilkräfte zugeschrieben.

Während des 19. Jahrhunderts entdeckten großbürgerliche Sommerfrischetouristen den malerischen Ort, viele kamen zu Tagesausflügen aus dem nahegelegenen Bad Ischl (➤ Seite 88). Die touristische Infra-

Der Pacher-Altar ist ein bedeutendes Werk der spätgotischen Sakralkunst.

struktur wurde daraufhin rasch ausgebaut: Ab 1873 gab es einen regelmäßigen Schiffsverkehr auf dem Wolfgangsee, zwanzig Jahre später wurde der Schafberg durch eine Zahnradbahn erschlossen (➤ Seite 44). In dieser Zeit entstand auch das berühmte Hotel, das Schauplatz der 1930 in Berlin uraufgeführten Operette „Im weißen Rößl" ist. Die lockere Beziehungskomödie von Ralf Benatzky war ein Riesenerfolg im In- und Ausland und wurde schnell zu einem Klassiker des Genres. Mehrere Verfilmungen (am bekanntesten die von 1960 mit Peter Alexander) taten ein Übriges, um Lieder wie „Im Salzkammergut, da ka' mer gut lustig sein" zu Evergreens zu machen. St. Wolfgang gewann nochmals enorm an Popularität; um 1930 gab es sogar Linienflüge von Wien und Berlin mit Wasserflugzeugen, die auf dem See niedergingen. Dieser Tradition folgt

Dem Wasser des Wallfahrerbrunnens wurden Heilkräfte zugeschrieben.

heute die **Scalaria Air Challenge**, die jedes Jahr am ersten Juliwochenende als eine der größten und exklusivsten Flugshows Österreichs stattfindet.

Die Geschichte um das Weiße Rößl ist heute noch einer der Hauptanziehungspunkte des Ortes, obwohl das Hotel mit seinem Restaurant überteuert und sicherlich kein architektonisches Juwel ist. Für einen Besuch in St. Wolfgang gibt es bessere Gründe: Die landschaftliche Lage ist sehr schön, viele historische Gebäude in den kleinen Gassen im Zentrum sind Zeugen der langen Geschichte. Hübsch ist auch die Promenade, die sich vom Schiffsanleger aus in Richtung Osten am Ufer entlang zieht. Die Zugänge zum Wasser sind allerdings zumeist privat; ganz am Ende, etwa 500

Die Uferpromenade endet an einem schönen Badeplatz.

Wie man hinkommt

Es gibt große Parkplätze (alle gebührenpflichtig) an beiden Enden des Umgehungstunnels. Die privaten Plätze, die etwas weiter vom Zentrum in Richtung Strobl entfernt sind, haben meistens Pauschaltarife für den ganzen Tag und lohnen sich, wenn man länger als 2-3 Stunden bleiben möchte. Eine Alternative ist der große kostenlose Parkplatz in Gschwendt am gegenüberliegenden Seeufer und die kurze Überfahrt mit dem Schiff (15 min, einf. Fahrt 3,50 €).

***Buslinie** 546 ab Bad Ischl über Strobl, dort Anschluss an die Linie 150 Bad Ischl-Salzburg über St. Gilgen. Die Haltestelle ist beim westlichen Tunnelende, einen weiteren Halt gibt es an der Schafbergbahn.*

***Touristeninformation:** an der östlichen Tunneleinfahrt. www.wolfgangsee.at, Tel. 0043 6138 8003*

***Pfarrkirche:** im Sommer tägl. 8:00-18:00 Uhr, Eintritt frei. Wallfahrtsmuseum im Turm (Zugang durch die Kirche) Mai-Sept. Di-Fr 14:00-16:00 Uhr, Eintritt 1,50 €.*

***Scalaria Air Challenge:** jedes Jahr am ersten Juliwochenende. www.airchallenge.com, Tel. 0043 6138 8000*

GPS-Wegpunkt 12 (Marktplatz): 47,73815 13,44800

Meter vom Zentrum entfernt, gibt es einen schönen öffentlichen Badeplatz mit einer schwimmenden Holzplattform.

St. Wolfgang ist allerdings auch einer der am meisten vom Tourismus beeinflussten Orte im Salzkammergut: Der Dorfkern ist voll von Souvenirläden und Hotels, während der Saison geht es durchaus lebhaft zu. Immerhin ist das Zentrum nahezu verkehrsfrei, weil die Hauptstraße in einem Tunnel vorbeigeführt wurde. Wer es gerne ruhig mag, ist dennoch besser beraten, sich in einem der anderen Seeorte einzuquartieren und St. Wolfgang nur im Rahmen eines Ausflugs zu besuchen.

Thema: **Lebzelterei**

Im Salzkammergut ist die Lebkuchenbäckerei, die hier Lebzelterei genannt wird, an vielen Orten präsent. Dieses Handwerk kam vermutlich schon im Mittelalter von Deutschland aus hierher. Zu dieser Zeit waren Lebkuchen die einzigen Süßwaren, die für breite Bevölkerungsschichten leistbar waren, und entsprechend beliebt.

In historischen Zeiten war dies ein eigenes, von den übrigen Bäckereien getrenntes Gewerbe. Oft hatten die Lebzelter eigene Imkereien, um den Honig für ihr Gebäck selbst erzeugen zu können, und handelten auch mit Honig und Bienenwachs. Die Lebkuchen werden in geschnitzten Holzformen, sogenannten Modeln, gebacken. Die Grundzutaten – Honig, Roggenmehl, Nüsse und Gewürze – werden von jeder Lebzelterei zu einem vielfältigen Sortiment von Hausspezialitäten variiert.

Im Salzkammergut sind Lebkuchen nicht nur zur Weihnachtszeit beliebt.

St. Wolfgang: Bäckerei und Konditorei Gandl, Markt 84
www.lebkuchen-gandl.com, Tel. 0043 6138 2294

Bad Ischl: Franz Tausch, Schulgasse 1 (im Zentrum)
www.ischler-lebkuchen.at, Tel. 0043 6132 236 341

Bad Aussee: Ausseer Lebkuchen, an der B145 zum Pötschenpass
www.lebkuchen.at, Tel. 0043 3622 52943

Schafberg

Der Wolfgangsee wird im Norden vom mächtigen Schafberg überragt, der mit einer Gipfelhöhe von 1782 Metern zu den größeren Salzkammergutbergen zählt. Sein einzigartiges und sehr markantes Profil mit dem imposanten, fast senkrechten Steilhang auf der Nordostseite macht ihn unverwechselbar. Der flachere Südwesthang führt wie eine gewaltige Rampe darauf zu. Diese landschaftliche Besonderheit wurde schon während der Romantik als Ausflugsziel entdeckt. 1862 wurde in spektakulärer Lage direkt am Hang das Hotel Schafbergspitze als erstes Berghotel Österreichs eröffnet. Es ist nach wie vor in Betrieb, wirkt inzwischen allerdings ziemlich angestaubt.

Pflicht oder nicht?

- •••• *top, unbedingt machen!*
- ••• *sollte man erlebt haben*
- •• *nette Abwechslung*
- • *man versäumt nicht viel*

Der Schafberg ist einer der eindrucksvollsten Salzkammergutberge, die Zahnradbahn ein einmaliges technisches Denkmal. Zusammen ergeben Sie ein außergewöhnliches Ausflugserlebnis.

Wer den mehrstündigen Aufstieg scheute, konnte die Dienste der „Sesselträger" in Anspruch nehmen. Unter den großbürgerlichen Sommergästen war das Vergnügen so populär, dass diese Dienstleister einen organisierten Berufsstand mit festen Tarifen bildeten. Ab 1893 wurde der Zugang zum Schafberg dann sehr viel einfacher und preisgünstiger: In diesem Jahr wurde nach einer Bauzeit von nicht einmal 16 Monaten

Das Hotel ist direkt am Steilhang platziert.

die von St. Wolfgang bis knapp unter den Gipfel führende Zahnradbahn eröffnet. Zum ersten Mal war es möglich, einen der großen Salzkammergutgipfel schnell und unkompliziert zu erreichen, denn Seilbahnen gab es zu dieser Zeit noch nicht. Innerhalb kürzester Zeit wurde die Schafbergbahn zu einer der größten Attraktionen des Salzkammerguts, für den jeden Sommer in Bad Ischl (➤ Seite 88) weilenden Kaiser und seine Gäste stand sogar ein eigener Salonwagen zur Verfügung.

Vom Schafbergbahnhof in St. Wolfgang geht es über eine kurvige, knapp sechs Kilometer lange Strecke in etwa 40 Minuten hinauf. Kurz vor der Bergstation gibt es noch einen Zwischenhalt an der 1365 Meter hoch gelegenen Schafbergalm. Von hier aus kann man den Gipfel alternativ mit einer kleinen Wanderung erreichen, allerdings verpasst man dann den sehr schönen letzten Streckenabschnitt. Die Schafbergbahn überwindet einen Höhenunterschied von stattlichen 1190 Metern mit einer Steigung von bis zu 26 % und ist damit die steilste Zahnradbahn Österreichs. Bis heute werden bei allen Fahrten kleine Dampfloks eingesetzt; allerdings sind dies keine historischen Maschinen, sondern Modelle aus den 1990er-Jahren, die den Dampf mit Ölbefeuerung statt mit Kohle erzeugen. Im Sommer finden zweimal pro Woche Sonderfahrten mit den originalen Dampfloks aus der Anfangszeit statt.

3 Rundwanderung am Schafberg

Technik ●●●●○
Kondition ●●○○○

➤ *Seite 198*

Wanderungen

Die Schafbergspitze bietet eine fantastische Aussicht.

Am Gipfel, der einen etwas verbauten Eindruck macht, kann man eine beeindruckende Aussicht über das gesamte nördliche Salzkammergut bis weit ins Alpenvorland hinein genießen. Neben dem Hotel Schafbergspitze gibt es als gastronomische Alternative die Himmelpforthütte. Direkt daneben steigt durch einen schmalen Felsdurchlass, die Himmelpforte, ein schmaler Pfad steil nach unten – der Beginn der sehr schönen Gipfelumrundung, die allerdings Erfahrung mit schwierigen Alpinwegen verlangt (➤ Seite 198). Weniger souveränen Wanderern hat der Schafberg dagegen nicht viel zu bieten: Der Abstieg zur Schafbergalm ist einfach, aber nicht besonders attraktiv.

Die Zahnradbahn fährt bis knapp unter den Gipfel.

Wie man hinkommt

Der Schafbergbahnhof befindet sich etwa 800 m westlich des Zentrums von St. Wolfgang. Gebührenpflichtiger Parkplatz. Die Buslinie 546 ab Bad Ischl und die Schiffe halten direkt am Bahnhof. Die Bahn fährt täglich von Mitte April bis Ende Oktober: Bergfahrt 9:15 Uhr, 10:00 Uhr, dann stündlich bis 16:00 Uhr (letzte Fahrt nur für Hotelgäste), Talfahrt stündlich 10:15-16:55 Uhr, bei Bedarf öfter.

Berg- und Talfahrt Erwachsene 33,00 €, Kinder von 6-14 16,50 €. Sonderpreise für Familien und Paketpreise für Bahn und Schiff. Im Juli und August Mi und So um 11:50 Uhr Nostalgiefahrt mit historischen Dampfloks (10,00 € Aufpreis). www.schafbergbahn.at, Tel. 0043 6138 22320

***Hotel Schafbergspitze:** Doppelzimmer um 100 €, mit Berg- und Talfahrt um 150 € für 2 Personen. Unbedingt reservieren! www.schafberg.net, Tel. 0043 6138 3542*

GPS-Wegpunkt 13 (Talstation): 47,73948 13,43977
GPS-Wegpunkt 14 (Schafbergspitze): 47,77647 13,43390

Schwarzensee

Einige Kilometer nördlich von Strobl und rund 180 Höhenmeter über dem Wolfgangsee versteckt sich der etwa 1,4 Kilometer lange Schwarzensee im Bergwald. Mit seinem dunkelgrün schimmernden Wasser hat er eine ziemlich düstere Anmutung, die auch der Grund für den Namen sein dürfte: Das Wasser wird durch aus dem Boden gelöste Mangansalze dunkel gefärbt. Dieser spezielle mineralische Einfluss ist freilich völlig ungefährlich, sodass man ohne Weiteres baden kann. Ein größeres Hindernis dafür ist die Uferform: Das Nordostufer ist steil und unzugänglich, gute Bademöglichkeiten gibt es nur im südwestlichen Bereich in der Nähe der beiden Gasthäuser, die im Sommer geöffnet sind.

Pflicht oder nicht?

- •••• *top, unbedingt machen!*
- ••• *sollte man erlebt haben*
- •• *nette Abwechslung*
- • *man versäumt nicht viel*

Der Schwarzensee ist einer der weniger attraktiven Seen, auch die Bade- und Wandermöglichkeiten überzeugen nicht wirklich.

Der Schwarzensee ist direkt mit dem Auto erreichbar und daher ein unkompliziertes Ausflugsziel. Auf einem vier Kilometer langen Spazierweg kann man ihn in etwa einer Stunde umrunden, allerdings ist der Weg nicht besonders attraktiv.

Wie man hinkommt

Der See ist über eine in Rußbach beginnende Straße mit dem Auto erreichbar (Abzw. von der B145 beschildert). Parken 1,80 € pro Tag, keine Busverbindung.

GPS-Wegpunkt 15 (Parkplatz): 47,74668 13,50395

Das dunkle Wasser gibt dem Schwarzensee eine düstere Anmutung.

Postalm

Das ausgedehnte Wiesenplateau der Postalm südlich des Wolfgangsees gehört zu den größten Hochalmen der Alpen: Über 42 Quadratkilometer erstreckt sich die als Sommerweide genutzte Almfläche mit zahlreichen Hütten. Im Osten bildet die felsige Westflanke des Rinnkogels eine eindrucksvolle Kulisse, im Westen bricht das Hochplateau mit eindrucksvollen Steilhängen zu den Tälern südlich des Wolfgangsees ab. Die Almwirtschaft spielt heute freilich nur noch eine untergeordnete Rolle, die Haupteinnahmequelle ist die Gastronomie: Nahezu jede Hütte ist bewirtschaftet und trägt zur Versorgung der zahlreichen Tagesgäste bei, auch Übernachtungsmöglichkeiten sind vorhanden.

Pflicht oder nicht?

- •••• *top, unbedingt machen!*
- ••• *sollte man erlebt haben*
- •• *nette Abwechslung*
- • *man versäumt nicht viel*

Leicht erreichbar und mit mehreren schönen Wandermöglichkeiten, ist die Postalm ein lohnendes Ziel für einen entspannten Familienausflug.

Die Alm ist über eine mautpflichtige Privatstraße von Strobl aus erreichbar, in Richtung Süden geht es nach Abtenau im Salzburger Land hinunter. Mehrere

Die Postalm ist eine der größten Hochalmen der Alpen.

Wanderungen

7 Über die Postalm auf das Wieslerhorn
Technik ••
Kondition •••
➤ *Seite 214*

8 Braunedl-Überschreitung
Technik •••
Kondition •••
➤ *Seite 217*

gut ausgeschilderte Rundwege führen über die Alm und ermöglichen Wanderungen jeglicher Größenordnung. Ein kleiner, familiengerechter Spaziergang ist der „Almblumenweg", etwas länger sind die Rundwanderungen zum Wieslerhorn und über den Braunedl (➤ Seiten 214 und 217).

Ein besonderes Abenteuer ist der Postalmklamm-Klettersteig: Die Wegführung durch die Klamm des Postalmbaches mit fünf Seilbrücken macht ihn zu einem der spektakulärsten Klettersteige der Region! Mit Schwierigkeitsstufe D ist er nur erfahrenen Klettersteiggehern zu empfehlen (➤ Seite 29).

Wie man hinkommt

Die Postalmstraße beginnt in der Nähe von Strobl. Mautpflichtig: 5,00 € pro Person im PKW, bei Auffahrt von Abtenau 10,00 € pro PKW. Buslinie 159 ab Strobl (nur 2-3 Fahrten tägl). www.postalm.at, Tel. 0043 664 3510 128

GPS-Wegpunkt 16 (Hauptparkplatz): 47,66225 13,43311

St. Gilgen

Die Gemeinde St. Gilgen breitet sich am nordwestlichen Ende des Wolfgangsees auf einer relativ großen Ebene aus und wirkt daher weitaus weniger gedrängt als St. Wolfgang. Auch der hier nicht ganz so große touristische Trubel trägt zur entspannteren Stimmung bei. Obwohl St. Gilgen Ausgangspunkt der letzten Etappe des populären Pilgerwegs nach St. Wolfgang war (➤ Seite 205), gibt es hier keine wirklich bedeutenden Bauwerke. Auch die barocke Pfarrkirche aus dem 18. Jahrhun-

Das Zentrum von St. Gilgen ist ruhig und beschaulich.

dert zählt nicht zu den großen Kunstschätzen des Salzkammerguts. Es ist vielmehr die Gesamtheit des Ortsbildes und die sehr schöne Lage am See, die den Reiz von St. Gilgen ausmacht: Um den etwas vom See entfernten **Mozartplatz** **1** (früher der Marktplatz) sorgen das Rathaus und einige weitere historische Häuser für eine hübsche Dorfidylle. Am Ufer gibt es eine kleine Promenade, die einen wunderbaren Blick weit hinaus auf den See bietet – mit dieser Aussicht kann St. Wolfgang nicht mithalten! Dies alles schätzte man schon Ende des 19. Jahrhunderts, als St. Gilgen wie viele andere Salzkammergutorte zu einem Sommerfrischeziel der gehobenen Gesellschaft wurde.

Die Gemeinde schmückt sich heute mit der Bezeichnung „Mozartdorf". Zwar ist Wolfgang Amadeus Mozart wahrscheinlich niemals hier gewesen, doch wurde seine Mutter 1720 in St. Gilgen geboren, und seine Schwester Maria Anna Mozart lebte hier von 1784 bis 1801. Der Komponist hatte zeitlebens ein ausgesprochen inniges Verhält-

Pflicht oder nicht?

- ●●●● *top, unbedingt machen!*
- ●●● *sollte man erlebt haben*
- ●● *nette Abwechslung*
- ● *man versäumt nicht viel*

St. Gilgen steht im Schatten des weitaus berühmteren St. Wolfgang, lohnt sich aber wegen der schönen Lage und der Museen.

Von der Promenade hat man einen schönen Blick auf den Wolfgangsee.

Maria Anna Mozart wurde nicht glücklich in St. Gilgen.

nis zu seiner fünf Jahre älteren Schwester, die er liebevoll „Nannerl" nannte. Wie auch ihr Bruder (➤ Seite 166) war sie in Salzburg aufgewachsen. Mit 33 Jahren ging sie eine Vernunftehe mit dem Richter und Amtmann Johann Baptist Berchtold von Sonnenburg aus St. Gilgen ein und zog an den Wolfgangsee. Allerdings nicht ganz freiwillig: Die Sitte verlangte, dass die Frau ihrem Ehemann in dessen Haushalt folgte. Aus Briefen an ihren Bruder geht jedoch hervor, dass sie sich in St. Gilgen niemals wohl fühlte und das gesellschaftliche Leben der Residenzstadt Salzburg sehr vermisste.

Maria Anna Mozart war schon als Kind eine außergewöhnlich begabte Musikerin und ließ auch Talent zur Komposition erkennen. Ihr konservativer Vater und die gesellschaftlichen Konventionen dieser Zeit, die hochbegabten Frauen gegenüber nicht sonderlich positiv eingestellt waren, hinderten sie jedoch an einer Entfaltung ihrer Fähigkeiten.

Die Statue ihres berühmten Bruders schmückt den Mozartplatz.

4 Um den Plombergstein

Technik ●●●●●
Kondition ●●●●●

➤ *Seite 202*

5 Auf dem Pilgerweg nach St. Wolfgang

Technik ●●●●●
Kondition ●●●●●

➤ *Seite 205*

Wanderungen

Das 1720 fertiggestellte Wohnhaus der Familie nahe dem Seeufer wurde 2008 zum **Mozarthaus** 3 ausgebaut und hält eine sorgsam konzipierte Ausstellung über Maria Anna Mozart bereit. Darüber hinaus hat St. Gilgen noch drei weitere interessante Museen zu bieten: In einem um 1650 errichteten Haus in der Ortsmitte ist das **Heimathaus** 2 untergebracht, das eine kleine Ausstellung über regionale Geschichte und Brauchtum zeigt. Ein Schwerpunkt ist die Spitzenklöppelei, die vom 17. bis ins 19. Jahrhundert ein wichtiger Erwerbszweig dieser Region war. Das **Museum Zinkenbacher Malerkolonie** 4 zeigt eine Ausstellung über den „Zinkenbacher Kreis", eine lose Gemeinschaft von Malern, die sich von 1927 bis 1938 im nahegelegenen Zinkenbach traf. Das **Musikinstrumenten-Museum der Völker (MIM)** 4 ist eine umfassende Sammlung von Musikinstrumenten aus aller Welt. Inhaber Askold von Eckern führt einige der teilweise sehr exotischen Exponate und ihre außergewöhnliche Klangentwicklung persönlich vor.

Wie man hinkommt

Große Parkplätze im südlichen Ortsbereich an der B158 (Nähe Seilbahn) und zwischen Bundesstraße und Seeufer, Tagesgebühr jeweils 4,00 €. Buslinie 150 Bad Ischl-Salzburg über St. Gilgen (Haltestelle an der B158 südl. der Seilbahnstation). Von/nach St. Wolfgang mit Umstieg in Strobl oder direkt mit dem Schiff.

***Touristeninfo:** an der B158 beim Spar-Markt, Tel. 0043 6227 2348*

GPS-Wegpunkt 17 (Mozartplatz): 47,76703 13,36414
GPS-Wegpunkt 18 (Parkplatz Seilbahn): 47,76353 13,36468
GPS-Wegpunkt 19 (Parkplatz Seepark): 47,76405 13,36716

***Mozarthaus:** am Seeufer nördlich der Schiffsstation. 1.5.-30.9. Di-So 10:00-12:00 und 15:00-18:00 Uhr. Erwachsene 4,00 €, Kinder 2,50 €. www.mozarthaus.info, Tel. 0043 6227 20242*

***Heimathaus:** am Pichlerplatz, zwischen Rathaus und Kirche. 1.6.-30.9. Di-So 10:00-12:00 und 15:00-18:00 Uhr, Preise wie Mozarthaus. Tel. 0043 6227 2642*

***Museum Zinkenbacher Malerkolonie:** Aberseestr. 11, vom Zentrum Richtung Seilbahn. Mitte Juli bis Mitte Oktober Di-So 15:00-19:00 Uhr, Erwachsene 5,00 €, Kinder 3,00 €. www.malerkolonie.at, Tel. 0043 676 772 3405*

***Musikinstrumenten-Museum:** im selben Haus wie das Malermuseum. 1.6.-15.10. Di-So 9:00-11:00 und 15:00-19:00 Uhr, 7.1.-31.5. Mo-Do 9:00-11:00 und 15:00-18:00 Uhr, Fr 9:00-11:00, So 15:00-18:00 Uhr. Preise wie Mozarthaus. www.hoerart.at, Tel. 0043 6227 8235*

Zwölferhorn

Schon seit 1957 fährt von St. Gilgen aus eine Seilbahn mit bunten Gondeln zum Zwölferhorn hinauf. Mit einer Höhe von 1522 Metern kann es der Hausberg von St. Gilgen nicht mit dem Schafberg (➤ Seite 44) aufnehmen, dennoch ist die Fahrt mit der nostalgischen Seilbahn ein hübscher Ausflug. Von der Bergstation zum Gipfel sind es nur wenige Schritte, gleich zwei Gasthäuser laden zur Einkehr ein.

Pflicht oder nicht?

- •••• *top, unbedingt machen!*
- ••• *sollte man erlebt haben*
- •• *nette Abwechslung*
- • *man versäumt nicht viel*

Die nostalgische Seilbahn, die Aussicht und die Wandermöglichkeiten machen das Zwölferhorn zu einem schönen Ziel.

Wenn man ein Stück laufen will, bietet sich der kurze und sehr einfache Pillstein-Panorama-Rundweg oder die etwas längere, aber immer noch familienfreundliche Runde über die Illinger Alm an (➤ Seite 211).

Mit seinen günstigen Windbedingungen ist das Zwölferhorn auch ein beliebter Startplatz der Paragleiter, denen man beim Schweben über dem See zuschauen kann. Wer das Abenteuer selbst erleben möchte, bucht bei der Flugschule einen Tandemflug oder gleich einen Anfängerkurs.

6 Vom Zwölferhorn zur Illinger Alm

Technik ●●○○○
Kondition ●●●○○

➤ *Seite 211*

Wanderungen

Mit der nostalgischen Seilbahn geht es nach oben.

Von der Bergstation zum Gipfel sind es nur wenige Schritte.

Wie man hinkommt

Die Talstation befindet sich am südlichen Ortsrand von St. Gilgen an der Bundesstraße. Großer Parkplatz (gebührenpflichtig) an der B158 200 m Richtung Strobl. Buslinie 150 von Bad Ischl nach Salzburg, Haltestelle neben der Station. Betrieb ganzjährig tägl. 9:00-17:00 Uhr, Juni, Juli und August bis 18:00 Uhr. Berg- und Talfahrt Erwachsene 23,50 €, Kinder 14,50 €. www.12erhorn.at, Tel. 0043 6227 2350

Paragleiten: Flugschule Salzkammergut, www.paragleiten.net, Tel. 0043 7612 73033

GPS-Wegpunkt 20 (Talstation): 47,76544 13,36428

Fuschlsee

Der Fuschlsee ist der westlichste der Salzkammergutseen, nach Salzburg ist es von hier aus nicht mehr weit. Mit einer Fläche von nur 2,7 Quadratkilometern ist er viel kleiner als der knapp sechs Kilometer entfernte Wolfgangsee. Im Osten ist er von verhältnismäßig hohen Bergen umgeben, im Westen ragt er mit flachen Wiesenufern ins Alpenvorland hinein. Der Fuschlsee ist vor allem zum Baden beliebt: Die überall leicht zugänglichen Ufer bieten bessere Bademöglichkeiten als die meisten anderen Salzkammergutseen, im Sommer wird das sehr saubere Wasser recht warm. Die geringe Entfernung macht den Fuschlsee zu einem beliebten Tagesausflugsziel der Salzburger, an schönen Wochenenden wird es daher voll.

Pflicht oder nicht?

- •••• *top, unbedingt machen!*
- ••• *sollte man erlebt haben*
- •• *nette Abwechslung*
- • *man versäumt nicht viel*

Die Strandbäder und die lauschigen Naturbadeplätze machen den Fuschlsee zu einem der besten Badeseen des Salzkammerguts.

Die einzige Siedlung am See ist die kleine Gemeinde Fuschl am östlichen Ende, die mit einer Reihe von Hotels und Pensionen ein beliebter Urlaubsort ist. Herausragende Bauwerke gibt es hier nicht, das ein Stück landeinwärts gelegene Zentrum ist unspektakulär. Sehr schön ist aber die kleine Uferpromenade, an der zahlreiche Cafés und Restaurants zu einer Pause mit Blick über den See einladen. Das ein Stück

Das kantige Schloss Fuschl überblickt den See.

südlich des Zentrums gelegene **Fuschlseebad** ist das größte der insgesamt vier Strandbäder; zwei weitere befinden sich am Südufer, das vierte am äußersten westlichen Ende. Hier erhebt sich auf einer kleinen Anhöhe das klotzige **Schloss Fuschl** über das Ufer. Es wurde im 15. Jahrhundert als Jagdschloss der Salzburger Fürsterzbischöfe erbaut; heute ist es ein exklusives Hotel, eine Besichtigung ist daher nicht möglich. Im Sommer fährt mehrmals täglich eine Zille, ein Elektroboot mit 25 Plätzen, von Fuschl bis zum Anleger in der Nähe des Schlosses.

Auf einem knapp 12 Kilometer langen Wanderweg (➤ Seite 220) kann man den See in knapp drei Stunden komplett umrunden – wenn man einen ganzen Tag für die Runde einplant, bleibt reichlich Zeit für eines der vier Strandbäder oder die vielen reizvollen Naturbadeplätze, an denen der Weg vorbeiführt.

Der Fuschlsee ist vor allem als Badesee beliebt.

Die Restaurants in Fuschl bieten einen schönen Blick auf den See.

Wanderungen

9 Fuschlsee-Umrundung

Technik ●○○○○
Kondition ●●○○○

➤ *Seite 220*

Wie man hinkommt

Die Bundesstraße 158 führt am Südufer entlang, Parkplätze gibt es an allen Strandbädern. Die Buslinie 150 Bad Ischl-Salzburg hält in Fuschl, in der Nähe des Schlosses (Zugang zum Westufer) und an mehreren Stationen dazwischen. Detailkarte Seite 222.

Allgemeine Informationen: *www.fuschlsee.at, Tel. 0043 6226 8384*

Zillenfahrten: *Ende April bis Anfang November ab Fuschl 3-5x täglich (nur bei Schönwetter). Hin- und Rückfahrt Erwachsene 7,80 €, Kinder ab 6 Jahre 4,50 €. Tel. 0043 6226 8264*

GPS-Wegpunkt 21 (Strandbad Fuschl): 47,79406 13,29924

Region Traunsee und Almtal

Der Traunsee ist der zweitgrößte Salzkammergutsee. Er wird von der gewaltigen Westflanke des Traunsteins und weiteren Bergen überragt, die steilen Hänge machen die Ufer teilweise unzugänglich. Das am Nordende gelegene Gmunden ist eine der schönsten Städte des Salzkammerguts, im Süden liegt das reizvolle Dorf Traunkirchen. Das abgelegene Almtal ist dagegen weit entfernt vom Trubel der großen Seen und ein ausgesprochen ruhiges Urlaubsziel.

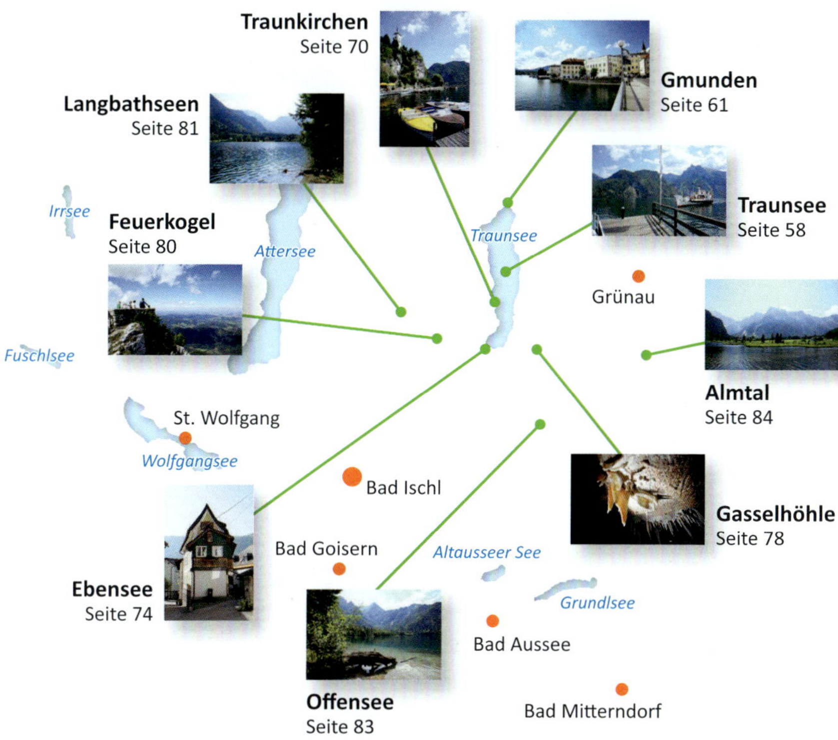

Traunsee

Mit einer Fläche von mehr als 24 Quadratkilometern ist der Traunsee der zweitgrößte Salzkammergutsee. Und sogar das tiefste Gewässer Österreichs: Bis zu 191 Meter liegt der Grund unter der Oberfläche. Während der See im Norden ins hügelige Alpenvorland hineinreicht, ist sein südlicher Teil von hohen Bergen umschlossen, klotzig überragt von der gewaltigen Westflanke des Traunsteins, dessen Gipfel mehr als 1200 Meter über dem See liegt.

Pflicht oder nicht?

- ●●●● *top, unbedingt machen!*
- ●●● *sollte man erlebt haben*
- ●● *nette Abwechslung*
- ● *man versäumt nicht viel*

Die grandiose Bergkulisse gibt dem Traunsee eine besondere landschaftliche Schönheit.

Die Ufer im nördlichen Teil sind flach und dicht besiedelt. Hier befindet sich der größte Seeort, die Stadt Gmunden. Nach Süden hin schließt sich die Gemeinde Altmünster an, gefolgt vom malerisch auf einer Landzunge gelegenen Traunkirchen. Am Südende bei Ebensee mündet die Traun in den See, bei Gmunden verlässt sie ihn wieder. Durch diesen hohen Wasserdurchfluss ist der Traunsee auch im Sommer stets recht kühl. Am Ostufer gibt es keine Ortschaften, nur an der in Gmunden beginnenden Traunsteinstraße befinden sich einige Häuser. Die Straße endet am Fuß des Traunsteins, eine Forstpiste führt noch weitere 1,8 Kilometer bis zur Einmündung des Lainaubaches. Dann geht es nicht einmal zu Fuß weiter: Der südöstliche Teil des Ufers besteht aus unzugänglichen Steilhängen.

Der Südteil wird von hohen Bergen überragt.

Autobahn A1
Vöcklabruck
B145
B120
Almtal
2,0 km
1:100.000
Gmunden Hauptbahnhof
Gmunden
Seite 61
1
2
Altmünster
3
4
Altmünster
Traunsee
Wanderung 10
5
6
Wanderung 11
Traunsee
Fläche: 24,3 km²
Höhe ü.d.M.: 422 m
Maximale Länge: 11,9 km
Maximale Tiefe: 191 m
1: Seeschloss Ort
2: Strandbad Gmunden
3: Strandbad Altmünster
4: Grünberg
5: Traunsteinstraße
6: Traunstein
Traun-kirchen
Traunkirchen
Seite 70
Traunkirchen-Ort
B145
Langbathseen
Wanderung 12
Feuerkogel
Seite 80
Gasselhöhle
Seite 78
Ebensee Landungsplatz
Ebensee
Seite 74
Bad Ischl

Die Traunsee-Region bietet ganz unterschiedliche Wandermöglichkeiten: Die Überschreitung des Traunsteins ist ein alpines Abenteuer für erfahrene, unerschrockene Bergwanderer (➤ Seite 226). Wer sich nicht ganz so viel zutraut, findet an den gegenüberliegenden Sonnsteinen eine lohnende Option (➤ Seite 231).

Wie man hinkommt

Alle Seeorte sind durch die Bundesstraße 145 und die Salzkammergutbahn miteinander verbunden. Das Ostufer ist von Gmunden aus zugänglich.

Allgemeine Informationen: *www.traunsee.at, Tel. 0043 7612 64305*

Traunseeschifffahrt: *www.traunsee-schifffahrt.at, Tel. 0043 7612 66700*

Die Schiffe der Traunseeschifffahrt verkehren zwischen Gmunden und Ebensee mit Landungsstellen in Altmünster, Traunkirchen sowie am Ostufer. Alle Seeorte verfügen über Strandbäder. Sehr beliebt sind wegen ihrer einmaligen Lage auch die Naturbadeplätze am Ostufer unterhalb von Grünberg und Traunstein (➤ Seite 67).

Die schönsten Badeplätze gibt es am idyllischen Ostufer.

Von Gmunden aus überblickt man fast den ganzen See.

Gmunden

Die Kleinstadt Gmunden am Nordende des Traunsees ist so etwas wie die „Hauptstadt" des Salzkammerguts: Hier befand sich das mächtige Salzamt, das in historischen Zeiten die gesamte Salzwirtschaft im Auftrag des Kaisers kontrollierte (➤ Seite 69). Die Stadt war aber nicht nur die „Kommandozentrale" des Salzkammerguts, sondern auch das wichtigste Handelszentrum in weitem Umkreis. Hier wurde das über den Traunsee herangeschaffte Salz zwischengelagert und auf größere Schiffe umgeladen, die es zu den Fernhandelswegen im Donauraum und teilweise sogar bis ans Schwarze Meer brachten. Von 1836 bis 1856 führte eine Pferdeeisenbahn von Gmunden bis nach Budweis im heutigen Tschechien, die in erster Linie für den Salztransport gedacht war.

Pflicht oder nicht?

- •••• *top, unbedingt machen!*
- ••• *sollte man erlebt haben*
- •• *nette Abwechslung*
- • *man versäumt nicht viel*

Die lange Geschichte und die einmalige Lage am See machen Gmunden zur vielleicht schönsten Salzkammergutstadt!

Doch ist Gmunden noch für ein anderes Gewerbe bekannt: Reiche Tonvorkommen in der Gegend begünstigten die Entstehung einer umfangreichen Keramikherstellung. Schon im Mittelalter gab es zahlreiche Töpferwerkstätten, seit 1903 wird industriell produziert. Die Gmundner Keramik mit ihrem typischen grünen Dekor auf weißem Grund ist in ganz Österreich ein Begriff und in vielen Haushalten vertreten.

Das Stadtzentrum befindet sich direkt am Traunsee.

Im 19. Jahrhundert begann schließlich ein neuer Abschnitt in der Geschichte der Stadt: Ab 1862 gehörte Gmunden zu den Kurstädten des Salzkammerguts und wurde zu einem bevorzugten Sommerfrischeziel der gehobenen Gesellschaft (➤ Seite 95).

Das Rathaus ist eins der schönsten Gebäude.

Heute strahlt die kleine Stadt den Glamour einer langen Geschichte aus. Am deutlichsten wird das am weitläufigen **Rathausplatz** 2, der sich zum See hin öffnet und das heutige Stadtzentrum bildet. Bis ins späte 19. Jahrhundert hinein war hier der Umschlagplatz für das Salz, der Salzkeller des 1574 erbauten Rathauses diente als Zwischenlager. Eine Besonderheit des Gebäudes

ist das gut sichtbar in der Fassade aufgehängte Glockenspiel, dessen Glocken aus Porzellan im traditionellen Gmundner Dekor bestehen. Am Rathausplatz befindet sich auch der Hauptanleger der Traunseeschiffe mit dem Liegeplatz des 1871 gebauten Dampfschiffs **Gisela** (➤ Foto Seite 58). Der unter Denkmalschutz stehende Raddampfer, der schon Kaiser Franz Josef über den See brachte, dreht bis heute an jedem Sonntag im Sommer seine Runden und ist damit das älteste noch in Betrieb befindliche Schiff im Salzkammergut. Eine Fahrt mit dem eleganten Dampfer ist ein besonderes Erlebnis, Technikliebhaber werden den Blick in den offenen Maschinenraum und die dort entstehende Geräuschkulisse zu schätzen wissen.

In der Nähe des Anlegers beginnt ein ausgeschilderter Stadtrundgang, der die wichtigsten Straßen, Plätze und Gebäude mit elf Schautafeln vorstellt. Der Rundgang führt vom Rathausplatz auf der **Esplanade** am Seeufer entlang Richtung Westen. Diese Promenade war im späten 19. Jahrhundert das Zentrum des großbürgerlichen Kurbetriebs und der schickste Ort, um sich sehen zu lassen. Ursprünglich verlief das Seeufer allerdings weiter stadteinwärts, knapp vor der heutigen Häuserzeile an der Theatergasse. Erst ab 1850 wurde der Uferbereich durch Aufschüttungen auf die heutige Größe erweitert. Die dadurch gewonnene Fläche nutzte man zur Anlage des kleinen Kurparks **Kaiser-Franz-Josef-Platz** 1 sowie zum Bau dreier großer, luxuriöser Hotels zwischen Park und Rathausplatz.

Vom lebhaften Stadtzentrum zum See sind es nur wenige Schritte.

Hinter dem Park, an der vielbefahrenen Durchgangsstraße, befindet sich die Endhaltestelle von Gmundens einziger **Straßenbahnlinie**. Auch sie ist ein technisches Denkmal: 1894 wurde sie als eine der ersten elektrischen Straßenbahnen Österreichs in Betrieb genommen, um den einige Kilometer entfernten Hauptbahnhof mit dem Zentrum zu verbinden. Die Steigungen auf der nur 2,3 Kilometer langen Strecke betragen bis zu 10 % und gehen damit an die Grenzen dessen, was für eine Straßenbahn zu bewältigen ist. Bis heute erfüllt sie eine wichtige Funktion als Zubringer zur Salzkammergutbahn, aktuell wird eine Verlängerung über die Traunbrücke bis zum Seebahnhof geplant.

Die schönste Straße im Zentrum ist die **Kirchengasse** 3, die sich vom Rathausplatz aus den Berg hinaufzieht – über Jahrhunderte wurde die Gasse immer wieder von Zeichnern und Malern festgehalten, heute ist sie Motiv zahlloser Urlaubsfotos. In historischen Zeiten war dies die erste Adresse der Stadt, hier wohnten die mächtigen und reichen Salzfertiger, die die gesellschaftliche Elite des Salzkammerguts bildeten (➤ Seite 69). Daher befindet sich hier gleich eine ganze Reihe sehr schöner alter Häuser; sie stammen zumeist aus dem 15. und 16. Jahrhundert, die ältesten gehen sogar auf das 14. Jahrhundert zurück. Das Eckhaus Kirchengasse 2 war im 16. Jahrhundert für eine kurze Zeit das Rathaus, daher sind hier zwei Gmundner Längenmaße und einige Hochwassermarken an der Fassade angebracht.

Die Kirchengasse führt direkt auf die große **Stadtpfarrkirche** 4 zu, die vermutlich Ende des 13. Jahrhunderts erbaut wurde. Ihre Fassade trägt

In der Kirchengasse residierten die mächtigen Salzfertiger.

Die Pfarrkirche hütet einen bemerkenswerten Kunstschatz.

ein auffälliges Bild des Heiligen Christophorus, des Schutzpatrons der Reisenden und auch der Schiffer. Das Bild ist so angebracht, dass es durch die Kirchengasse hindurch vom See aus sichtbar ist: Die Besatzungen der Salzschiffe hatten so die Möglichkeit, ihren Schutzheiligen während der Fahrt um Beistand anzurufen. Ein besonderer Kunstschatz ist der prachtvolle barocke Dreikönigsaltar, der um 1678 von Thomas Schwanthaler erschaffen wurde.

Wenige Schritte in Richtung Westen führen von der Kirche zum kleinen **Rinnholzplatz** 5, der von einigen schönen alten Häusern umgeben ist. Der nahegelegene **Marktplatz** 6 war ursprünglich das Stadtzentrum und verlor erst später gegenüber dem Rathausplatz an Bedeutung. Das Gebäude an der Ecke zur Johannesgasse war bis Anfang des 14. Jahrhunderts das Rathaus, weitere Häuser aus dem 15. Jahrhundert mit typischen Krüppelwalmdächern umgeben den Platz.

Von hier aus führt die schmale Traungasse Richtung See und trifft auf die Durchgangsstraße, die hier Kammerhofgasse heißt. Sie ist nach dem **Kammerhof** 7 auf der Seeseite der Straße benannt. Er war der Sitz des Salzamtes, das als oberste Behörde und direkte Repräsentanz des Kaisers das gesamte

Auch in den Gassen um den Marktplatz blieben viele sehr alte Gebäude erhalten.

Salzkammergut kontrollierte (➤ Seite 69). Als Quasi-Regierungssitz war der Kammerhof Mittelpunkt des gesellschaftlichen Lebens, auch der Kaiser war hier oft zu Gast. Das Gebäude wurde um 1450 errichtet und in den folgenden Jahrhunderten mehrfach erweitert und umgebaut. Heute ist hier das sehenswerte, erst 2008 ausgebaute und modernisierte **K-Hof Museum**, das die Geschichte des Salzkammerguts von vorgeschichtlicher Zeit bis ins 20. Jahrhundert beleuchtet, sowie das Sanitärmuseum „Klo & So“ untergebracht.

Die Kammerhofgasse verlässt hier den Altstadtbereich durch das Trauntor und führt über die Brücke in die östlich gelegene Traunstadt. Direkt neben der Straße liegt die **Bürgerspitalkirche**. Die um 1340 errichtete kleine Kirche war Teil des Bürgerspitals, einer frühen Sozialeinrichtung für die Armen der Stadt. Später wurde sie durch das Trauntor mit dem Kammerhof verbunden und damit zu dessen Hauskirche. Heute ist sie nur durch das K-Hof Museum zugänglich, von der Straße aus kann man aber zumindest einen Blick durch die Glasscheiben in der Tür werfen. Die heutige Einrichtung wurde allerdings erst von 1891 bis 1911 im neogotischen Stil eingebaut. Einen kleinen Abstecher vom Trauntor lohnt der öffentlich zugängliche Arkadenhof im Haus Kammerhofgasse 3.

An der Traunbrücke verlässt die Traun den See und setzt ihren Weg Richtung Norden fort. Geht man über die Brücke, erreicht man nach knapp 500 Metern den kleinen Seebahnhof, an dem die Züge einer privaten Bahnlinie nach Vorchdorf abfahren. Am Ufer liegt die **Freizeitanlage Weyer** 8 mit einer Liegewiese. In einer Seitenstraße ein Stück weiter befindet sich die Talstation der **Seilbahn** auf den Grünberg.

Die eigenartige Gestalt der Bürgerspitalkirche flankiert das Trauntor.

Die bereits 1957 errichtete erste Seilbahn musste 2010 ihren Betrieb einstellen, weil die Sicherheit nicht mehr zu gewährleisten war. Im Sommer 2014 wurde die Grünbergseilbahn nach einem völligen Neubau wieder eröffnet. Der 984 Meter hohe bewaldete Gipfel des Grünbergs ist damit wieder leicht zugänglich, sowohl die Aussicht als auch die Wandermöglichkeiten sind jedoch eher bescheiden. Die **Traunsteinstraße** setzt sich noch gut fünf Kilometer bis zur Basis des Traunsteins fort. Mit ihren schönen Naturbadeplätzen und mehreren Gasthöfen ist diese Gegend ein beliebtes Ausflugsziel.

Am gegenüberliegenden westlichen Seeufer bestimmt das **Seeschloss Ort** mit seinem charakteristischen Zwiebelturm weithin sichtbar das Bild des nördlichen Traunsees. Es ist vom Rathausplatz aus mit einem Spaziergang von etwa 20 Minuten zu erreichen. Das Schloss geht auf eine wahrscheinlich im 10. Jahrhundert erbaute Wasserburg zurück

und ist damit – zumindest in seinem Kern – eines der ältesten Gebäude des Salzkammerguts. Seine heutige Gestalt erhielt es im 17. Jahrhundert. Ursprünglich war das Schloss von einer Verteidigungsanlage aus in den Seeboden gerammten

Das Seeschloss Ort ist eines der Wahrzeichen des Traunsees.

Pfählen umgeben; vom hölzernen Steg aus kann man diese Pfähle noch immer unter der Wasseroberfläche erkennen. Überregionale Bekanntheit erlangte das Schloss durch die Fernsehserie „Schloßhotel Orth", die von 1996 bis 2004 gezeigt wurde – tatsächlich hat es hier aber nie ein Hotel gegeben. Die Räumlichkeiten sind für Hochzeiten beliebt, normalerweise jedoch nicht zugänglich; der Weg lohnt sich aber alleine schon für den hübschen Innenhof.

Noch einmal rund 600 Meter südlich des Seeschlosses, am Ende des Toscanaparks, befindet sich das **Gmundner Strandbad**. Hier schließt sich fast lückenlos die Nachbargemeinde **Altmünster** an. Die recht weit auseinandergezogene Ortschaft hat ein großes Angebot an Unterkünften und ein weiteres schönes Strandbad, ist abgesehen davon aber nicht sehenswert.

Wanderungen

10 Durch die Kaltenbachwildnis

Technik ●●○○○
Kondition ●○○○○

➤ *Seite 223*

11 Traunstein-Überschreitung

Technik ●●●●●
Kondition ●●●●○

➤ *Seite 226*

Wie man hinkommt

Es gibt eine große Parkgarage (gebührenpflichtig) am Franz-Josef-Platz. Die Züge der Salzkammergutbahn halten am Hauptbahnhof. Ins Zentrum verkehrt die einzige Straßenbahnlinie, die Abfahrtszeiten sind auf die Züge abgestimmt. Mit dem Schiff zu allen anderen Seeorten und zum Traunsee-Ostufer (Details Seite 60).

*Die **Traunsteinstraße** und die dortigen Parkplätze sind an schönen Sommerwochenenden regelmäßig überlastet – öffentliche Verkehrsmittel als Alternative gibt es jedoch nicht. Die Schiffe fahren immerhin bis zum Gasthof Hoisn.*

***Touristeninformation:** im Rathaus. www.traunsee.at/gmunden, Tel. 0043 7612 657 520*

***Stadtführungen:** Mai-Oktober Di 10:00 Uhr, Treffpunkt am Rathaus.*

***K-Hof Museum:** im Kammerhof. Mi-So 10:00-17:00 Uhr, Einlass bis 16:00 Uhr. Von Juni bis August auch Di 10:00-17:00 Uhr, jeder 1. Mittwoch im Monat bis 21:00 Uhr. Erwachsene 6,00 €, Kinder bis 18 2,00 €, Studenten 4,00 €. www.k-hof.at, Tel. 0043 7612 794 423*

***Strandbad Gmunden:** Am Südrand des Toscanaparks. Juni bis August tägl. 9:00-20:00 Uhr, Mai und September 10:00-18:00 Uhr*

GMU01	*Hauptbahnhof*	*47,92468*	*13,78249*	GPS-Wegpunkte
GMU02	*Kaiser-Franz-Josef-Platz (Straßenbahn und Parkgarage)*	*47,91726*	*13,79742*	
GMU03	*Rathausplatz*	*47,91810*	*13,79993*	
GMU05	*Marktplatz*	*47,91934*	*13,80027*	
GMU06	*Kammerhof*	*47,91853*	*13,80108*	
GMU07	*Grünbergseilbahn*	*47,91339*	*13,80807*	
GMU08	*Seeschloß Ort*	*47,91141*	*13,79224*	
GMU09	*Strandbad Gmunden*	*47,90859*	*13,78452*	

Thema: Das Salzkammergut in historischer Zeit

Seit dem frühen 14. Jahrhundert war das Salzkammergut direkter Besitz der habsburgischen Kaiser in Wien – im Gegensatz etwa zum benachbarten Salzburger Land, das als Fürstentum völlig eigenständig war (➤ Seite 158). Da die ergiebige Salzproduktion enorme Summen in die Kasse des Kaiserhauses spülte, wachte dieses streng über das wertvolle Land: Bis weit ins 19. Jahrhundert hinein war das Salzkammergut (worunter man damals nur den Traunsee, den Hallstätter See und die dazwischen liegenden Orte sowie das Ausseer Land verstand) eine Art „Staat im Staat" mit eigenen, ausgesprochen restriktiven Gesetzen.

Das Salzamt in Gmunden setzte als direkte Vertretung des Kaisers Regeln durch, die weit ins Privatleben der Bewohner hineinreichten: Diese durften die Region praktisch nicht verlassen, Ein- und Ausreise waren streng reglementiert, sogar zum Heiraten brauchte man eine amtliche Genehmigung. Die schwierige Geografie inmitten hoher Berge – bis ins 19. Jahrhundert gab es hier praktisch keine Straßen, die einzigen Verkehrswege waren die Seen und Flüsse sowie schmale Bergpfade – half dabei, diese Abschottung durchzusetzen. Im Gegenzug gab es eine Reihe von Vergünstigungen wie Befreiung von Militärdienst und Steuerpflicht, medizinische Versorgung und andere frühe Sozialleistungen sowie die Bereitstellung von Nahrungsmitteln. Das Salzamt achtete darauf, dass niemand hungern musste, mehr als eine Grundversorgung war dies jedoch nicht. Reich wurde nur die dünne bürgerliche Oberschicht der Salzfertiger, die vom Salzamt mit dem Salzhandel beauftragt wurden.

Traunkirchen

Der von einer weißen Kapelle gekrönte Johannesberg, der sich weithin sichtbar auf einer Landzunge befindet und zum See hin mit einer steilen Felswand abfällt, macht das kleine Dorf Traunkirchen zu einem beliebten Ausflugsziel. In historischen Zeiten war die Bedeutung des Ortes sehr viel größer als heute: Schon in der späten Bronzezeit gab es hier eine Siedlung. Reiche archäologische Funde deuten auf eine Verbindung zu den Salzherren von Hallstatt hin (➤ Seite 118), vermutlich hat die Siedlung von Traunkirchen eine wichtige Rolle beim Salzhandel dieser Zeit gespielt. Auf dem Johannesberg konnte ein 3500 Jahre alter Brandopferplatz nachgewiesen werden, nach der Christianisierung wurde die Kultstätte durch die Kirche vereinnahmt. Doch auch botanisch ist der Johannesberg interessant: Hier findet sich der letzte geschlossene Eibenhain Österreichs!

Durch die Gründung eines Benediktinerinnenklosters um 1020 wurde Traunkirchen zu einem der wichtigsten geistlichen Zentren des Salzkammerguts. Der Einfluss des Klosters war groß: Es war die Mutterpfarre für alle Orte in weitem Umkreis bis ins Ausseeer Land hinein! Die heutigen Gebäude wurden nach einem Brand im Jahr 1632 erbaut, 1753/54 erhielt die Klosterkirche ihre prunkvolle Ausstattung mit einem Figurenaltar und der reich geschnitzten Fischerkanzel. Kurz danach, 1773, wurde die große Zeit jedoch durch die Auflösung des

Pflicht oder nicht?

- •••• *top, unbedingt machen!*
- ••• *sollte man erlebt haben*
- •• *nette Abwechslung*
- • *man versäumt nicht viel*

Traunkirchen ist ein nettes Örtchen, die Zahl der Sehenswürdigkeiten hält sich jedoch in Grenzen.

Der malerische Johannesberg überragt die kleine Bucht am Ortsplatz.

Klosters beendet. In den großzügigen Gebäuden, die das Ortsbild bestimmen, befindet sich ein kleines Handarbeitsmuseum, das traditionelle Handarbeitstechniken und regionale Festtrachten zeigt.

Durch den geografisch bedingten Platzmangel ist der Ortskern von Traunkirchen klein geblieben, die Neubaugebiete befinden sich viel weiter nördlich. Der beschauliche Ortsplatz am See ist eine schöne Option, um etwas Zeit zu verbummeln, es gibt ein Café und eine Bootsvermietung. Auch wenn abgesehen vom Kloster und der Johannesbergkapelle keine sehenswerten Gebäude vorhanden sind, ist Traunkirchen alleine wegen seiner einmaligen Lage ein schönes Ziel für einen Ausflug.

Das Dorf wird vom ausgedehnten Klosterkomplex geprägt.

Wie man hinkommt

Parkplätze gibt es am Ortsplatz. Traunkirchen hat eine Anbindung an die Salzkammergutbahn. Achtung: Wenn Sie ins Zentrum möchten, müssen Sie an der Station „Traunkirchen Ort" aussteigen (6-8 Minuten vom Ortsplatz). Dort halten nur Regionalzüge (R), nicht jedoch die Regionalexpresszüge (REX). Die Station „Traunkirchen" befindet sich 2,5 km weiter nördlich im neueren Ortsteil! Einfacher ist die Anreise mit den Schiffen, die direkt am Kloster anlegen.

***Handarbeitsmuseum:** Juli und August täglich 14:00-16:30 Uhr, Mai, Juni, September und Oktober nur Mi, Sa und So. Erwachsene 2,50 €, Kinder frei.*

GPS-Wegpunkt 22 (Ortsplatz): 47,84461 13,78984

Thema: Bergwerke, Salinen und Holzknechte

In den Gesteinsschichten der Salzkammergutberge befinden sich einige der größten Salzlagerstätten Mitteleuropas. Dies hatte man schon früh erkannt: In Hallstatt wurde bereits während der Bronzezeit Salz in industriellem Maßstab abgebaut (➤ Seite 118). Im Mittelalter und den folgenden Jahrhunderten war es eine begehrte und entsprechend teure Handelsware, die über weite Strecken exportiert wurde und enorme Summen in die Kassen des Wiener Kaiserhauses spülte. Daher wurden bald noch zwei weitere Bergwerke erschlossen: In Altaussee begann man im 12. Jahrhundert mit dem Abbau, in Bad Ischl 1563. Bis ins 19. Jahrhundert herrschte im Salzkammergut eine wirtschaftliche Monokultur, in der sich nahezu alles um Abbau, Verarbeitung und Export des Salzes drehte und der größte Teil der Bevölkerung wie in einem riesigen Industriebetrieb mit nur einem einzigen Produkt beschäftigt war.

Ursprünglich wurde das Salz mit Hacken aus dem Berg geschlagen. Da es hier aber überwiegend nicht in reiner Form zu finden ist, war diese Abbaumethode nicht sehr effektiv. Bereits im 12. Jahrhundert ging man daher dazu über, es im Berg „auszulaugen", also mit Wasser aus dem Gestein zu waschen. Die dabei entstandene Salzlösung, die Sole, wurde in den großen, flachen Eisenbecken der Salinen versiedet: Man brachte das Wasser in den bis zu 250 Quadratmeter großen Sudpfannen durch Holzbefeuerung zum Verdunsten und gewann so ein reines, hochwertiges Salz. Die dafür benötigten Holzmengen waren so enorm, dass die Sicherung des Brennstoffnachschubs bald zu einer größeren Herausforderung wurde als der bergmännische Abbau.

Ursprünglich befanden sich die Salinen jeweils in der Nähe der Bergwerke. Allerdings waren die dort verfügbaren Holzmengen bald aufgebraucht, so dass um 1600, als die Salzproduktion bereits einen erheblichen Maßstab erreicht hatte, eine zentrale Saline in Ebensee gebaut wurde. Dieser weit von den Bergwerken entfernte Standort wurde gewählt, weil hier in der weiteren Umgebung am meisten Brennholz verfügbar war. Um die Sole über diese beträchtliche Entfernung zur Saline transportieren zu können, war der enorme technische Aufwand einer 42 Kilometer langen Soleleitung nötig (➤ Seite 266).

In nahezu allen Seitentälern der Traun wurde jahrhundertelang intensiver Holzeinschlag betrieben. Tausende Männer waren als hauptberufliche Holzknechte das ganze Jahr über mit Einschlag und Transport der Bäume beschäftigt; sie machten ungefähr ein Drittel aller Arbeitskräfte aus, die in der Salzindustrie beschäftigt waren. Da ihre Einsatzgebiete weit von den Siedlungen entfernt lagen, verbrachten sie die Arbeitswoche in einfachen Holzknechthütten, ihre Familien sahen sie nur an den Wochenenden.

Der Transport des Holzes von den schwer zugänglichen Bergwäldern zur Saline war kompliziert und gefährlich, schwere Unfälle dürften an der Tagesordnung gewesen sein. Die Stämme wurden mit Pferdefuhrwerken, im Winter mit Schlitten zu Tal gebracht. Wo immer es möglich war, nutzte man für den Transport den Wasserweg. Kleinere Bäche wurden mit sogenannten Klausen gestaut, wie etwa der Chorinskyklause (➤ Seite 100). Diese Stauwerke waren so konstruiert, dass man einen plötzlichen Wasserschwall auslösen konnte, der die vorher ins Bachbett geworfenen Stämme talwärts spülte. Immer wieder verkeilten sie sich allerdings und mussten in mühsamer und gefährlicher Arbeit gelöst werden. War die Fracht erst einmal in der Traun angekommen, war der restliche Weg vergleichsweise einfach: Die Stämme wurden zu Flößen verbunden und nach Ebensee navigiert.

Da es bis ins 19. Jahrhundert keine Straßen im Salzkammergut gab, standen für den Transport des Salzes ausschließlich die Seen und Flüsse zur Verfügung. Es wurde mit großen Booten, den Salzzillen, über die Traun und den Traunsee nach Gmunden gebracht und dort auf größere Schiffe umgeladen, die es an die Fernhandelswege im Donauraum und sogar bis ans Schwarze Meer brachten. In der Gegenrichtung importierten die Schiffe Nahrungsmittel, die hier dringend gebraucht wurden: In den engen Tälern des Salzkammerguts war kein ergiebiger Getreideanbau möglich, und der überwiegende Teil der Bevölkerung war ohnehin mit der Salzproduktion beschäftigt und für bäuerliche Arbeiten nicht verfügbar.

Erst die Eröffnung der Salzkammergutbahn im Jahr 1877 brachte wesentliche Veränderungen: Es war nun möglich, für die Befeuerung der Salinen Kohle heranzuschaffen, so dass die Holzbefeuerung langsam zum Erliegen kam, und auch für den Transport des Salzes stand nun eine kostengünstige Alternative zur Verfügung.

Ebensee

Am südlichen Ende des Traunsees zieht sich die Gemeinde Ebensee weit in das breite und ebene Trauntal hinein. Trotz der Lage direkt am See hat sich hier nie ein nennenswerter Tourismus etablieren können. Das Seeufer ist ziemlich unschön bebaut, und auch das **Strandbad** im Ortsteil Rindbach 2 ist keine große Attraktion.

Pflicht oder nicht?

- ●●●● *top, unbedingt machen!*
- ●●● *sollte man erlebt haben*
- ●● *nette Abwechslung*
- ● *man versäumt nicht viel*

Ebensee ist kein wirklich attraktives Ausflugsziel, nur die Museen sind einen Besuch wert.

Dass Ebensee nie an die touristische Tradition der anderen Salzkammergutorte anknüpfen konnte, hängt mit der Geschichte zusammen, die von Anfang an mit der Salzverarbeitung verbunden war: Nachdem in der Nähe der Bergwerke Hallstatt und Bad Ischl das Holz knapp wurde, verfügte der Kaiser 1596 den Bau einer neuen Saline am Südende des Traunsees, weil die Umgebung die besten Voraussetzungen für den Nachschub an Brennholz bot. Die Ansiedelung von Arbeitskräften aus Hallstatt und dem Ausseer Land führte zur Entstehung von Ebensee, das seitdem der zentrale Ort für die Versiedung der in den Bergwerken gewonnen Sole ist. Die Salzverarbeitung wurde immer wieder modernisiert: Von 1835 bis 1928 war eine große Saline am Seeufer in Betrieb, 1979 wurde schließlich die neue Anlage am südlichen Ortsende eröffnet, die heute die einzige Saline im Salzkammergut ist.

Ebensee konnte nie an die touristische Tradition anknüpfen und bleibt daher unglamourös.

Im Zentrum **1**, das sich in der Nähe der Traunmündung das enge Langbathtal hinaufzieht, gibt es gleich zwei interessante Museen: Das **museum.ebensee** im ehemaligen Salinenverwaltungsgebäude ist ein modernes, schön ausgestattetes Heimatmuseum mit Schwerpunkten auf der Salzindustrie und lokalem Brauchtum. Das **Museum für Zeitgeschichte** ist ein Forschungs- und Dokumentationszentrum für die politische Geschichte des Salzkammerguts zwischen 1918 und 1955.

> **12 Über die Sonnsteine**
> *Technik* ●●●●○
> *Kondition* ●●●○○
> ➤ *Seite 231*
> *Wanderungen*

Einige Kilometer vom Zentrum entfernt erinnert die **KZ-Gedenkstätte** **4** an das dunkelste Kapitel in der Geschichte des Salzkammerguts: Von November 1943 bis Mai 1945 befand sich hier eines der kleineren Konzentrationslager des Dritten Reiches. Der Grund für dessen Einrichtung war Hitlers Raketenprogramm, das die Weiterentwicklung der als „V2" bekannten Kurzstreckenrakete vorsah. Nachdem im August 1943 die Raketenversuchsanstalt in Peenemünde auf der Ostseeinsel Usedom durch britische Bombenangriffe teilweise zerstört worden war, suchte man nach einer Möglichkeit zur Errichtung einer unterirdischen Forschungs- und Entwicklungsstätte. In Ebensee schienen die Voraussetzungen dafür günstig. Daher wurden ab November 1943 Tausende von

Häftlingen aus dem KZ Mauthausen bei Linz nach Ebensee verlegt, um innerhalb kürzester Zeit ein System aus mehr als 20 Stollen in den Berg hineinzutreiben. Mit einer Breite und Höhe von jeweils etwa 10 Metern und einer Länge von bis zu 320 Metern sind die Stollen, die bis heute erhalten geblieben sind, regelrechte unterirdische Hallen. Zum Bau von Raketen kam es jedoch nie, stattdessen wurde die Anlage für die Produktion von Panzerteilen und eine Erdölraffinerie genutzt.

Das Ebenseer KZ war kein Vernichtungslager, es gab keine Gaskammern oder andere Tötungsanlagen. Die Absicht war die maximale Ausbeutung der Häftlinge als kostenlose Arbeitskräfte und ihre Vernichtung durch unmenschliche Lebens- und Arbeitsbedingungen: Zwischen November 1943 und Mai 1945 starben hier 8745 Menschen an Unterernährung, Krankheiten und Unfällen, viele wurden auch durch das Wachpersonal willkürlich ermordet. Ständige neue Häftlingstransporte ersetzten die Toten, insgesamt waren über 27.000 Menschen in diesem Lager inhaftiert. Am 6. Mai 1945 befreiten amerikanische Truppen die verbliebenen 18.437 Häftlinge.

Wie man hinkommt

Parkplätze an der Abzweigung bei der Traunmündung oder am Einkaufszentrum südlich der Traun. Ebensee hat zwei Bahnhöfe: Nahe dem Zentrum am Seeufer liegt die Station Ebensee Landungsplatz, an der alle Züge halten. Die Museen sind von hier aus in wenigen Minuten zu erreichen. Der Bahnhof Ebensee ist etwas weiter vom Zentrum entfernt. Schiffe nach Traunkirchen, Altmünster und Gmunden, die Schiffe legen in der Nähe der Bahnstation Ebensee Landungsplatz an.

GPS-Wegpunkt 23 (Bahnstation): 47,81271 13,77452

***Touristeninformation:** Hauptstraße 34, Tel. 0043 6133 8016*

***museum.ebensee:** Kirchengasse 6. Di, Do, Sa 14:00-18:00 Uhr.*
www.museumebensee.at, Tel. 0043 676 8394 0778

GPS-Wegpunkt 24: 47,81379 13,77334

***Museum für Zeitgeschichte:** Kirchengasse 5 (direkt neben der Kirche). Mitte Juni bis Ende September Di-So 10:00-17:00 Uhr, im Winter nur Di-Fr 10:00-17:00 Uhr. Erwachsene 5,00 €, Jugendliche 4,00 €, Kombiticket Museum und Gedenkstollen 7,50 €.*
www.memorial-ebensee.at, Tel. 0043 6133 5601

GPS-Wegpunkt 25: 47,81327 13,77176

Ab 1949 wurde auf dem Areal des Lagers der Ortsteil Finkerleiten gebaut, von der originalen Bausubstanz ist nur das Eingangstor erhalten. Einige hundert Meter vom eigentlichen Lager entfernt liegen die Stollen; in einem davon hat das Ebenseer Museum für Zeitgeschichte eine Informations- und Gedenkstätte eingerichtet. Die sorgfältig aufbereitete Ausstellung macht den Stollen zu einem eindrucksvollen Ort: Durch die Schilderung zahlreicher Einzelschicksale und Zitate von Zeitzeugen wird das Grauen, das hier herrschte, anschaulicher, als man es sich vielleicht wünschen würde.

Im Gedenkstollen erinnert eine Ausstellung an die Zustände im KZ.

Wie man hinkommt

KZ-Gedenkstollen: *Die Zufahrt ist von der B145 bis zum Parkplatz am Friedhof beschildert. Von dort aus ist ein knapp 400 m langer Fußweg (vorbei am Spielplatz zum bewaldeten Hang auf der Ostseite) gekennzeichnet. Mit dem Bus: Linie 555 von Ebensee Landungsplatz Richtung Lahnstein-Saline (nur alle 1-2 Stunden). In den Stollen herrscht ganzjährig eine Temperatur von etwa 8 Grad. Mitte Juni bis Mitte September Di-So 10:00-17:00 Uhr, Anfang Mai bis Mitte Juni und Mitte bis Ende September nur Sa und So 10:00-17:00 Uhr. Erwachsene 4,00 €, Jugendliche 3,00 €, Kombiticket für Stollen und Museum für Zeitgeschichte 7,50 €.*
www.memorial-ebensee.at, Tel. 0043 6133 5601

GPS-Wegpunkt 26: 47,78504 13,76011

Naturmuseum Salzkammergut: *An der B145, knapp 8 km südl. von Ebensee-Zentrum. Buslinie 505 ab Ebensee oder Bad Ischl bis Langwies/Heckawirt oder ab Bahnstation Lahnstein 1,7 km zu Fuß nach Süden. Mo-Fr 10:00-17:00 Uhr, Erwachsene 7,00 €, Kinder 5,00 €, Familien 15,00 €.*
www.naturmuseum-salzkammergut.at, Tel. 0043 6133 3218

GPS-Wegpunkt 27: 47,76536 13,71532

Ein erfreulicheres Thema hat das **Naturmuseum Salzkammergut**, das sich einige Kilometer südlich des Ortes befindet: Das Privatmuseum des Tierpräparators Stefan Gratzer zeigt in einer schönen, modernen Ausstellung zahlreiche Tiere, darunter vor allem einheimische Arten, die in naturnahen Dioramen präsentiert werden.

Gasselhöhle

Die am Hang des Gasselkogels hoch über dem Rindbachtal bei Ebensee gelegene Gasselhöhle gehört zu den speläologisch interessantesten Höhlensystemen Österreichs: Bisher ist eine Ganglänge von mehr als fünf Kilometern dokumentiert, bei den laufenden Forschungsarbeiten werden noch immer neue Gänge gefunden. 1918 wurde die Höhle erstmals erforscht, seit 1933 ist ein kleiner Teil als Schauhöhle ausgebaut, so dass die Gasselhöhle neben den drei Dachsteinhöhlen (➤ Seiten 126 und 129) die vierte allgemein zugängliche Höhle im Salzkammergut ist.

Pflicht oder nicht?

- ●●●● *top, unbedingt machen!*
- ●●● *sollte man erlebt haben*
- ●● *nette Abwechslung*
- ● *man versäumt nicht viel*

Die Gasselhöhle erreicht nicht die Attraktivität der Dachsteinhöhlen, hinzu kommt ein gewisser Aufwand, um überhaupt hinzukommen.

Die Gasselhöhle ist viel weniger überlaufen als die Dachsteinhöhlen, von der dort üblichen Massenabfertigung ist man hier weit entfernt. Das liegt zum einen daran, dass sie im Schauteil nicht an

Die Höhle ist mit schönen Tropfsteingebilden ausgestattet.

die gewaltigen Dimensionen der Mammuthöhle oder der Dachstein-Eishöhle heranreicht. Ein weiterer Grund ist, dass man nicht ganz so bequem hinkommt: Das Auto muss man am Ortsrand von Ebensee stehen lassen. Von dort führt eine etwa zweieinhalb Stunden dauernde Wanderung zur Höhle hinauf. Alternativ kann man mit einem Shuttlebus, der auf einer nicht öffentlichen Forststraße bis knapp unter die Höhle fährt, den Zustieg auf eine halbe Stunde verkürzen. Direkt am Höhleneingang befindet sich die gemütliche, zu den Öffnungszeiten bewirtschaftete Gasselhütte, in der man die Wartezeit auf die nächste Führung oder eine Pause danach verbringen kann.

Bei der etwa 50 Minuten dauernden Führung geht es zunächst über eine steile Holztreppe den etwa 25 Meter tiefen Eingangsschacht hinunter in die von großen Versturzblöcken geprägte Bärenhalle. Die Führung endet nach etwa 250 Metern auf einer Holzplattform in der Kanzelhalle, die mit schönen Tropfsteinen und anderen Sintergebilden geschmückt ist. Direkt unterhalb der Plattform geht es 90 Meter fast senkrecht abwärts, der weitere Weg ist daher routinierten Höhlenforschern mit Spezialausrüstung vorbehalten.

Wie man hinkommt

Mit dem Auto bis zum Parkplatz beim Rindbach am westlichen Ortsrand von Ebensee (Zufahrt von der B145 beschildert). Von dort entweder zu Fuß auf dem gekennzeichneten Wanderweg zur Höhle (7,3 km, etwa 800 Höhenmeter, ca. 2 ½ Stunden) oder mit dem Shuttlebus (telefonische Anmeldung unter 0043 680 444 6510 notwendig). Auf Wunsch kommt der Bus auch zur Bahnstation Ebensee Landungsplatz. Von der Endhaltestelle des Shuttlebusses noch etwa 30 Minuten auf einem steilen Waldweg zur Höhle, feste Schuhe sind unbedingt nötig.

Anfang Mai bis Mitte September nur Sa, So und Feiertage 9:00-16:00 Uhr. Führungen unregelmäßig nach Bedarf, an schönen Tagen normalerweise alle 1-1 ½ Stunden, Dauer etwa 50 Minuten. In der Höhle ist es sehr kühl: Ganzjährig 6-7 Grad, durch die hohe Luftfeuchtigkeit fühlt es sich ziemlich klamm an. Preise: nur Führung 8,00 €, ermäßigt 7,00 €, Kinder von 6-14 4,00 €, Kinder unter 6 frei. Führung und Bus Erwachsene 20,00 €, Kinder 11,00 €.

www.gasselhoehle.at, Tel. 0043 680 112 7544 (allgemeine Informationen) oder 0043 680 444 6510 (Bus)

GPS-Wegpunkt 28 (Parkplatz): 47,80187 13,79964
GPS-Wegpunkt 29 (Höhle): 47,82282 13,84274

Feuerkogel

Ebensees „Hausberg" ist der 1592 Meter hohe Feuerkogel, der nordwestlichste Gipfel des Höllengebirges, das sich von hier aus bis zum Attersee hinüberzieht. Schon 1927 wurde eine Seilbahn vom Ortsteil Oberlangbath auf den Berg gebaut, die damals als „kühnste Seilbahn Europas" gefeiert wurde. 1936 folgte der erste Schlepplift Österreichs.

Pflicht oder nicht?

- ●●●● *top, unbedingt machen!*
- ●●● *sollte man erlebt haben*
- ●● *nette Abwechslung*
- ● *man versäumt nicht viel*

Der Feuerkogel an sich ist unattraktiv, die Fahrt lohnt sich nur in Verbindung mit der Wanderung zum Alberfeldkogel.

Wanderungen

13 Rundwanderung am Feuerkogel

Technik ●●●●●

Kondition ●●●●●

➤ *Seite 235*

Das Feuerkogelgebiet ist nach wie vor ein beliebtes Wintersportrevier; im Sommer wirkt der durch eine ganze Siedlung aus Almhütten, Ferienhäusern und Gasthöfen (mit Übernachtungsmöglichkeiten) zugebaute Gipfel ziemlich unattraktiv. Die Fahrt lohnt sich nur für die einfache Wanderung zum Alberfeldkogel (➤ Seite 235), Abenteuerlustige werden den Klettersteig am Alberfeldkogel zu schätzen wissen (Schwierigkeitsstufe C, ➤ Seite 29).

Nur für den verbauten Feuerkogel müsste man nicht kommen.

Die Fahrt lohnt sich aber für die Wanderung zum Alberfeldkogel.

Die Talstation befindet sich an der Straße zu den Langbathseen. Die Buslinie 555 fährt von der Bahnstation Ebensee Landungsplatz zur Seilbahn, der alternative Fußweg dauert 15-20 Minuten (an der Kirche vorbei, dann entlang der Hauptstraße).

Sommerbetrieb Mitte Mai bis Ende Oktober tägl. 8:30-17:00 Uhr. Berg- und Talfahrt Erwachsene 20,40 €, Jugendliche von 16-19 Jahren 15,30 €, Kinder bis 15 Jahre 10,20 €. Günstige Familientickets und Kombiticket mit Grünberg-, Gosaukamm- und Dachsteinseilbahn. www.feuerkogel.net, Tel. 0043 50140

GPS-Wegpunkt 30 (Talstation): 47,81301 13,75851

Wie man hinkommt

Langbathseen

Die beiden Langbathseen gehören mit ihrer grandiosen landschaftlichen Lage zu den schönsten der kleineren Salzkammergutseen! Das wusste auch Kaiser Franz Josef, der das Gebiet um die Seen am Ende des Langbathtales westlich von Ebensee als Revier für seine ex-

Pflicht oder nicht?

●●●● *top, unbedingt machen!*
●●● *sollte man erlebt haben*
●● *nette Abwechslung*
● *man versäumt nicht viel*

Mit ihrer unvergleichlichen Landschaft sind die beiden Langbathseen ein großartiges Ziel zum Wandern und Baden.

Schon der Vordere Langbathsee beeindruckt durch seine Kulisse.

zessive Jagdleidenschaft schätzte und sich hier ein Jagdschloss bauen ließ. Der gut 1000 Meter lange Vordere Langbathsee ist von sanften, bewaldeten Hängen umgeben. Der etwas kleinere Hintere Langbathsee, der etwa 1,3 Kilometer entfernt ist und rund 70 Meter höher liegt, grenzt dagegen an die steilen Hänge des Höllengebirges, die ihm eine eindrucksvolle Kulisse verleihen.

Da man mit dem Auto bis zum vorderen See fahren kann, ist er ein beliebtes Ausflugs- und Badeziel. Bis vor wenigen Jahren gab es hier sogar ein Hotel, inzwischen ist immerhin noch ein Gasthof geöffnet. Die Umrundung der beiden Seen auf breiten Schotterwegen ist ein schöner, familienfreundlicher Spaziergang (➤ Seite 238), bietet sich aber auch für eine Runde mit dem Fahrrad an – mit etwas Vorsicht und Geschick ist der Weg auch mit einem Straßenrad befahrbar. Der Vordere Langbathsee ist mit seiner großen Sichtweite und der interessanten Unterwasserlandschaft auch ein beliebtes Tauchrevier, im hinteren See ist das Tauchen aus Naturschutzgründen nicht gestattet.

Wanderungen

14 Um die Langbathseen

Technik ●●●●●

Kondition ●●●●●

➤ *Seite 238*

Wie man hinkommt

Von Ebensee auf der Straße durch das Langbathtal bis zum Parkplatz am Vorderen Langbathsee. Die Abzweigung von der B145 an der Traunmündung ist beschildert. Keine öffentlichen Verkehrsmittel.

GPS-Wegpunkte: Seite 240

...doch noch schöner ist die Szenerie am hinteren See!

Offensee

Der etwa 800 mal 800 Meter große Offensee liegt reizvoll vor der Kulisse des Toten Gebirges und bietet mit seinen flachen Ufern an vielen Stellen schöne Bademöglichkeiten. Er kann auf einer neun Kilometer langen Straße, die am südlichen Ortsrand von Ebensee von der Trauntal-Bundesstraße abzweigt, mit dem Auto erreicht werden. Die Gegend war in der zweiten Hälfte des 19. Jahrhunderts eines der Jagdreviere von Kaiser Franz Josef, der am See ein kleines Jagdschloss bauen ließ. Schon in den Jahrhunderten davor wurde das Tal des Offenseebaches intensiv für den Holzeinschlag genutzt, um die Ebenseer Saline mit Brennstoff zu versorgen. Von 1906 bis 1954 existierte hier sogar eine Schmalspurbahn für den Holztransport.

Pflicht oder nicht?

- ● ● ● ● *top, unbedingt machen!*
- ● ● ● *sollte man erlebt haben*
- ● ● *nette Abwechslung*
- ● *man versäumt nicht viel*

Der Offensee kann es nicht mit den Langbathseen aufnehmen, ist aber dennoch ein schönes Ausflugsziel.

Der See kann auf einem knapp fünf Kilometer langen Weg umrundet werden. Dieser verläuft allerdings nur teilweise am Ufer, weil eine breite Schilfzone umgangen werden muss, und ist daher einer der weniger reizvollen Seerundwege. Das Restaurant Offensee am vorderen Ende ist derzeit geschlossen; am gegenüberliegenden Ufer bietet aber die Jausenstation Seeau die Gelegenheit zur Einkehr, direkt vor dem Haus gibt es schöne Bademöglichkeiten.

Das Wasser des Offensees schimmert in tiefem Türkis.

Wie man hinkommt

Am südlichen Ortsrand von Ebensee, beim Stadtteil Plankau, zweigt eine kleine Straße von der B145 ab, die nach knapp 9 km am See endet. Kurz vor dem See führt eine Abzweigung nach rechts zum Parkplatz beim ehemaligen Restaurant. Näher zum See kommt man, wenn man noch ein Stück geradeaus zum zweiten Parkplatz fährt. Zur Jausenstation Seeau von dort 10-15 Minuten. Keine öffentlichen Verkehrsmittel.

GPS-Wegpunkt 31 (Parkplatz): 47,76155 13,83136

Almtal

Etwas abgelegen am äußersten östlichen Rand des Salzkammerguts befindet sich das Almtal, das sich in Nord-Süd-Richtung bis zum Fuß des Toten Gebirges erstreckt. Der nördliche, dicht besiedelte Teil zieht sich durch das hügelige Alpenvorland und ist landschaftlich unspektakulär. Interessant wird es erst oberhalb der Ortschaft Grünau, die als „Tor zum Almtal" das touristische Zentrum der Gegend bildet: Von hier aus zieht sich das Tal, jetzt enger und kaum noch besiedelt, weitere 14 Kilometer nach Süden. Selbst in Grünau bleibt der Tourismus aber auf angenehm bescheidenem Niveau: Das Almtal ist immer eine eher unwichtige Destination geblieben, was den ruhigen Charme der Gegend bewahren half.

Im Wasser des Almsees spiegelt sich das Tote Gebirge.

Einige Kilometer nach Grünau passiert man den **Wildpark Cumberland**, den einzigen Tierpark im Salzkammergut. Auf dem weitläufigen, 60 Hektar großen Gelände werden heimische oder ehemals heimische Tiere wie Hirsche, Wildschweine, Steinböcke, Wisente, Wölfe und Braunbären gehalten, die meisten davon in großräumigen, naturnahen Gehegen. Man kann durchaus einige Zeit im Park verbringen, denn der große Rundweg ist immerhin 4,3 Kilometer lang. Seit 2014 gibt es auch einen Streichelzoo für Kinder.

Pflicht oder nicht?

• • • •	*top, unbedingt machen!*
• • •	*sollte man erlebt haben*
• •	*nette Abwechslung*
•	*man versäumt nicht viel*

Das Almtal ist eher unspektakulär, hat aber gerade deswegen Charme! Der Wildpark und die sehr einfachen Wandermöglichkeiten machen es zu einem geeigneten Familienziel.

Dem Tierpark angeschlossen ist die **Konrad Lorenz Forschungsstelle**, die 1973 durch den Verhaltensforscher Konrad Lorenz (1903-1989) gegründet wurde und seine Forschungsansätze an verschiedenen Vogelarten fortführt. Hier wird auch an einem Projekt zur Wiederansiedlung des Waldrapps gearbeitet: Diese Ibisart war einst über weite Teile der Alpen verbreitet, wurde hier aber schon im 17. Jahrhundert ausgerottet. Im Wildpark ist eine Gruppe dieser Tiere zu sehen.

Der Cumberland-Wildpark zeigt heimische Tierarten in weitläufigen Gehegen.

Die Straße endet am 589 Meter hoch gelegenen **Almsee**, der mit knapp zwei Kilometern Länge zu den kleineren Salzkammergutseen zählt. In seinem prachtvoll türkis schimmernden Wasser spiegelt sich die grandiose Kulisse des Toten Gebirges – eines der schönsten Motive des Salzkammerguts! Das ist freilich kein Geheimtipp: Die Dimension des Parkplatzes lässt erahnen, dass

Hier wird auch versucht, den Waldrapp wieder heimisch zu machen.

hier vor allem an schönen Wochenenden durchaus einiges los ist. Im 1652 vom Stift Kremsmünster als Wirtschaftshof erbauten Seehaus befindet sich heute ein beliebtes Ausflugsrestaurant. Der See kann mit einem sehr einfachen Spazierweg umrundet werden (➤ Seite 241).

Kurz vor dem Almsee zweigt eine schmale, teilweise geschotterte Straße nach links ins romantische Hetzautal ab. Sie führt entlang des Straneggbaches bis zum **Almtalerhaus.** Das hübsch gelegene Gasthaus (mit Übernachtungsmöglichkeiten) ist weitaus weniger überlaufen als das Seehaus. Der Weg zu den nahe gelegenen Ödseen ist eine weitere Möglichkeit für eine leichte Kurzwanderung (➤ Seite 244).

Wanderungen

15 Almsee-Umrundung
Technik ●●●●●
Kondition ●●●●●
➤ *Seite 241*

16 Zu den Ödseen
Technik ●●●●●
Kondition ●●●●●
➤ *Seite 244*

Wie man hinkommt

Das Almtal ist ab Gmunden über die B120 zu erreichen. Öffentlich mit dem Zug ab Wels bis Grünau oder mit Buslinie 533 ab Gmunden bis Grünau. Vom Bahnhof Grünau fährt die Linie 535 bis zum Seehaus am hinteren Ende des Almtalersees (nur alle 2-3 Std., Sa und So nur drei Fahrten). Seehaus geöffnet von Ende März bis Ende November (www.gasthof-seehaus.at, Tel. 0043 7616 8366).

GPS-Wegpunkt 32 (Seehaus): 47,74368 13,95225

***Allgemeine Informationen:** www.almtal.at, Tel. 0043 7616 8268*

***Wildpark Cumberland:** 6 km oberhalb von Grünau, Buslinie 535 ab Bahnhof Grünau. April-Okt. tägl. 9:00-17:00 Uhr (Ausgang bis 19:00 Uhr offen), Nov.-März tägl. 10:00-16:00 Uhr (Ausgang bis 17:00 Uhr offen). Erwachsene 7,80 €, Kinder von 6-14 5,50 €, Familien 22,50 €. Keine Hunde! www.wildparkgruenau.at, Tel. 0043 7616 8425*
GPS-Wegpunkt 33: 47,80694 13,95068

***Ödseen und Almtalerhaus:** Die Straße zweigt beim Gasthof Jagersimmerl ab und ist bis zum Almtalerhaus befahrbar. Busverbindung nur bis Jagersimmerl. Jagdsperre 15.9.-15.10., Wintersperre 1.11.-30.4. Almtalerhaus geöffnet vom 1.5.-15.9. (www.almtalerhaus.at, 0043 664 410 9665).*

GPS-Wegpunkt 34 (Almtalerhaus): 47,75509 14,01796

Inneres Salzkammergut

Als „Inneres Salzkammergut“ bezeichnet man die Gegend um den Hallstätter See und das Trauntal bis nach Bad Ischl. Es ist in vielerlei Hinsicht das Herz des Salzkammerguts: Hier dominierte die Salzwirtschaft jahrhundertelang das Leben, Bad Ischl war kaiserliche Sommerresidenz und Zentrum des Kurtourismus. Hallstätter See und Hallstatt bilden ein einmaliges Ensemble, das Gosautal und das nördliche Dachsteinmassiv gehören zu den schönsten Landschaften der Region.

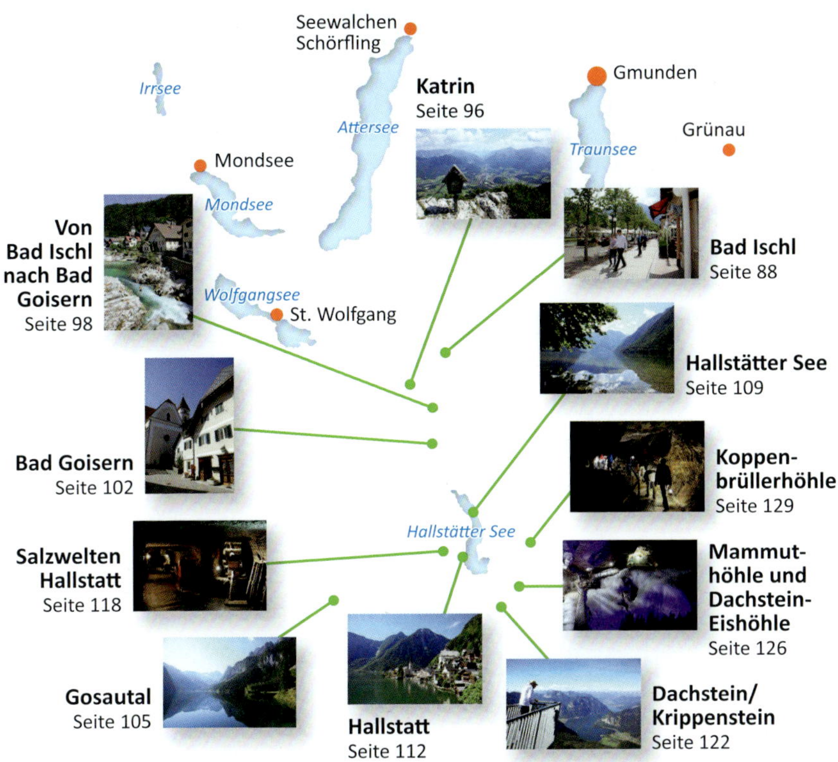

Bad Ischl

Das kleine Kurstädtchen Bad Ischl ist das urbane Zentrum des Salzkammerguts. Lange Jahrhunderte hindurch wurde die Geschichte der Stadt vom Salz geprägt: Sie war ein wichtiger Umschlagplatz, in der Nähe befand sich eines der drei Bergwerke der Region, und von 1571 bis 1965 war hier auch eine Saline in Betrieb. Erst Anfang des 19. Jahrhunderts begann eine entscheidende Veränderung: Der Salinenarzt Dr. Josef Götz entdeckte, dass sich die Sole bei einer Vielzahl von Krankheiten therapeutisch anwenden ließ, und legte so den Grundstein für den Kurbetrieb. Sein mit Unternehmergeist, Kapital und guten Kontakten ausgestatteter Kollege Dr. Franz Wirer nutzte dieses Wissen auf seine Art: Ab 1821 formte er den zu dieser Zeit noch weitgehend bäuerlich geprägten Ort innerhalb von nur etwas mehr als einem Jahrzehnt zu einem der drei wichtigsten Kurorte Österreich-Ungarns um.

Pflicht oder nicht?

- ●●●● *top, unbedingt machen!*
- ●●● *sollte man erlebt haben*
- ●● *nette Abwechslung*
- ● *man versäumt nicht viel*

Bad Ischl ist einer der schönsten und lebhaftesten Salzkammergutorte und in jedem Fall einen Besuch wert!

Bei den Kuren stand zu dieser Zeit nicht so sehr der therapeutische Nutzen im Vordergrund, es waren vielmehr prestigeträchtige gesellschaftliche Veranstaltungen der Oberschicht. Der bis dahin eher bescheidene Salzkammergutort entwickelte sich so in kürzester Zeit zu einem enorm wichtigen Treffpunkt – wer Macht und Geld hatte im Habsburgerreich, verbrachte den Sommer in Bad Ischl. Dass die Stadt

Bad Ischl ist unübersehbar von der Geschichte als Kurstadt geprägt.

ab 1849 auch die Sommerresidenz von Kaiser Franz Josef I. war, trug wesentlich zu ihrem Status bei. Der überwiegende Teil der Gäste kam aus Wien, aber auch die habsburgischen Kronländer sowie andere europäische Staaten waren vertreten.

Die Spitze der Gesellschaft wollte standesgemäß untergebracht und unterhalten werden: 1826 wurde ein erstes Hotel eröffnet, kurz danach ein Theater, das im Sommer von Schauspielern und Regisseuren des Wiener Burgtheaters bespielt wurde. Eine Anzahl weiterer Hotels sowie die ersten hochklassigen Kaffeehäuser kamen in den folgenden Jahren hinzu.

In der Pfarrkirche wird bis heute die Kaisermesse gefeiert.

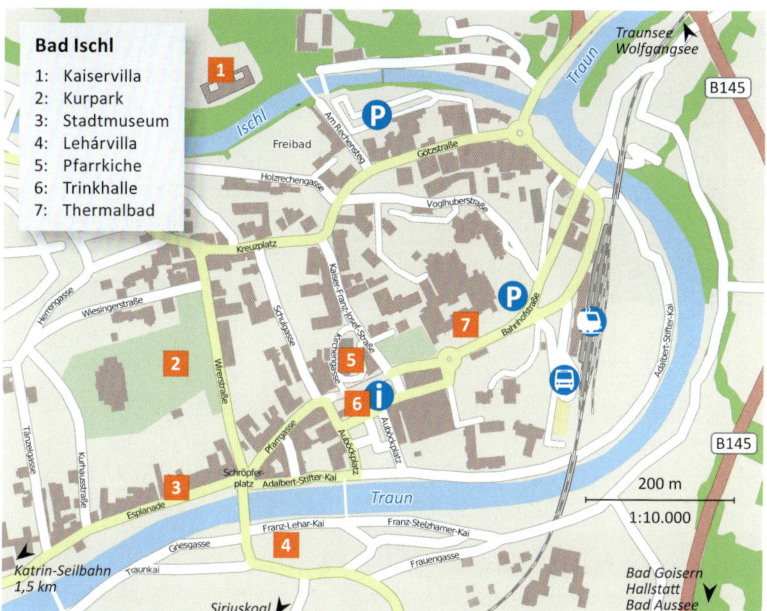

Bad Ischl entwickelte sich bald zu einem Künstlertreffpunkt von Weltgeltung, denn zur gehobenen Gesellschaft, die sich hier versammelte, gehörten auch einige der angesehensten Komponisten dieser Zeit: Johann Strauß kam im Sommer ebenso regelmäßig wie Anton Bruckner, Johannes Brahms und Franz Lehár.

Das von den Flüssen Traun und Ischl bogenförmig umschlossene Zentrum strahlt bis heute die Noblesse dieser Zeit aus. Die 1780 geweihte katholische **Pfarrkirche** 5 erhielt ab 1860 aufwendige Deckenfresken, um sie zum würdigen Rahmen für die prunkvolle Kaisermesse zu machen, die hier jedes Jahr am Geburtstag des Kaisers, dem 18. August, gefeiert wurde. Diese Tradition wird bis heute fortgesetzt, inklusive großem Zeremoniell und Auftritt zweier als Kaiserpaar verkleideter Darsteller. Gegenüber liegt die 1831 eröffnete klassizistische **Trinkhalle** 6, in der sich die Touristeninformation befindet. Hier ist auch der Treffpunkt für die Stadtführungen, die im Sommer dreimal pro Woche stattfinden. Zentrale Einkaufsstraße ist die **Pfarrgasse**, die von der Trinkhalle bis zum Schröpferplatz an der Traunbrücke führt, wo die wichtigsten Straßen aufeinander treffen.

Hier beginnt die **Esplanade**: Diese Promenade am stadtseitigen Traunufer wurde um 1830 angelegt, um den Sommergästen eine angemessene Flaniermeile zu bieten. Noch heute ist sie der schönste Ort, um in

Die Esplanade an der Traun ist der schönste Ort der Stadt.

Bad Ischl etwas Zeit zu verbummeln. Die Häuser, die die Esplanade säumen, sind allerdings weitaus älter und haben einen anderen geschichtlichen Hintergrund: Hier lebten die Salzfertiger, die bürgerliche Oberschicht, die die Fäden im Geschäft mit dem Salz zog (➤ Seite 69). Von ihren Häusern aus konnten sie den Salztransport unmittelbar kontrollieren, denn dort, wo sich heute die Esplanade erstreckt, lagen ursprünglich die Anlege- und Verladestellen der Salzschiffe. Im **Seeauerhaus** 3 (Esplanade 10) fand 1853 die Verlobung des Kaiserpaares statt. Heute befindet sich hier das **Stadtmuseum**; es ist eines der besten Heimat- und Geschichtsmuseen des Salzkammerguts und stellt neben lokalem Brauchtum auch viele historische Zusammenhänge anschaulich dar. Kultstatus hat die 1832 gegründete **Konditorei Zauner** mit ihrem großen Angebot an edlen Süßwaren von Schokolade über Pralinen bis zu Torten. Das Stammhaus befindet sich in der Pfarrgasse 7; wenn man einen Kaffee trinken will, sitzt man aber in der Dependance an der Esplanade besser, nämlich direkt am Traunufer.

Das gegenüberliegende Südufer war lange Zeit unbebaut und wurde während des Booms im 19. Jahrhundert zur besten und teuersten Adresse der Stadt. Daher säumen zahlreiche repräsentative Villen das rechte Traunufer, darunter auch die **Lehárvilla** 4. Der erfolgreiche und wohlhabende Operettenkomponist Franz Lehár kaufte das Gebäude 1912 und verbrachte hier bis zu seinem Tod im Oktober 1948 jedes Jahr mehrere Monate, sodass viele seiner bekanntesten Werke in Bad Ischl entstanden. Da das Haus danach nie wieder bewohnt wurde, ist die Einrichtung unverändert erhalten. Heute ist es ein Museum, das einen Einblick in die Wohnkultur dieser Zeit bietet, insgesamt jedoch nicht sehr interessant ist.

Der Kurpark wird vom großzügigen Kurhaus begrenzt.

Geht man vom Schröpferplatz durch die Wirerstraße Richtung Norden, kommt man am kleinen **Kurpark** 2 vorbei, der jedoch im Schatten der Esplanade steht. Das angrenzende großzügige Kurhaus von 1875 ist heute ein Veranstaltungszentrum. In der parallel verlaufenden Kaiser-Franz-Josef-Straße wurde 1826 das Hotel zur Post als erstes Hotel in Bad Ischl eröffnet, heute ist es jedoch nicht mehr als solches in Betrieb. Auch das **Hoftheater** von 1827 hat nicht mehr seine ursprüngliche Funktion: Es ist seit 1957 ein Kino, die Innenausstattung blieb aber weitgehend erhalten.

Das berühmteste Gebäude der Stadt liegt jedoch etwas außerhalb des Zentrums jenseits der Ischl: Es ist die von einem ausgedehnten Park umgebene **Kaiservilla** 1. Sie war ursprünglich das Sommerdomizil eines Wiener Anwalts. 1853 kaufte es die Mutter des Kaisers als Hochzeitsgeschenk für das Kaiserpaar, Franz Josef I. und seine Gemahlin Elisabeth, besser bekannt als Sisi. Der Kaiser ließ das Gebäude um die beiden Seitenflügel erweitern und nutzte es mehr als 60 Jahre lang in jedem Jahr für einige Monate als Sommerresidenz. Doch auch wenn es hier deutlich zwangloser und familiärer zuging als am Wiener Hof, darf man sich die kaiserliche Sommerfrische nicht als reinen Ferienaufenthalt vorstellen: In der Villa wurden Staatsgeschäfte getätigt und bedeutende Gäste empfangen, in seinem Arbeitszimmer traf der Kaiser wichtige Entscheidungen. Darunter eine, die den Lauf der Weltgeschichte verändern sollte: Am 28. Juli 1914 unterzeichnete er hier die Kriegserklärung gegen Serbien und löste damit den Ersten Weltkrieg aus. Es sollte der letzte kaiserliche Sommer in Bad Ischl sein.

In der Kaiservilla verbrachte Franz Josef I. über 60 Sommer.

Die Villa ist bis heute in privatem Besitz der Nachkommen des Kaisers, die sie noch immer bewohnen. Der Haupttrakt kann aber besichtigt werden und ist die wichtigste touristische Attraktion der Stadt. Bei einer Führung erfährt man viele Details nicht nur über das Gebäude, sondern auch über das Leben des Kaiserpaares: Von der Jagdleidenschaft des Kaisers, die in der opulenten Dekoration der Wände mit zahllosen Trophäen sichtbar wird, bis zu den politischen Ansichten und den vielen eigenwilligen Angewohnheiten der Kaiserin. Auch wenn die Führung recht teuer ist, sollte man sie nicht auslassen, denn der Rundgang durch den Park alleine ist nicht besonders lohnend. Etwas weiter oben befindet sich das 1860 fertiggestellte **Teehaus** der Kaiserin, auch als „Marmorschlößl" oder „Cottage" bezeichnet. Dieses intime neogotische Gebäude war eine ihrer zahlreichen privaten Zufluchtsstätten, heute beherbergt es das Photomuseum mit einer interessanten Ausstellung über die Anfangszeit der Fotografie inklusive einer bemerkenswerten Sammlung früher Fotografien und Fotoapparate.

Die Tradition der Stadt als Heilbad wird durch die luxuriöse **Salzkammergut-Therme** 7 in der Nähe des Bahnhofs fortgeführt. Mit mehreren Innenbecken mit 32 Grad warmer Salzlösung, einer vielfältigen Saunaanlage und einem großzügigen Außenbereich bietet die 2007 renovierte und erweiterte Anlage alles, was man von einem modernen Thermalbad erwarten darf (➤ Thermenvergleich Seite 153).

Ein hübsches Ziel für einen Miniausflug ist der **Siriuskogl**. Der kleine Berg, der an seinem markanten Aussichtsturm leicht zu erkennen ist, erhebt sich rund 100 Meter über den südlichen Stadtrand und ist vom Zentrum aus mit einem kurzen Spaziergang von 20-25 Minuten zu erreichen. Der breite Weg zum Gipfel ist als „Sinneswunderweg" gestaltet, auf dem man an verschiedenen Stationen dazu angeregt wird, mit allen Sinnen bewusst wahrzunehmen. Nett

Das intime Teehaus war privater Rückzugsort der Kaiserin.

gemacht und für Kinder sicherlich spannend! Erwachsene werden sich eher am Gasthaus neben den Aussichtsturm, das auch abends geöffnet hat, erfreuen: Ein Abendessen mit Blick über die Stadt ist ein besonderes Vergnügen!

Wie man hinkommt

Größere Parkplätze (gebührenpflichtig) in der Nähe der Kaiservilla sowie vor dem Bahnhof (Eurothermen-Parkgarage). Von beiden Parkplätzen ist die gesamte Innenstadt und die Kaiservilla in wenigen Minuten zu Fuß erreichbar. Am Bahnhof halten alle Züge der Salzkammergutbahn und die Buslinien 150 ab St. Gilgen über Strobl, 546 ab St. Wolfgang und 542 ab Gosau über Bad Goisern.

***Touristeninformation:** in der Trinkhalle gegenüber der Kirche. www.badischl.at, Tel. 0043 6132 27757*

***Kaiservilla:** Führungen (ca. 45 min) 1.5.-30.9. tägl. 9:30-17:00 Uhr mehrmals pro Stunde, April und Oktober 10:00-16:00 Uhr. Eintritt zum Park und Führung durch die Villa 13,50 €, nur Park 4,50 €, Kinder 7,50/3,50 €. Photomuseum (1.4.-31.10. tägl. 9:30-17:00 Uhr) 2,00 € extra. www.kaiservilla.at*

***Museum der Stadt Ischl:** Esplanade 10. Mi 14:00-19:00 Uhr, Do-So 10:00-17:00 Uhr, Mo und Di geschl. Januar, Februar und März nur Fr-So 10:00-17:00 Uhr, November und Dezember komplett geschlossen. Erwachsene 5,40 €, Kinder bis 15 2,70 €, Kombikarte mit Lehárvilla 9,30 €. www.stadtmuseum.at, Tel. 0043 6132 25476*

***Lehárvilla:** 1.5.-30.9. Mi-So 10:00-17:00 Uhr, Juli und August auch Mo. Nur mit Führung: Erwachsene 5,70 €, Kinder 2,60 €, Kombikarte mit Stadtmuseum 9,30 €.*

***Stadtführungen:** So 10:00 Uhr und Do 16:00 Uhr allgemeine Führung, Mo 16:00 Uhr Themenführung (Details bei der Touristeninfo). 5,00 €, Dauer ca. 90 Minuten, Treffpunkt an der Trinkhalle.*

***Salzkammergut-Therme:** zwischen Bahnhof und Trinkhalle. Tägl. 9:00-24:00 Uhr, Tageskarte Erwachsene 19,00 €, Kinder bis 15 14,00 €, Sauna 5,00 € extra. www.eurothermen.at, Tel. 0043 6132 2042 700*

***Siriuskogl:** Vom Schröpferplatz über die Brücke, dahinter auf der Grazer Straße nach links Richtung Salzburg/Linz/Graz, 80 m nach der Kurve rechts in die Siriuskoglgasse. Von nun an der Beschilderung „Rundweg Siriuskogl" folgen, am Waldrand beginnt der „Sinneswunderweg". Gasthaus: Mai bis Oktober Mi-Mo ab 10:00 Uhr, Küche bis 21:00 Uhr. www.siriuskogl.at, Tel. 0043 660 7346 302*

ISC01	*Bahnhof*	*47,71229*	*13,62714*	GPS-Wegpunkte
ISC02	*Salzkammergut-Therme*	*47,71215*	*13,62518*	
ISC03	*Trinkhalle (Touristeninformation)*	*47,71133*	*13,62332*	
ISC04	*Pfarrkirche*	*47,71202*	*13,62303*	
ISC05	*Schröpferplatz/Esplanade*	*47,71022*	*13,62108*	
ISC06	*Stadtmuseum*	*47,71011*	*13,62006*	
ISC07	*Lehárvilla*	*47,70971*	*13,62197*	
ISC08	*Kurpark*	*47,71144*	*13,61945*	
ISC09	*Kaiservilla*	*47,71512*	*13,62079*	
ISC10	*Marmorschlößl (Photomuseum)*	*47,71660*	*13,61775*	
ISC11	*Siriuskogl*	*47,70474*	*13,61769*	

Thema: **Die Anfänge des Tourismus**

Anfang des 19. Jahrhunderts entdeckten Salinenärzte die heilsame Wirkung der Salzlösung bei verschiedensten Krankheitsbildern. Diese Entdeckung hatte für das Salzkammergut ausgesprochen weitreichende Folgen, denn sie war der Auslöser für die bis heute andauernde touristische Tradition der Region! Ischl (damals noch ohne „Bad" im Namen) wurde zum ersten Kurort des Salzkammerguts, bald folgten Aussee, Goisern und Gmunden.

Eine Kur hatte zu dieser Zeit nicht so sehr den Charakter einer Therapie; es war vielmehr eine Art luxuriöser Auszeit, die man sich auch ohne medizinische Notwendigkeit gerne gönnte, wenn es der finanzielle Status zuließ. Vor allem die gesellschaftliche Elite des damals schon großstädtischen Wien entdeckte die ländliche Einfachheit, die großartige Landschaft und die saubere Luft. Eine „Sommerfrische" im Salzkammergut wurde zu einem begehrten Prestigeobjekt. Dass ab Mitte des 19. Jahrhunderts auch der Kaiser im Sommer regelmäßig für einige Monate nach Ischl kam, trug wesentlich dazu bei. Die Kurorte wurden zum glamourösen Treffpunkt einer gesellschaftlichen Oberschicht, die hohe Ansprüche hatte: Wo es anfangs nur einfache Privatunterkünfte gab, entstanden bald die ersten Luxushotels, opulent ausgestattete Kurmittelhäuser und hübsche Parks. Wer sehr viel Geld hatte, baute sich hier eine Sommervilla.

Der einheimischen Bevölkerung brachte dies einen enormen wirtschaftlichen Aufschwung, weil viel Personal gebraucht wurde –

Thema: Die Anfänge des Tourismus

gerade rechtzeitig, denn der Salzhandel, über Jahrhunderte das wirtschaftliche Rückgrat der Region, stagnierte zu dieser Zeit. Gastronomie und Handel verdienten gut und hatten eine Motivation, ihre Dienstleistungen und Produkte den hohen Ansprüchen der Gäste anzupassen.

Im 19. Jahrhundert war das Salzkammergut zunächst nur mit langwierigen Kutschfahrten auf schlechten Straßen erreichbar, die Reise lohnte sich nur bei längeren Aufenthalten. Daher waren es anfangs überwiegend reiche Adlige, die den ganzen Sommer hier verbrachten. Erst die Eröffnung der Salzkammergutbahn im Jahr 1877 machte die Anreise deutlich einfacher und kostengünstiger und auch für kürzere Aufenthalte interessant. Von nun an war ein Sommerurlaub im Salzkammergut kein Privileg der wirklich Reichen mehr, sondern auch für wohlhabende Bürger leistbar. Auch viele Künstler – Komponisten, Schriftsteller und Maler – entdeckten zu dieser Zeit das Salzkammergut als Ort der Entspannung und Inspiration und kamen zu regelmäßigen Sommeraufenthalten hierher.

Katrin

Wenn die Ischler von der „Katrin“ sprechen, meinen sie keine Frau, sondern einen Berg: So heißt der nordwestlichste Gipfel des Katergebirges, der mit seiner markanten Form im Südwesten der Stadt 1542 Meter hoch aufragt. Mit der großartigen Aussicht und der Seilbahn, die vom Stadtrand Bad Ischls bis in eine Höhe 1451 Metern hinaufführt, ist die Katrin ein beliebtes Ausflugsziel. Direkt bei der Bergstation gibt es mit der „Katrin Almhütte“ und dem Berggasthaus „Naturkuchl“ gleich zwei Einkehrmöglichkeiten, allerdings ist die Aussicht von hier aus eher unspektakulär.

Pflicht oder nicht?

- ●●●● *top, unbedingt machen!*
- ●●● *sollte man erlebt haben*
- ●● *nette Abwechslung*
- ● *man versäumt nicht viel*

Als einer der am leichtesten erreichbaren Gipfel ist die Katrin mit ihrer imposanten Aussicht ein lohnendes Ausflugsziel.

Zumindest die knapp 130 Höhenmeter bis zum Gipfel mit dem

Von der Katrin reicht der Blick weit über Bad Ischl.

pompösen Katrinkreuz sollte man daher in jedem Fall gehen. Darüber hinaus bietet sich die Erweiterung zu einer unkomplizierten Runde über einige benachbarte Gipfel an (➤ Seite 247).

Abenteuerlustige können die Katrin auf stilvollere Art über den **Katrin-Klettersteig** besteigen, der ein Stück unterhalb der Seilbahnstation beginnt und direkt auf den Gipfel führt. Dieser recht einfache Steig (Schwierigkeitsgrad B/C) ist auch für Anfänger geeignet und eine gute Möglichkeit für alle, die mal einen Klettersteig ausprobieren wollen. Die volle Ausrüstung mit Klettersteigset, Helm und Handschuhen ist aber in jedem Fall nötig (➤ Seite 26).

17 Von der Katrin zum Hainzen

Technik ●●●○○
Kondition ●●○○○

➤ *Seite 247*

Wanderungen

Der Katrin-Klettersteig ist auch für Anfänger eine Option.

Wie man hinkommt

Die Talstation befindet sich im Ortsteil Kaltenbach im Süden von Bad Ischl, die Anfahrt ist gut beschildert. Parkgebühren werden bei Seilbahnbenutzung erstattet. Mit dem Bus: Linie 552 ab Bahnhof Bad Ischl bis zur Talstation (2x stündlich). Zu Fuß ab Stadtzentrum etwa 2 km (auf der Esplanade traunaufwärts).

Anfang Mai bis Ende Oktober tägl. 9:00-17:00 Uhr zur vollen und zur halben Stunde. Berg- und Talfahrt Erwachsene 19,50 €, Kinder von 6-15 Jahren 12,50 €, Jugendliche 14,00 €, Senioren 18,00 €. Das Berggasthaus ist im Sommer tägl. von 9:00-17:00 Uhr geöffnet, die Katrin Almhütte alle Tage außer Mo zu denselben Zeiten. Keine Übernachtungsmöglichkeiten.

www.katrinseilbahn.com, Tel. 0043 6132 23788

GPS-Wegpunkt 35 (Talstation): 47,69873 13,60727

Von Bad Ischl nach Bad Goisern

Das kleine Örtchen **Lauffen** südlich von Bad Ischl wirkt heute so unscheinbar, dass es von den meisten Touristen schlicht übersehen wird. Ein kurzer Halt lohnt sich aber: Die schönen historischen Salzfertigerhäuser direkt an der Traun und die spätgotische Wallfahrtskirche

Pflicht oder nicht?

- ● ● ● ● *top, unbedingt machen!*
- ● ● ● *sollte man erlebt haben*
- ● ● *nette Abwechslung*
- ● *man versäumt nicht viel*

Lauffen muss man nicht unbedingt gesehen haben. Als Zwischenstopp ist es aber eine Option, ebenso wie die Museen der Gegend.

An heißen Tagen sind die Stromschnellen von Lauffen ein beliebter Badeplatz.

„Maria im Schatten" aus dem 14. Jahrhundert verraten, dass der Ort in früheren Zeiten weit mehr als ein Bauerndorf war. Ende des 13. Jahrhunderts erhielt Lauffen – früher noch als Hallstatt – das Marktrecht, und die Lauffener durften von den Salzschiffern Maut eintreiben. Noch im 19. Jahrhundert wurde es neben Bad Ischl und Gmunden als einer der Hauptorte der Region bezeichnet und war ein beliebtes Ausflugsziel: Um die Jahrhundertwende fuhr von Bad Ischl ein Ausflugsschiff nach Lauffen, auch befand sich hier das Vorbild für das Gasthaus im Musical „Im Weißen Rößl" (➤ Seite 41).

Dieser Status hat sich allerdings nicht erhalten, heute wirkt das Dorf alles andere als lebhaft. Landschaftliche Lage und Ortsbild sind allerdings noch immer recht hübsch: Direkt unterhalb der historischen Häuserzeile fließt die Traun mit sehr schönen Stromschnellen über weiße Kalksteinfelsen, die bei den Einheimischen an heißen Sommertagen beliebte Badeplätze sind. In früheren Zeiten war man über diese Stromschnellen weniger glücklich, weil sie ein erhebliches Hindernis bei der Verschiffung des Salzes über die Traun darstellten. Im 14. Jahrhundert war hier eine Seilwinde in Betrieb, mit der man flussaufwärts fahrende Kähne über die Kaskaden zog, 1537 machte man die Durchfahrt mit der Sprengung einiger größerer Felsen etwas einfacher.

Auf dem Weg von Bad Ischl nach Lauffen kommt man am **Museum Fahrzeug-Technik-Luftfahrt** vorbei, das unübersehbar direkt an der Bundesstraße liegt. Das 1990 eröffnete private Museum zeigt eine Sammlung historischer Autos und Lastwagen, ergänzt durch einige Flugzeuge, Hubschrauber und Loks. Als Schlechtwetterprogramm für kleine und große Jungs ist es ein Tipp, allerdings erscheint der Eintrittspreis für eine vollgestopfte Halle ohne allzuviel Information doch ziemlich hoch.

In der Anzenaumühle kann man historische Mühlentechnik kennenlernen.

Lohnender ist ein Besuch des **Freilichtmuseums Anzenaumühle** ein Stück südlich von Lauffen. Die Geschichte der Mühlenanlage reicht bis ins 14. Jahrhundert zurück. Das Hauptgebäude aus dem frühen 18. Jahrhundert ist weitgehend original erhalten geblieben und kann mit einer kleinen Führung besichtigt werden. Die Mühle ist mit Mahlstube, Müllnerstüberl und „Schwarzer Kuchl" ein authentisches Abbild früherer Zeiten, die Führung persönlich und familiär. Kinder werden das Schaubacken im historischen Ofen spannend finden, das im Sommer einmal pro Monat stattfindet.

Ein außergewöhnliches technisches Denkmal ist die im hinteren Weißenbachtal – einem Seitental der Traun – gelegene **Chorinskyklause**. Mit dieser 1819 in Betrieb genommenen Anlage wurde das Wasser des Weißenbaches gestaut, um einen einfachen Transport des im Tal geschlagenen Holzes zur Traun zu ermöglichen (➤ Seite 73). Das hölzerne Tor der Klause war so angelegt, dass es von oben mit Hammerschlägen entriegelt werden konnte, die Klause wurde „geschlagen". Die gestauten Wassermassen flossen dann innerhalb weniger Minuten ab und schwemmten die Stämme, die die Holzknechte vorher ins Bachbett geworfen hatten, zur Traun hinunter. Dort wurden sie mit einem eisernen Rechen aufgefangen und weiter zur Ebenseer Saline transportiert. Bis in die 1890er-Jahre hinein wurde die Klause auf diese Art genutzt; dann verlor sie durch den geringeren Holzbedarf der Saline, die inzwischen weitgehend auf Kohlebefeuerung umgestellt war, ihren eigentlichen Sinn. Während der Jahre des frühen Tourismus Ende des 19. Jahrhunderts wurde das Klausschlagen zu Schauzwecken durchgeführt und war eine bei den Ischler Sommergästen beliebte Attraktion.

Die Chorinskyklause ist ein außergewöhnliches technisches Denkmal.

Das Weißenbachtal ist durch eine Schotterpiste erschlossen, auf der allerdings nur Anliegerverkehr zugelassen ist. Das Auto muss man daher am Beginn des Tales, beim Goiserer Ortsteil Weißenbach, stehen lassen. Von dort sind es noch 4,5 Kilometer bis zur Klause – leider ziemlich langweilig auf einer breiten Forststraße, was eine Wanderung trotz des interessanten Ziels eher unattraktiv macht. Allerdings ist die Klause eine schöne Option für eine Fahrradtour, da der geschotterte Weg auch mit einem Straßenrad gut zu befahren ist und der Höhenunterschied sich in freundlichen Grenzen hält. Mit einer Rückfahrt auf der Nordseite des Tals lässt sich der Abstecher zu einer gut 13 Kilometer langen Rundfahrt ausbauen.

Wie man hinkommt

Lauffen *liegt neben der B145. Es gibt eine Station der Salzkammergutbahn, an der jedoch nicht alle Züge halten (nur Regionalzüge, keine REX-Züge).*

GPS-Wegpunkt 36: 47,67150 13,61399

Fahrzeugmuseum: *Direkt an der B145 zwischen Bad Ischl und Lauffen. Mit dem Bus: Linie 542 von Bad Ischl Bahnhof bis Sulzbach Forstgarten, dann 300 m nach Süden. 1.4.-31.10. tägl. 9:00-18:00 Uhr, Erwachsene 10,00 €, Kinder von 10-15 4,00 €, Kinder bis 9 frei. www.fahrzeugmuseum.at, Tel. 0043 6132 26658*

GPS-Wegpunkt 37: 47,68423 13,62482

Erlebnismuseum Anzenaumühle: *Zwischen Lauffen und Bad Goisern (von der B145 beschildert). Mit dem Zug: Ab Station Goisern-Jodschwefelbad (kein Halt von REX-Zügen) ca. 1,5 km Richtung Bad Ischl. Mai bis Oktober Mi-Sa 10:00-12:00 und 15:00-18:00 Uhr. Erwachsene 3,50 €, Kinder von 6-15 Jahren 2,00 €, Familien 7,00 €. www.anzenaumuehle.at, Tel. 0043 664 590 7676*

GPS-Wegpunkt 38: 47,66864 13,61075

Chorinskyklause: *Von der B145 ca. 200 m nördlich des Bahnhofs Goisern-Jodschwefelbad Richtung Weißenbach abbiegen, dann hinter der Brücke geradeaus bis zum Gasthof Chorinskyklause und dort parken. Kurz nach dem Gasthof gabelt sich die Forststraße; beide Wege führen zur Klause, der linke ist aber deutlich kürzer. Nach 4,5 km sieht man auf der rechten Seite das einzeln stehende weiße Klauswärterhaus, hinter dem sich die Klause befindet.*

GPS-Wegpunkt 39: 47,65197 13,55114

Bad Goisern

Bad Goisern ist mit rund 7500 Einwohnern eine der größeren Gemeinden im Inneren Salzkammergut, dennoch ist die Atmosphäre ausgesprochen ruhig und dörflich. Mit der Entdeckung einer Jodschwefelquelle 1874 begann hier die Tradition als Kurort, die aber deutlich bescheidener blieb als in Bad Ischl oder Gmunden. 1955 kam der Namenszusatz „Bad“ hinzu, und seit 2008 heißt es offiziell *Bad Goisern am Hallstättersee* – was allerdings doch etwas übertrieben erscheint, denn der Ortskern ist immerhin vier Kilometer vom See entfernt, nur einige eher reizlose Siedlungen liegen direkt am Ufer.

Pflicht oder nicht?

- •••• *top, unbedingt machen!*
- ••• *sollte man erlebt haben*
- •• *nette Abwechslung*
- • *man versäumt nicht viel*

Bad Goisern ist ein netter, doch eher unspektakulärer Ort. Ein Besuch lohnt sich für die Museen.

Bei einem Rundgang durch das historische Zentrum um die spätgotische katholische Pfarrkirche 5 sieht man einige schöne Häuser aus dem 16. und 17. Jahrhundert mit ihren typischen Giebelfassaden. An warmen Sommerabenden kann man hier in mehreren Gasthäusern ein bodenständiges Essen im Freien genießen. Unbedingt besuchen sollte man auch den sehr hübschen kleinen **Kurpark** 4, der von einem

Die historischen Häuser im Zentrum zeigen die typischen Giebelfassaden.

Der Kurpark ist einer der hübschesten im Salzkammergut.

Seitenkanal der Traun durchflossen wird. Als Ausflugsziel ist Bad Goisern dennoch kein Muss, als Standquartier für den Urlaub ist es aber eine Überlegung wert: Die Quartiere sind recht günstig, eine gewisse Infrastruktur mit Restaurants und Supermärkten ist vorhanden und auch die öffentlichen Verkehrsverbindungen sind nicht schlecht.

Das historische Schloss Neuwildenstein am Marktplatz wurde 2008 zum **Hand.Werk.Haus** 7 ausgebaut. Eine kleine Ausstellung im Obergeschoss informiert über regionale Handwerkstechniken. Der Schwerpunkt des modern und luftig hergerichteten Gebäudes ist aber der Verkaufsraum, in dem man von regionalen Handwerksmeistern gefertigte Produkte erwerben kann – kein Touristenkitsch, sondern hochwertige Arbeiten, die auf althergebrachten Techniken basieren. Dazu zählt auch die bekannteste Erfindung der örtlichen Handwerker, der „Goiserer“: Der derbe Arbeitsschuh, dessen Sohle mit Eisennägeln beschlagen ist, gehörte ursprünglich zur Arbeitsbekleidung der Holzknechte, wurde im späten 19. Jahrhundert aber auch von Bergsteigern entdeckt.

Darüber hinaus gibt es in Bad Goisern gleich zwei interessante Museen: Das **Heimat- und Landlermuseum** 2 informiert über verschiedene Aspekte der Salzkammergutkultur sowie über die Landler, die im 18. Jahrhundert aufgrund ihres protestantischen Glaubensbekenntnisses nach Siebenbürgen zwangsumgesiedelt wurden (➤ Seite 108). Das kleine **Holzknechtmuseum** 1 gibt in einer historischen Holzknechtstube einen interessanten Einblick in die Lebens- und Arbeitswelt der Holzknechte, die eine wichtige Funktion in der Salzindustrie hatten (➤ Seite 73). Der Besuch ist hier mit einer kleinen, sehr persönlichen Führung verbunden.

Wanderungen

18 Durch die Ewige Wand zum Predigstuhl

Technik ●●●○○
Kondition ●●○○○

➤ *Seite 251*

Tief verwurzeltes Brauchtum wird in Bad Goisern aber auch in verschiedenen Veranstaltungen gelebt. Die bekannteste sind die deftigen *Gamsjagatage*, die jedes Jahr am letzten Augustwochenende mit Tracht und Blasmusik begangen werden. Volksmusikliebhaber kommen auch beim *Aufgeign in Goisern* Anfang September auf ihre Kosten. Sportlicher geht es bei der *Salzkammergut Trophy* zu, dem größten Mountainbike-Marathon Österreichs mit internationalen Spitzenfahrern auf spektakulären Strecken.

Wie man hinkommt

Mit dem Auto benutzen Sie am besten den kostenlosen Parkplatz an der katholischen Kirche. Am Bahnhof halten alle Züge der Salzkammergutbahn. Die Buslinie 542 Bad Ischl-Gosau fährt ebenfalls über Bad Goisern, die Haltestelle ist an der Bundesstraße (nahe der kath. Kirche, Durchgang bei der Touristeninformation).

GPS-Wegpunkt 40 (Marktplatz): 47,64062 13,61704
GPS-Wegpunkt 41 (Parkplatz): 47,64240 13,61792

***Touristeninformation:** Kirchengasse 4 (beim Parkplatz), Tel. 0043 6135 83290*

Wie man hinkommt

Hand.Werk.Haus: *am Marktplatz. Mo-Fr 9:00-12:00 und 14:30-18:00 Uhr, Sa nur 9:00-12:00 Uhr. Ausstellung Erwachsene 3,00 €, Kinder bis 18 frei. www.handwerkhaus.at, 0043 6135 50800*

Heimat- und Landlermuseum: *Kurparkstraße 10. 1.6.-15.9. tägl. Di-So 10:00-12:00 Uhr, Mi und Fr zusätzl. 15:00-17:00 Uhr, Mo geschl. Erwachsene 4,00 €. Tel. 0043 6135 6530*

GPS-Wegpunkt 42: 47,64260 13,61320

Holzknechtmuseum: *Auskeiweg 11 (200 m vom Heimatmuseum, beschildert). Tägl. außer Mo 10:00-12:00 Uhr, Erwachsene 3,00 €. Tel. 0043 664 551 3661*

GPS-Wegpunkt 43: 47,64242 13,61172

Gamsjagatage: *Ende August, www.goiserer-gamsjagatage.at*

Aufgeign in Goisern: *am 1. Sonntag im September, Details bei der Touristeninformation.*

Salzkammergut-Trophy: *im Juli, www.trophy.at*

Gosautal

Am Westufer des Hallstätter Sees zweigt eine Straße ins schmale Gosautal ab. Nach 6,5 Kilometern erreicht man die ersten Häuser von Gosau und eine Abzweigung: Geradeaus geht es weiter zum Pass Gschütt, der die Grenze zum Salzburger Land bildet, nach links zieht sich die weit ausgebreitete Streusiedlung noch einmal mehr als vier Kilometer das Tal hinauf. Das viele Grün gibt eine freundliche und luftige Anmutung. Gosau hat zahlreiche Urlaubsquartiere, und die Preise sind hier niedriger als in den Ortschaften an den Seen. Ohne Auto wird man aber eher nicht glücklich werden, dafür sind die Wege zu lang und die öffentlichen Verkehrsmittel zu spärlich.

Pflicht oder nicht?

- •••• *top, unbedingt machen!*
- ••• *sollte man erlebt haben*
- •• *nette Abwechslung*
- • *man versäumt nicht viel*

Der Vordere Gosausee ist mit seiner einmaligen Lage unbedingt sehenswert!

Auffällig ist das Nebeneinander der beiden Kirchen, von denen eine katholisch und eine evangelisch ist: Gosau war während der Gegenreformation ein Schwerpunktgebiet des Kryptoprotestantismus (➤ Seite 108), heute ist es eine der wenigen überwiegend evangelischen Gemeinden Österreichs. Sehenswürdigkeiten im eigentlichen Sinn gibt es in Gosau nicht, einen Stopp lohnt aber das **Freilichtmuseum** am oberen Ortsende: Ein um 1600 errichtetes Holzhaus, das sich ursprünglich im Hauptort befand, wurde abgetragen und an dieser Stelle originalgetreu mitsamt der historischen Ausstattung wieder aufgebaut. Der Besuch ist nur mit einer Führung möglich, ein kleiner Vortrag nicht nur über das Haus, sondern auch über das Gosautal und das gesamte Salzkammergut. Der direkt daneben befindliche **Urzeitwald** ist ein Abenteuer- und Erlebnispark für Kinder mit Dinosauriernachbildungen.

Nur wegen der Ortschaft müsste man das Gosautal nicht besuchen, doch gibt es noch einen viel besseren Grund: Am Ende des Tals, in einer Höhe von 937 Metern, liegt der wunderbare **Vordere Gosausee** eingebettet zwischen steilen Hängen. Seine Lage ist einmalig: Der Blick auf die vergletscherten Hochlagen des Dachsteins, die sich im Wasser des Sees spiegeln, gehört zu den großartigsten Ansichten des Salzkammerguts und war daher für den Titel dieses Buches gerade gut genug. Auf der rechten Seite erheben sich die spektakulären, über 2400 Meter hohen Zacken des Gosaukamms. Dass der kleine See auf einer Straße direkt erreichbar ist und sich hier ein Gasthaus befindet, trägt natürlich erheblich zu seiner Beliebtheit bei. Doch ist das obere Gosautal mit den umgebenden Hochgebirgsregionen auch eines der schönsten Wandergebiete des gesamten Salzkammerguts mit Touren von äußerst unterschiedlichem Anspruch: Der Weg um den Vorderen Gosausee bis

Der Vordere Gosausee ist eines der schönsten Landschaftsbilder im Salzkammergut.

zum entlegenen Hinteren Gosausee ist eine sehr einfache, aber ausgesprochen lohnende Wanderung (➤ Seite 255). Doch kann man von hier aus auch eine zweitägige Megatour starten, die bis knapp unter die Gletscherregion des Dachsteins führt (➤ Seite 258).

Die **Seilbahn**, die beim Parkplatz startet, führt zur gut 600 Meter über dem See gelegenen Zwieselalm hinauf. Das weitläufige Almgebiet ist ein beliebtes Wintersportrevier, im Sommer dagegen nicht besonders aufregend. Auch die Aussicht ist nicht so überwältigend, dass sich die Fahrt dafür lohnt.

Wanderungen

19 Zu den Gosauseen

Technik ●●●○○
Kondition ●●●●○

➤ *Seite 255*

20 Über den Linzersteig zur Adamekhütte

Technik ●●●●●
Kondition ●●●●●

➤ *Seite 258*

Wie man hinkommt

Der große Parkplatz am vorderen See ist kostenlos, die Seilbahn-Talstation liegt direkt daneben. Mit dem Bus: Linie 542 ab Bahnhof Bad Ischl (mit Anschluss an die Züge) über Bad Goisern, in Gosaumühle Anschluss an Linie 543 von Obertraun über Hallstatt. Die Busse fahren bis zum Parkplatz am See.

GPS-Wegpunkt 44: 47,53270 13,49743

***Freilichtmuseum:** 4,6 km ab der Abzweigung zum Pass Gschütt, neben einem kleinen Stausee. Aktuelle Zeiten und Preise unter 0043 6136 8295 oder www.freilichtmuseum-gosau.at.*

GPS-Wegpunkt 45: 47,54747 13,51028

***Urzeitwald:** Direkt neben dem Freilichtmuseum. Mai bis Anfang September tägl. 10:00-18:00 Uhr, Erwachsene um 9,00 €, Kinder um 6,00 €, günstige Familientarife. www.urzeitwald.at, 0043 6136 20044*

***Gosaukammbahn** zur Zwieselalm (auch „Dachstein West"): Mitte Mai bis Ende Oktober tägl. 8:15-16:50 Uhr, Mitte Juni bis Mitte September bis 17:20 Uhr alle 15 min. Berg- und Talfahrt Erwachsene 13,90 €, Jugendliche 12,50 €, Kinder 8,30 €. Günstiges Kombiticket mit den Seilbahnen zum Grünberg (Seite 67), Feuerkogel (Seite 80) und Krippenstein (Seite 122). Die weiter unten im Tal startenden Bahnen Hornspitz-Express und Panorama-Jet sind nur im Winter in Betrieb. www.dachstein.at, Tel. 0043 50140*

Thema: Protestantismus im Salzkammergut

Im Salzkammergut gibt es einen für Österreich ungewöhnlich hohen protestantischen Bevölkerungsanteil, der heute zum Beispiel in Gosau und in Hallstatt durch das Vorhandensein zweier gleichberechtigter Kirchen auffällt. Doch nicht immer war das Nebeneinander der Konfessionen so friedlich wie heute.

Die ab 1517 von Martin Luther in Deutschland verbreiteten protestantischen Ideen waren im Salzkammergut auf so fruchtbaren Boden gefallen, dass schon um 1550 weite Teile der Bevölkerung aus allen Schichten protestantisch waren. Religion war zu dieser Zeit aber keine Privatsache, sondern ein wichtiger Machtfaktor. Daher setzte Ende des 16. Jahrhunderts eine rigide Gegenreformation ein, die zur Durchsetzung der katholischen Staatsreligion massiven Druck ausübte. Viele bekannten sich daraufhin jedoch nur offiziell zum Katholizismus und lebten im Geheimen weiterhin ihren protestantischen Glauben. Dieser weit verbreitete „Kryptoprotestantismus" trug dramatische Züge: Verbotene Bücher wurden aus Deutschland ins Salzkammergut geschmuggelt und einfallsreich vor obrigkeitlichen Kontrollen versteckt, Laienprediger hielten geheime evangelische Privatgottesdienste in bäuerlichen Stuben ab, während draußen Gleichgesinnte Wache standen.

Zwischen 1734 und 1737 gipfelte die religiöse Repression in einer großangelegten Deportation: Rund 600 Protestanten aus dem Inneren Salzkammergut wurden nach Siebenbürgen im heutigen Rumänien, das damals Teil des Habsburgerreiches war, zwangsumgesiedelt. Bad Goisern verlor dadurch auf einen Schlag rund 15 Prozent seiner Bevölkerung! Die Lebensbedingungen dieser als „Landler" bezeichneten Vertriebenen waren so schlecht, dass rund ein Viertel von ihnen in den ersten eineinhalb Jahren umkam, ihre Heimat sahen sie niemals wieder. Erst das kaiserliche Toleranzpatent von 1781, das den protestantischen Glauben legalisierte, brachte eine Entspannung. In Bad Goisern, Gosau und Hallstatt bekannten sich nun große Teile der Bevölkerung offiziell zum Protestantismus, evangelische Kirchengebäude wurden weitgehend gleichberechtigt neben den katholischen errichtet.

Hallstätter See

Von den größeren Salzkammergutseen ist der Hallstätter See der spektakulärste: Auf beiden Seiten umgeben von den Steilhängen der rund 1400 Meter hoch aufragenden Berge, wirkt er wie ein Fjord, die Szenerie macht einen dramatischen Eindruck. Größere flache Uferbereiche gibt es nur am nördlichen Ende, wo das dicht besiedelte Gemeindegebiet von Bad Goisern an den See heranreicht, und im Südosten, wo die Traun in der Nähe der Ortschaft Obertraun in den See mündet. Der Hauptort ist das legendäre Hallstatt (➤ Seite 112), dessen Jahrtausende altes Bergwerk der Ursprung der Salzwirtschaft in dieser Region ist (➤ Seite 118). Den Hallstätter See als das „Herz des Salzkammerguts" zu bezeichnen, hat daher sicherlich einige Berechtigung! Die einzigartige Landschaft und ihre außergewöhnliche Geschichte wurden 1997 durch die Auszeichnung als UNESCO-Welterbe-Region „Hallstatt-Dachstein/Salzkammergut" gewürdigt.

Pflicht oder nicht?

- •••• *top, unbedingt machen!*
- ••• *sollte man erlebt haben*
- •• *nette Abwechslung*
- • *man versäumt nicht viel*

Der Hallstätter See ist das Herz des Salzkammerguts und mit seiner einmaligen Landschaft absolut sehenswert!

Mit einer Fläche von 8,5 Quadratkilometern ist der Hallstätter See der fünftgrößte Salzkammergutsee. Durch die erhebliche Tiefe von bis zu 125 Metern und die stetige Wasserzufuhr der Traun, die ihn von Süd-

Der Hallstätter See ist von hohen Bergen umschlossen.

osten nach Nordwesten durchfließt, ist er einer der kühlsten und zum Baden daher weniger geschätzt. Wer es dennoch versuchen möchte, findet Möglichkeiten in Obertraun, wo sich das größte Strandbad mit Spielplatz und Grillstellen befindet, sowie am Nordufer im Strandbad Untersee. Im Hallstätter Ortsteil Lahn (Badeinsel Hallstatt) und in Winkl bei Obertraun gibt es einfacher ausgestattete Badeanlagen.

Die steilen Hänge, die den See umgeben, machten die verkehrstechnische Erschließung der Seeorte zu einer Herausforderung: In den 1870er-Jahren wurde die Salzkammergutbahn am Ostufer entlanggeführt, einen direkten Bahnanschluss für Hallstatt konnte man damals nicht realisieren. Erst 1875 wurde der Ort an das Straßennetz angeschlossen, viel später als die übrigen größeren Orte im Salzkammergut. Bis dahin war der See – abgesehen von schmalen Pfaden – der einzige Verkehrsweg. Heute ist eine Schifffahrt auf dem See ein besonderes Vergnügen, weil man dabei diese einmalige Landschaft aus einer sehr

schönen Perspektive erlebt. Die Schiffe verbinden im Sommer regelmäßig Obertraun und Hallstatt mit dem Nordufer mit Stopps am Bahnhof und bei der Bahnstation Obersee am Ostufer. Zu Fuß oder mit dem Rad kann man den See über den Ostuferweg auch komplett umrunden (➤ Seite 266).

Die meisten Unterkünfte befinden sich in Obertraun, das sich als lockeres Streudorf weit ins obere Trauntal hineinzieht. In Hallstatt gibt es deutlich weniger Gästebetten, auch muss man dort einen Exklusivitätszuschlag in Kauf nehmen. Die Goiserer Ortsteile Steeg und Untersee am Nordufer sind mit touristischer Infrastruktur eher bescheiden ausgestattet.

Wanderungen

21 Auf dem Soleweg nach Hallstatt

Technik ●●○○○
Kondition ●●○○○

➤ *Seite 266*

22 Sarstein-Überschreitung

Technik ●●●●○
Kondition ●●●●○

➤ *Seite 271*

Wie man hinkommt

Der Hallstätter See ist von Bad Goisern aus auf einer Straße zu erreichen, die am Westufer über Hallstatt und Obertraun nach Bad Aussee führt. Am Ostufer verläuft ein durchgehender Fuß- und Radweg. Die Bahnlinie hat Stationen in Steeg-Gosau, Obersee (kein Halt von REX-Zügen), Hallstatt und Obertraun. Am Westufer verkehren die Buslinien 542 (Bad Goisern-Gosau) und 543 (Gosaumühle-Hallstatt-Obertraun) mit direktem Anschluss in Gosaumühle.

Allgemeine Informationen: *www.dachstein-salzkammergut.at, Tel. 0043 6135 8329*

Schiffe *verkehren von Ende Mai bis Anfang Oktober 5x täglich zwischen Hallstatt und Obertraun, im Juli und August 3x täglich als große Rundfahrt zwischen Hallstatt-Zentrum, Hallstatt-Lahn, Obertraun, Bahnhof Hallstatt und Obersee (Ostufer) bis nach Untersee und Steeg am Nordende. Dazu ganzjähriger Pendelverkehr zwischen Hallstatt-Zentrum und Bahnhof, angepasst an die Züge (jeweils 15-20 min vor Zugabfahrt). Der Bahnhofszubringer nimmt auch Fahrräder mit. www.hallstattschifffahrt.at, Tel. 0043 6134 8228*

Strandbad Untersee: *in Untersee am nördlichen See-Ende bei der Schiffsstation Untersee. GPS-Wegpunkt 46: 47,60825 13,64653*

Strandbad Obertraun: *nördlich der Traunmündung. GPS-Wegpunkt 47: 47,55886 13,67811*

Hallstatt

Dicht an dicht drängen sich die Häuser auf der kleinen Landzunge am Fuß des mächtigen Salzbergs, kriechen sogar ein Stück den steilen Hang hinauf. Die Türme zweier Kirchen spiegeln sich im dunklen Wasser des Sees, überragt von den steilen Hängen des Dachsteinmassivs: Dieses Panorama gehört zweifelsohne zu den schönsten und bekanntesten Motiven von ganz Österreich. Tatsächlich ist die landschaftliche Lage Hallstatts unvergleichlich, hinzu kommt eine jahrtausendelange Geschichte, die hier wie nirgendwo sonst im Salzkammergut greifbar ist. Hallstatt ist das Covergirl unter den Salzkammergutorten, der erklärte Liebling insbesondere der asiatischen Touristen, täglich unzählige Male fotografiert. In China wurde 2012 sogar eine Kopie gebaut, vor der sich das Original allerdings nicht fürchten muss.

Pflicht oder nicht?

- •••• *top, unbedingt machen!*
- ••• *sollte man erlebt haben*
- •• *nette Abwechslung*
- • *man versäumt nicht viel*

Hallstatt ist unvergleichlich und in vielerlei Hinsicht der bemerkenswerteste Ort des Salzkammerguts!

Hallstatt ist eine Legende, ein Muss für jeden Salzkammergut-Touristen. Auch wenn sich nicht jeder hier wohlfühlt: Der alte Ortskern ist winzig, eingezwängt auf einer kleinen Ebene zwischen See und Berg. Platz ist hier knapp und kostbar. Nicht wenige empfinden die Enge frei-

Hallstatt gilt als schönster Seeort des Salzkammerguts.

lich als bedrückend, und auch das hohe Aufkommen von Tagestouristen während der Saison hat natürlich seine Schattenseiten. Immerhin: In Hallstatt ist es gelungen, Gastronomie und Geschäfte auf einem gewissen Niveau zu halten, der Ort konnte seine Würde bewahren. Eine durch einen Tunnel geführte Umgehungsstraße macht außerdem das Zentrum praktisch zur Fußgängerzone.

Die weitaus meisten Bewohner leben heute im Ortsteil Lahn, der sich einen knappen Kilometer südlich des Zentrums ein Stück ins Echerntal hineinzieht. Die Siedlung ist unspektakulär, für Touristen aber als Verkehrsknotenpunkt interessant: Hier befindet sich die Bushaltestelle, der einzige Supermarkt und große Parkplätze, auf die der Besucherverkehr über ein Parkleitsystem aufgeteilt wird. Je nachdem, auf welchem Parkplatz man unterkommt, ist der Fußweg ins Zentrum zwischen zehn und zwanzig Minuten lang. Stilvoller ist in jedem Fall die Anreise mit dem Zug, die noch ein kleines Extra enthält: Die Bahnstation befindet sich am gegenüberliegenden Ufer, während der kurzen Überfahrt mit dem kleinen Shuttleschiff kann man bereits die Ortsansicht vom See aus genießen.

Die Häuser stehen dicht gedrängt auf einer kleinen Landzunge.

Hallstatt verdankt seine Entstehung dem gut 350 Meter oberhalb am Berghang gelegenen Salzbergwerk (➤ Seite 118). Es war bereits in vorgeschichtlicher Zeit in Betrieb, allerdings siedelten die Nutzer dieser Ressource die meiste Zeit in der Nähe der Stolleneingänge, hoch über dem See. Erst während der Römerzeit, im ersten vorchristlichen Jahrhundert, gab es eine Siedlung im Bereich des heutigen Ortszentrums. Im Mittelalter begann dann der große Aufschwung: 1311 wurde der Bergbau staatlich organisiert, Hallstatt erhielt das Marktrecht. Kurz darauf wurde eine Sudhütte gebaut, in der die aus dem Bergwerk ausgewaschene Salzlösung versiedet wurde. Von da an war die Gewinnung und Verarbeitung des Salzes über Jahrhunderte das bestimmende Element im Leben der Hallstätter. Erst 1965 wurde der Betrieb der Sudhütte eingestellt, 1969 das Gebäude abgerissen. Im Bergwerk wird bis heute Salz gewonnen. Durch die besondere Lage am Rand steiler Berghänge war Hallstatt die meiste Zeit hindurch nur mit dem Boot zu erreichen, abgesehen von schmalen Saumpfaden war der See der einzige Verkehrsweg. Das änderte sich erst Ende des 19. Jahrhunderts, als die Bahnlinie und eine erste Straße gebaut wurden. Das nun leicht erreichbare Hallstatt wurde von Künstlern und den ersten Touristen als malerischer Sehnsuchtsort entdeckt.

Der zentrale **Marktplatz** ist von den prächtigen Häusern der Salzfertiger umgeben, der bürgerlichen Oberschicht, die das Salzgeschäft lenkte. Der Ausdruck ihres Reichtums bleibt hier allerdings eher dörflich und weitaus bescheidener als etwa in Bad Ischl oder Gmunden, auch die Dreifaltigkeitssäule von 1744 in der Mitte des Platzes fällt nicht allzu üppig aus. Wie viele Salzkammergutgemeinden hat Hallstatt einen hohen Anteil evangelischer Einwohner (➤ Seite 108) und daher zwei Kirchen: Die 1863 erbaute **evangelische Kirche** nahe dem Seeufer ist mit ihrem hohen, spitzen Turm das bestimmende Element des Ortsbildes. Deutlich älter ist die etwas weniger auffällige **katholische Kirche**, die ein Stück weiter oben am Hang steht: Sie ersetzte 1505 einen

Der Marktplatz ist von den Häusern der Salzfertiger umgeben.

Vorgängerbau aus dem 14. Jahrhundert, von dem nur der Turm erhalten blieb. Die barocke Turmhaube kam 1751 hinzu. Die Kirche beherbergt gleich zwei Altäre, einer davon ein bedeutendes Werk der spätgotischen Sakralkunst: Der doppelflügelige Marienaltar auf der rechten Seite wurde zwischen 1510 und 1520 von Leonhart Astl in der Nähe von Gmunden erschaffen und zählt zu den bedeutendsten Altären dieser Epoche in der Region. Kunstgeschichtlich weniger interessant ist der Altar auf der linken Seite, der um 1890 im neogotischen Stil angefertigt wurde.

Der Hallstätter Altar ist ein bedeutendes Werk spätgotischer Sakralkunst.

Die katholische Kirche ist von einem kleinen, malerischen Friedhof umgeben. Die unauffällige Friedhofskapelle birgt in ih-

rem Untergeschoss eine der interessantesten Sehenswürdigkeiten des Salzkammerguts: ein sogenannter **Karner oder Beinhaus**. Im Inneren des Gebäudes wartet eine morbide Überraschung: Menschliche Knochen sind dicht an dicht gestapelt, es sind die Überreste von ungefähr 1200 Menschen. Die sorgsam angeordneten Schädel sind liebevoll mit Namen, Geburts- und Sterbedatum sowie Blumen- oder Blattmotiven bemalt. Was heute ein wenig makaber anmutet, ist eine Folge der Platzknappheit in Hallstatt: Da der Friedhof zu klein war und nicht erweitert werden konnte, grub man die Gebeine der Toten nach zehn bis fünfzehn Jahren aus und bettete sie hierher um. Diese Tradition reicht bis ins 16. Jahrhundert zurück, der jüngste Schädel kam 1995 hinzu.

Jenseits der katholischen Kirche zieht sich die Gosaumühlstraße – bis zum Bau der Tunnelumgehung die Ortszufahrt – noch ein Stück am See entlang. Bemerkenswerte Gebäude gibt es hier nicht mehr, es lohnt sich aber dennoch, ein Stück in diese Richtung zu gehen: Von hier aus hat man den schönsten Blick auf Hallstatt, ein echtes Postkartenmotiv (abgebildet auf Seite 112). Doch sollte man in jedem Fall auch die Hauptstraße verlassen und einen Streifzug durch die engen Gassen und Treppen im oberen Teil des Ortes machen. Und sich dabei vorzustellen versuchen, wie es hier in historischen Zeiten zuging: Bis ins späte 19. Jahrhundert hinein konnte man sich in Hallstatt nur in diesen winzigen Gassen bewegen!

Das großzügige **Welterbe-Museum** beleuchtet die gesamte Geschichte des Ortes von der Steinzeit bis zur Gegenwart. Dabei geht es weit über das Niveau anderer Heimatmuseen hinaus: Die Ausstellung ist sehr modern konzipiert, kurzweilig und informativ. Breiten Raum nimmt die Geschichte des prähistorischen Salzbergbaus ein, viele Originalfunde werden gezeigt. Ein Muss für alle, die sich intensiver mit der Geschichte Hallstatts beschäftigen möchten! Ein weiteres Museum ist auf unbeabsich-

Im Beinhaus ist eine außergewöhnliche Form des Totenkults zu sehen.

tigte Art entstanden: Eigentlich wollte die Familie Janu, die im Zentrum ein Sportgeschäft betreibt, 1988 nur einen Heizungskeller bauen. Dabei stieß man auf Ruinen aus der römischen Epoche, die erstmals belegten, dass der Ortsbereich in dieser Zeit schon besiedelt war. Heute ist die Ausgrabungsstätte im Keller des Sportgeschäfts, ergänzt durch eine kleine Ausstellung, während der Geschäftszeiten kostenlos zugänglich.

Das wichtigste und meistbesuchte Ereignis in Hallstatt ist die berühmte **Fronleichnamsprozession**. Dieser Brauch wurde 1623 zur Zeit der Gegenreformation von der katholischen Kirche eingeführt. Da an Land der Platz für eine angemessene Prozession zu knapp schien, verlegte

Wie man hinkommt

Besucher dürfen nicht mit dem Auto ins Zentrum fahren. Im Ortsteil Lahn gibt es einen Parkplatz (P2) und ein großes Parkhaus (P1). Ein weiterer Parkplatz (P3) liegt südlich an der Straße Richtung Obertraun. Alle Parkplätze sind gebührenpflichtig (1 Std. 3,00 €, 2 Std. 5,00 €, 3 Std. 6,50 €) und mit einem Parkleitsystem ausgestattet. Entfernung ins Zentrum von Parkplatz P1 (Parkhaus) ca. 1,2 km, von P2 ca. 950 m, von P3 1,7 km. An Wochenenden im Sommer gibt es häufig Kapazitätsprobleme.

*Die **Bahnstation** befindet sich am gegenüberliegenden Seeufer. Von dort fährt ein kleines Shuttleschiff mit direktem Anschluss an die Züge ins Zentrum (pro Person 2,50 €). Die Abfahrt in Hallstatt ist jeweils 15-20 Minuten vor Abfahrt des Zuges. Die Buslinie 543 von Obertraun nach Gosaumühle (dort Anschluss an Linie 542 nach Bad Ischl) hält in Hallstatt-Lahn (ca. 700 m ins Zentrum).*

***Touristeninformation:** im Sparkassen-Gebäude in Lahn (beim südlichen Tunnelende). www.hallstatt.net, Tel. 0043 6134 8208*

***Kath. Kirche und Beinhaus:** 1.5.-26.10 tägl. 10:00-18:00 Uhr. Eintritt ins Beinhaus 1,50 €.*

***Welterbe-Museum:** an der Hauptstraße, ca. 70 m südl. des Marktplatzes. Nov.-März Mi-So 11:00-15:00 Uhr, April und Oktober tägl. 10:00-16:00 Uhr, Mai-September tägl. 10:00-18:00 Uhr. Erwachsene 8,00 €, Kinder und Studenten 7,00 €. www.museum-hallstatt.at, Tel. 0043 6134 828 015*

GPS-Wegpunkt 48 (Parkhaus P1): 47,55278 13,64891
GPS-Wegpunkt 49 (Parkplatz P2): 47,55495 13,64504
GPS-Wegpunkt 50 (Marktplatz): 47,56245 13,64934

man das Ereignis auf den See. Daran hat sich bis heute nichts geändert: Nach dem Hochamt in der katholischen Kirche fährt das prunkvolle Fronleichnamsboot, die „Himmelsfuhre", begleitet von zahllosen weiteren festlich geschmückten Booten, so weit auf den See hinaus, bis der Salzberg zu sehen ist. Die einzigartige Seeprozession ist bis heute ein wichtiger Teil der Tradition des Ortes und zieht zahlreiche Besucher an.

Die Seeprozession ist ein wichtiger Teil der lokalen Tradition.

Salzwelten Hallstatt

Hoch über Hallstatt liegt das älteste Salzbergwerk der Welt: Schon während der Jungsteinzeit, vor rund 7000 Jahren, wurde hier unter Tage Salz abgebaut. Der Fund eines Werkzeugs, das auf diese Zeit datiert werden konnte, belegt diese extrem frühe Nutzungsperiode. Während der Bronzezeit, ungefähr ab 1500 v. Chr., wurde bereits in industriellem Maßstab gearbeitet. In den salzhaltigen Abfallschichten im Bergwerk sind zahlreiche Relikte aus dieser Zeit erhalten geblieben, die detaillierte Rückschlüsse auf den bronzezeitlichen Bergwerksbetrieb zulassen. Selbst organische Stoffe wie hölzerne Werkzeuge und Bekleidung aus Textilien oder Leder sind hervorragend konserviert worden. Archäologen können daher darauf schließen, dass hier mehrere Hundert Menschen in stark arbeitsteiliger Organisation beschäftigt waren.

Pflicht oder nicht?

- ●●●● *top, unbedingt machen!*
- ●●● *sollte man erlebt haben*
- ●● *nette Abwechslung*
- ● *man versäumt nicht viel*

Die Führung durch das Bergwerk ist eine Massenabfertigung, immerhin aber recht informativ. Die Aussichtsplattform lohnt allerdings alleine schon den Weg zum Salzberg.

Eine weitere wichtige Nutzungsperiode fand während der Eisenzeit, von etwa 800 bis 400 v. Chr., statt. 1846 begann der Bergbauingenieur Georg Ramsauer mit Ausgrabungen eines eisenzeitlichen Gräberfelds vor dem Bergwerk. Obwohl Ramsauer kein Archäologe war, erkannte er die enorme Bedeutung dieser Fundstätte und sorgte für Ausgrabungen und Dokumentationen nach wissenschaftlichen Maßstäben. Seine Funde in den 980 Gräbern waren so bedeutend, dass sie einer ganzen Epoche ihren Namen gaben, der Hallstattzeit. Die Grabbeigaben beweisen den hohen Wohlstand und die über halb Europa reichenden Handelsbeziehungen der eisenzeitlichen Salzherren. Ein Teil der Fundstücke ist im Welterbe-Museum in Hallstatt zu sehen (➤ Seite 116), die meisten befinden sich jedoch im Naturhistorischen Museum in Wien.

Reich ausgestattete Gräber beweisen frühen Wohlstand.

Bis heute ist das Bergwerk ein unerschöpfliches Arbeitsgebiet für Archäologen, niemand weiß, was es hier noch zu finden gibt. Erst 2003 wurde eine Holztreppe ausgegraben, die mittels Dendrochronologie auf das enorme Alter von 3349 Jahren datiert werden konnte. Der wahrscheinlich wichtigste Fund fiel allerdings in eine Zeit, in der man einen anderen Umgang mit solchen Artefakten pflegte: 1734 fanden Bergarbeiter in einem verstürzten Stollen eine hervorragend erhaltene Leiche, vermutlich aus der Bronzezeit. Da der „Mann im Salz“ gleich

Die Aussichtsplattform bietet einen großartigen Blick über den See.

darauf ein christliches Begräbnis auf dem Friedhof erhielt, ist der Fund archäologisch nicht mehr verwertbar.

Das Bergwerk befindet sich am Hang des Salzbergs, etwa 350 Meter über dem Ort. Eine Standseilbahn bringt die Besucher bequem hinauf. Von der Bergstation kann man über eine Panoramabrücke einen Abstecher zum nebenan gelegenen **Rudolfsturm** machen. Das Gebäude geht auf einen Wehrturm vom Ende des 13. Jahrhunderts zurück, der zur Absicherung des Bergwerksgeländes diente. Heute befindet sich hier ein Restaurant mit schöner Terrasse, darunter die 2013 eröffnete Aussichtsplattform **Welterbeblick**, die mit einer spitzen Zacke über den steilen Hang ragt. Lassen Sie den kleinen Umweg zur Plattform auf keinen Fall aus: Der Blick über den See und – steil nach unten – auf Hallstatt ist überwältigend! Aus dieser Perspektive wird die Dimension dieser Landschaft und die einmalige Lage Hallstatts erst richtig deutlich.

Vom Welterbeblick schaut man auf Hallstatt hinunter.

Von der Bergstation geht man knapp zehn Minuten zum Bergwerk und durchquert dabei das eisenzeitliche Gräberfeld. Die Rekonstruktion eines Grabes vermittelt einen Eindruck von den Funden, die hier gemacht wurden. Im Knappenhaus (mit Shop und Café) beginnt dann die Führung: Nach dem Überziehen einer Schutzkleidung geht es durch einen horizontalen Stollen einige hundert Meter in den Berg hinein. Von nun an wird die Gruppe von einer Multimedia-Inszenierung zur nächsten geführt. Viele Fakten über Geologie, Geschichte und Abbaumethoden werden hübsch aufbereitet, wenn auch nicht ganz kitschfrei vermittelt. Seit 2015 wird auch die bronzezeitliche Holz-

Während der Führung kommt man an vielen Ausstellungsstücken vorbei.

treppe in einer modernen Präsentation gezeigt, dazwischen passiert man ausgestellte historische Gerätschaften. Spannend und informativ ist das alles durchaus, allerdings bleibt doch der Eindruck einer ziemlich kühlen Massenabfertigung. Für Auflockerung sorgen die beiden Bergmannsrutschen, über die es mit Tempo nach unten geht.

Archäologisch Interessierte kommen bei den einmal pro Woche stattfindenden „prähistorischen Führungen" sehr viel mehr auf ihre Kosten: Dabei bewegt man sich in einer kleinen Gruppe mit einem Experten rund vier Stunden lang abseits des normalen Führungswegs durch die Stollen und sieht Fundstellen, die normalerweise nicht öffentlich zugänglich sind – der Erlebnis- und Informationswert ist um ein Vielfaches höher!

Zwei Bergmannsrutschen sorgen für Tempo.

Wie man hinkommt

Die Salzwelten sind von Hallstatt-Lahn aus mit einer Standseilbahn erreichbar. Der kostenpflichtige Parkplatz P1 liegt in der Nähe der Talstation, die Parkplätze P2 und P3 etwas weiter entfernt (Seite 117). Buslinie 543, Haltestelle Hallstatt-Lahn. Züge bis Hallstatt, dann mit dem Schiff nach Hallstatt-Zentrum und in ca. 10 Minuten zur Talstation. Neben der Bergstation befinden sich Rudolfsturm und Aussichtsplattform (kostenlos). Von hier aus ca. 700 m zur Kasse im Knappenhaus. Alternativ zu Fuß vom Hallstätter Marktplatz auf dem historischen Zustiegsweg in 45-60 min.

Ende April bis Ende September ab 9:30 Uhr, letzte Führung um 16:30 Uhr, letzte Bergfahrt 16:00 Uhr. Ende September bis 1.11. letzte Führung um 15:00 Uhr, im Winter kein Betrieb. Kinder erst ab 4 Jahren. Temperatur ganzjährig um 8 Grad.

Seilbahn plus Führung Erwachsene 26,00 €, Kinder von 4-15 13,00 €, Sonderpreise für Familien, Studenten und Senioren. Führung ohne Seilbahn Erwachsene 19,00 €, Kinder 9,50 €, nur Seilbahn ohne Bergwerk 13,00/6,50 €. Prähistorische Führungen von Mai bis Oktober jeden Freitag, Erwachsene 42,00 €, Kinder 21,00 € (Anmeldung unter Tel. 0043 6132 200 2400 oder info@salzwelten.at nötig).

www.salzwelten.at, Tel. 0043 6132 200 2400

GPS-Wegpunkt 51 (Seilbahn-Talstation): 47,55638 13,64509
GPS-Wegpunkt 52 (Eingang): 47,56349 13,63678

Dachstein/Krippenstein

Nach Süden hin wird das Salzkammergut durch das gewaltige Dachsteinmassiv abgegrenzt. Sein Hauptgipfel, der Hohe Dachstein, verfehlt mit einer Höhe von 2995 Metern nur knapp die Dreitausendermarke und ist der höchste Gipfel östlich der Hohen Tauern. Er ist von mehreren kaum weniger hohen Nebengipfeln umgeben. Sie verleihen dem Dachsteinmassiv seine charakteristische Silhouette, die von fast allen der kleineren Salzkammergutberge aus zu sehen ist. Aus der Ferne lassen sich auch gut die Gletscher in der Gipfelregion erkennen, die bis in eine Höhe von etwa 2300 Metern hinunterreichen – noch, denn wie überall in den Alpen sind die Gletscher auch hier durch die Klimaveränderung auf dem Rückzug, voraussichtlich werden sie in wenigen Jahrzehnten vollständig verschwunden sein.

Pflicht oder nicht?

- ●●●● *top, unbedingt machen!*
- ●●● *sollte man erlebt haben*
- ●● *nette Abwechslung*
- ● *man versäumt nicht viel*

Trotz des Trubels ist der Krippenstein eine klare Empfehlung: Nirgendwo sonst im Salzkammergut kommt man so leicht auf über 2000 Meter!

Das Dachsteinmassiv ist eine Karstlandschaft, die im Lauf von Jahrmillionen durch die Gebirgsbildung entstanden ist: Das Gestein bildete einst den Grund des Urmeers Tethys. An vielen Stellen sind hier versteinerte Muscheln sichtbar, die diese schwer vorstellbare Tatsache ein wenig greifbarer machen. Da das Kalkgestein wasserlöslich ist,

Der vergletscherten Gipfelregion ist ein ausgedehntes Hochplateau vorgelagert.

haben sich im Gebirgsstock unzählige Hohlräume gebildet, in denen Regen- und Schmelzwasser rasch versickert – daher gibt es am Dachstein keinerlei Bäche. Auch die gewaltigen Dachsteinhöhlen (➤ Seite 126) sind so entstanden. Der Gipfelregion ist auf der Nordseite ein ausgedehntes Hochplateau vorgelagert. Es ist von Wiesen, Latschen- und Zirbelkiefern geprägt, dazwischen gibt es immer wieder nackte Felsflächen. Schon in prähistorischer Zeit wurde hier Weidewirtschaft betrieben, archäologisch nachgewiesen ist eine intensive Nutzung von etwa 1700-1100 v. Chr. All dies trug dazu bei, das nördliche Dachsteingebiet zum Teil der 1997 ausgerufenen UNESCO-Welterbe-Region „Hallstatt-Dachstein/Salzkammergut" zu machen. Während die Besteigung der höchsten Gipfel versierten Bergsteigern vorbehalten ist, kann das Dachstein-Plateau mit der „Dachstein Welterbe Seilbahn" von Obertraun aus leicht erreicht werden. Es ist daher ein großartiges Ausflugs- und Wanderziel, das Touren jeder Größenordnung ermöglicht.

Die Seilbahn führt in zwei Etappen – mit einer Zwischenstation bei den Dachsteinhöhlen – zum Hohen Krippenstein hinauf, einem exponierten Gipfel am Nordrand des Massivs. Die Bergstation befindet sich in einer Höhe von 2069 Metern, hier ist man also bereits höher als auf allen anderen Bergen des Salzkam-

Von der futuristischen Welterbespirale hat man eine großartige Aussicht.

merguts (abgesehen vom Toten Gebirge). Von der Station ist es nur ein kurzer Spaziergang zum 2108 Meter hohen Gipfel des Hohen Krippensteins. Seit 2010 erhebt sich hier silbrig glänzend die futuristische Aussichtsplattform **Welterbespirale**, die einen imposanten Blick über das Dachstein-Plateau und auf die Gipfelregion mit ihren Gletschern bietet. Noch spektakulärer ist die Sicht von der nahe gelegenen Aussichtsanlage **Five Fingers**: Fünf Stahlstege ragen ausgesprochen luftig über den Steilhang hinaus, unter dem Gitterboden befindet sich ein 400 Meter tiefer Abgrund. Die Aussicht ist gewaltig: Man überblickt fast das gesamte Salzkammergut, tief unten liegt der Hallstätter See. Zwischen Welterbespirale und Five Fingers befindet sich die Startwiese der Paragleiter, die den Krippenstein als bestes Flugrevier der Region schätzen.

Auch wenn man die „Möblierung" des Krippensteins und seine intensive touristische Vermarktung durchaus kritisch sehen darf, ist der Ausflug ein groß-

Noch imposanter ist der Blick von den „Fünf Fingern"!

Wanderungen

23 Über den Heilbronner Weg
Technik ●●○○○
Kondition ●●○○○
➤ *Seite 271*

24 Von der Gjaidalm zum Wiesberghaus
Technik ●●●○○
Kondition ●●●○○
➤ *Seite 276*

25 Über den Taubenkogel zur Simonyhütte
Technik ●●●●○
Kondition ●●●●○
➤ *Seite 279*

artiges Erlebnis, das man nicht versäumen sollte: Nirgendwo sonst im Salzkammergut kommt man so leicht in eine Höhe von über 2000 Metern! An der Station Krippenstein sorgt die „Lodge" für die gastronomische Versorgung, hier kann man auch übernachten. Die Seilbahn setzt sich noch mit einem dritten Abschnitt bis zur Station Gjaidalm fort, wobei es wieder fast 300 Höhenmeter nach unten geht. Die Fahrt auf dem letzten Seilbahnabschnitt lohnt sich allerdings nur, wenn man dort eine Wanderung beginnen möchte, denn in der Nähe der Station gibt es nicht wirklich etwas zu sehen.

Wie man hinkommt

Die Talstation der „Dachstein Welterbe Seilbahn" befindet sich wenige Kilometer südöstlich von Obertraun, die Zufahrt ist zwischen Hallstatt und Obertraun beschildert. Der Parkplatz ist kostenlos.

Mit dem Bus: Linie 543 von Gosaumühle über Hallstatt; in Gosaumühle Anschluss an Linie 542 von Bad Ischl, in Obertraun-Dachsteinhöhlen Anschluss an die Züge. Nur alle 1-2 Stunden, letzte Fahrt um 17:20 Uhr. Außerdem Linie 544 von Bad Aussee (Rufbus, Anmeldung mind. 60 Minuten vor Abfahrt unter 0043 6131 542). Zu Fuß ab Bahnstation Obertraun Dachsteinhöhlen ca. 30 min.

Die Seilbahn ist vom 1.5. bis Ende Oktober in Betrieb, die 3. Teilstrecke nur von Mitte Juni bis Ende Oktober. Erste Bergfahrt um 8:40 Uhr, letzte Talfahrt gegen 17:00 Uhr. Berg- und Talfahrt Erwachsene 28,60 €, Kinder bis 14 Jahre 15,80 €, günstige Familientickets.

Die Seilbahn fährt in drei Abschnitten zunächst zur Zwischenstation Schönbergalm (Zugang zu den Dachsteinhöhlen, nächste Seite), dann zur höchsten Station am Krippenstein und schließlich wieder ein Stück abwärts zur Station Gjaidalm. Man muss nach jeder Etappe in eine andere Gondel umsteigen. Die Tickets sind auch für alle Teilstrecken separat erhältlich. An Sommerwochenenden mit schönem Wetter kann es zu Wartezeiten kommen.

www.dachstein-salzkammergut.com, Tel. 0043 50140

GPS-Wegpunkt 53 (Talstation): 47,54817 13,70617

Der Weg von der Station Krippenstein zur Welterbespirale und weiter zu den Five Fingers ist etwa 1,5 km lang (ca. 20 Minuten Gehzeit, sehr einfacher Weg, auch mit Kinderwagen möglich). Die Aussichtsanlagen sind kostenlos zugänglich.

GPS-Wegpunkt 54 (Welterbespirale): 47,52429 13,69219
GPS-Wegpunkt 55 (Five Fingers): 47,52862 13,69204

Mammuthöhle und Dachstein-Eishöhle

Das Dachsteinmassiv besteht aus Kalkstein, der von Wasser gelöst werden kann. Diese Eigenschaft hat die Entstehung zahlreicher Höhlen begünstigt, durch die Regen- und Schmelzwasser vom Hochplateau unterirdisch abfließt. In den Nordhängen des Dachsteinmassivs, gut 800 Meter über der Ortschaft Obertraun, befinden sich zwei der größten Schauhöhlen Österreichs: Die Mammuthöhle und die Dachstein-Eishöhle (oder Dachstein-Rieseneishöhle). Beide wurden ab 1910 erforscht und schon früh als Schauhöhlen der Öffentlichkeit zugänglich gemacht. Zusammen mit der kleineren Koppenbrüllerhöhle (➤ Seite 129), die sich unten im Tal befindet, werden sie zusammenfassend als „Dachsteinhöhlen" bezeichnet.

Pflicht oder nicht?

- •••• *top, unbedingt machen!*
- ••• *sollte man erlebt haben*
- •• *nette Abwechslung*
- • *man versäumt nicht viel*

Die Dachstein-Eishöhle ist definitiv eine der großen Sehenswürdigkeiten des Salzkammerguts! Die Mammuthöhle reicht nicht ganz heran, es lohnt sich aber, beide zu besuchen.

Die **Mammuthöhle** beeindruckt durch ihre außergewöhnlich großräumigen Gänge, deren Ausmaße die eines Straßentunnels übertreffen. Diese Dimensionen gaben ihr auch den Namen, Überreste von Mammuts wurden hier nämlich nicht gefunden. Auch mit Tropfsteinen kann die Mammuthöhle kaum aufwarten. Die Besucher werden in etwa

Gänge wie Straßentunnel: die Mammuthöhle.

45 Minuten über einen 800 Meter langen Rundweg geführt. Doch ist dies nur ein winziger Teil der Höhle: Die verwinkelten und über mehrere Ebenen verteilten Gänge summieren sich auf insgesamt 67,4 Kilometer! Und das ist nur die bisher erforschte Ganglänge, denn die Speläologen vermessen und dokumentieren hier in jedem Jahr weitere Gänge. Bisher sind sie dabei an kein Ende gestoßen – niemand weiß, wie groß das immense Höhlensystem, nach derzeitigem Stand das viertlängste in Österreich, wirklich ist.

Einige hundert Meter entfernt und etwas höher am Hang liegt der Eingang der **Dachstein-Eishöhle**. Ihre Gesamtlänge ist mit 2,7 Kilometern nicht ganz so gewaltig. Die auch hier sehr großräumigen Gänge sehen denen der Mammuthöhle durchaus ähnlich, doch gibt es eine Besonderheit: Die außergewöhnlich tiefen Temperaturen, die das ganze Jahr unter oder nur wenig über dem Gefrierpunkt liegen, sorgen dafür, dass einsickerndes Wasser zu riesigen Eisgebilden gefriert. An einigen Stellen ist die Eisschicht bis zu neun Meter dick, immer wieder sieht man bizarre Skulpturen. Dieses Eis ist nicht, wie man lange Zeit glaubte, ein Relikt der letzten Eiszeit, sondern nur rund eintausend Jahre alt. Der Prozess der Eisbildung ist nicht abgeschlossen, immer wieder taut ein wenig davon ab, dafür kommt in anderen Perioden neues hinzu. Mit diesem Phänomen ist die Dachstein-Eishöhle ein einzigartiges Naturdenkmal und stellt die ebenfalls eindrucksvolle Mammuthöhle weit in den Schatten! Jedes Jahr im August verwandelt sie sich sogar in einen Konzertsaal: Unter dem Namen „Eisklang“ fin-

Die Eishöhle ist dagegen von riesigen Eisgebilden geprägt.

den dann Konzerte von Klassik bis Jazz mit international bekannten Solisten statt.

Beide Höhlen sind mit Führungen zugänglich, die jeweils etwa 45-50 Minuten dauern. Dabei erfährt man Grundlegendes über die Entstehung dieser Höhlen und die Erscheinungen, die am Führungsweg zu sehen sind. Auf Musikuntermalung und kitschige Lichteffekte hat man dankenswerterweise verzichtet, die Höhlen werden sehr „pur" präsentiert und dürfen von sich aus wirken. Neben der Seilbahn-Mittelstation Schönbergalm, von der aus die Höhlen leicht zugänglich sind, wurde eine modern gestaltete Ausstellung über kleine Hütten verteilt. Jede Hütte behandelt einen Themenbereich zu den Höhlen, über Geologie und Biologie bis zu Forschung und Erschließung – sehr hübsch gemacht und eine gute Möglichkeit, um Wartezeiten zu überbrücken.

Der „Parsifaldom" ist die bekannteste Eisformation.

Wie man hinkommt

Die Höhlen sind mit der Dachsteinseilbahn von Obertraun aus zugänglich, Details dazu auf Seite 125. An der Talstation gibt es Kombitickets für Seilbahn und Höhle: Nur eine Höhle Erwachsene 29,70 €, Kinder bis 14 Jahre 16,20 €, beide Höhlen Erwachsene 35,90 €, Kinder 19,70 €, außerdem günstige Familientickets.

Man fährt mit der Seilbahn bis zur Mittelstation Schönbergalm und meldet sich dort für die Führung an. Hier bekommt man eine fixe Zeit zugeteilt; bei starkem Andrang (insbesondere an Wochenenden) kann es zu Wartezeiten kommen. Von der Station zu den Höhlen läuft man jeweils 10-15 Minuten, die Führungen dauern 45-50 Minuten. Achtung: In den Höhlen ist es ganzjährig sehr kühl (Mammuthöhle um 6 Grad, Eishöhle um 0 Grad).

www.dachstein-salzkammergut.com (den Links „Sommer" und „unterirdisch" folgen), Tel. 0043 50140

GPS-Wegpunkt 56 (Mammuthöhle):	*47,53412*	*13,70905*
GPS-Wegpunkt 57 (Eishöhle):	*47,53485*	*13,71864*

Koppenbrüllerhöhle

Im Gegensatz zu den beiden anderen Dachsteinhöhlen (➤ vorige Seiten) befindet sich die Koppenbrüllerhöhle nicht am Hang des Dachstein-Plateaus, sondern im Tal der Koppentraun. Sie ist eine wasserführende Höhle, das heißt, sie wird von einem ständigen Wasserlauf durchflossen. Sein Volumen ist äußerst variabel: Bei starken Regenfällen schießt das Wasser in einem eindrucksvollen Strom aus der Höhle, die dann völlig unzugänglich ist. Das Tosen des Wassers gab ihr auch den Namen.

Pflicht oder nicht?

- ●●●● *top, unbedingt machen!*
- ●●● *sollte man erlebt haben*
- ●● *nette Abwechslung*
- ● *man versäumt nicht viel*

Die Koppenbrüllerhöhle kann den anderen Dachsteinhöhlen nicht das Wasser reichen, ein nettes Ausflugsziel ist sie aber trotzdem.

Die Koppenbrüllerhöhle zählt zu den mittelgroßen Höhlen Österreichs: Bis heute wurden rund vier Kilometer Ganglänge erforscht und dokumentiert, und noch immer finden Höhlenforscher bisher unbekannte Gänge. Der leicht zugängliche vordere Teil wurde schon 1910 touristisch erschlossen. Bei der Führung geht man, ausgestattet mit Handlampen, rund 500 Meter auf einem flachen Betonweg in die Höhle hinein. Sehr schön ist der enge Canyon der Hannakluft, große Hallen und üppigen Tropfsteinschmuck darf man allerdings nicht erwarten. Zusätzlich zu den normalen Führungen gibt es auch „Trekkingtouren", bei denen man mit Helm und Spezialanzug in den nicht erschlossenen Höhlenteilen unterwegs ist.

Die Koppenbrüllerhöhle ist vergleichsweise kleinräumig.

Eine schöne Ergänzung des Höhlenbesuchs ist ein Spaziergang auf dem Wanderweg durch das **Koppental**, auf dem man bis zum Höhleneingang ohnehin schon fast einen Kilometer zurückgelegt hat. Dieser Weg verläuft nahe der Koppentraun auf der 1877 angelegten Trasse der Salzkammergutbahn. Da diese Bahnstrecke immer wieder durch Hochwasser beschädigt wurde, baute man bereits 1898 etwas weiter oben am Hang eine neue Trasse, auf der heute noch die Züge verkehren. Die alte Trasse wurde zum Wanderweg nach Bad Aussee ausgebaut und führt von der Koppenbrüllerhöhle noch weitere 2,5 Kilometer an der Traun entlang. Vom ursprünglichen Zweck zeugt noch ein 55 Meter langer Bahntunnel. Schließlich überquert der Weg über eine Hängebrücke die Traun und entfernt sich vom Fluss. Der weitere Verlauf nach Bad Aussee ist nicht mehr wirklich interessant, so dass es Sinn macht, hier umzukehren. Auf dem Rückweg kann man kurz vor der Abzweigung zur Höhle die Traun auf einem Steg überqueren und am rechten Ufer zurückgehen.

Es lohnt sich, noch ein Stück weiter ins Koppental hineinzugehen.

Wie man hinkommt

Die Höhle befindet sich ca. 3 km östlich von Obertraun. Parkplatz an der Straße nach Bad Aussee bei der Traunbrücke, mit dem Zug bis Obertraun Koppenbrüllerhöhle. Von Parkplatz oder Bahnstation 10-15 Minuten auf einfachem Weg zur Höhle.

Führungen von 1.5.-29.9. täglich von 9:00-16:00 Uhr mindestens einmal pro Stunde, Dauer 45-50 Minuten. Erwachsene 11,00 €, Kinder 6,50 €. In der Höhle herrscht eine konstante Temperatur von ca. 6 Grad. Bei starken Regenfällen ist die Höhle teilweise oder ganz unzugänglich. Trekkingtouren nur nach Anmeldung.

www.dachstein-salzkammergut.com („Sommer" – „unterirdisch" – „Koppenbrüllerhöhle"), Tel. 0043 50140

GPS-Wegpunkt 58 (Parkplatz): 47,56451 13,72149
GPS-Wegpunkt 59 (Höhleneingang): 47,57055 13,72053

Ausseer Land

Nach dem Hauptort Bad Aussee wird der südöstliche Teil des Salzkammerguts Ausseer Land genannt. Da es sich vollständig in der Steiermark befindet, ist daneben auch die Bezeichnung „steirisches Salzkammergut“ üblich. Die Seen sind hier kleiner und bestimmen die Landschaft weniger als im übrigen Salzkammergut. Das von hohen Gipfeln umschlossene Land ist lieblich und malerisch, Bad Aussee und Altaussee gehören zu den schönsten Orten der Region.

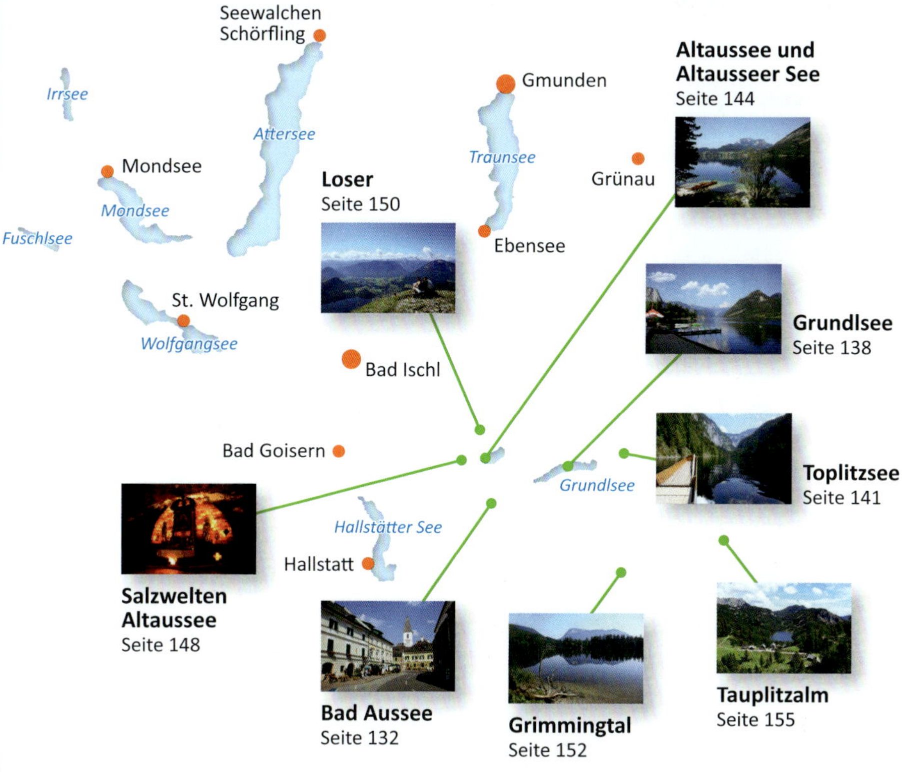

Bad Aussee

Mit nicht einmal 5000 Einwohnern hat die kleine Kurstadt Bad Aussee heute einen eher dörflichen Charakter. Doch kann sie auf eine lange Geschichte zurückblicken, die das historische Zentrum zu einem der schönsten im Salzkammergut gemacht hat! Nur wenige Kilometer entfernt, am Sandling bei Altaussee, befindet sich eines der drei Salzbergwerke des Salzkammerguts (➤ Seite 148). Hier wurde das dort gewonnene Salz versiedet, und die Salzwirtschaft machte Bad Aussee schon im Mittelalter zu einem bedeutenden Ort: Um 1300 erhielt es weitgehende Marktrechte, und im 14. Jahrhundert gab es hier eine Saline mit einer eindrucksvollen Jahresproduktion von rund 10.000 Tonnen Salz.

Pflicht oder nicht?

- ●●●● *top, unbedingt machen!*
- ●●● *sollte man erlebt haben*
- ●● *nette Abwechslung*
- ● *man versäumt nicht viel*

Bad Aussee hat eine lange Geschichte und eines der schönsten Ortszentren des Salzkammerguts.

Es folgte eine jahrhundertelange Blütezeit als wirtschaftliches Zentrum des steirischen Salzkammerguts, die noch heute in den zahlreichen prachtvollen Bürgerhäusern sichtbar ist. 1868 erhielt Aussee dann den Status eines Kurorts und konnte damit – ähnlich wie Gmunden und Bad Ischl – an den damals florierenden Kurtourismus anknüpfen. 1860 wurde die Saline in den Ortsteil Unterkainisch verlegt, das frei gewordene Gelände wur-

Der Meranplatz ist der Mittelpunkt der Altstadt

de für den Bau eines Kurhauses und eines **Kurparks** 1 genutzt. Der Zusammenfluss von Grundlseer Traun und Altausseer Traun am Südende des Parks wird seit 2005 von einer Brücke in Form eines Mercedes-Sterns überspannt. Der „Mittelpunktstein" ein Stück daneben weist darauf hin, dass man sich hier exakt im geografischen Mittelpunkt Österreichs befindet. Der **Kurhausplatz** 2 ist mit dem Gastgarten des Traditionscafés Lewandowsky-Temmel ein schöner Aufenthaltsort.

Von hier aus geht es auf der zum Grundlsee führenden Hauptstraße nach rechts ins historische Zentrum. Leider stört der starke Verkehr die Stimmung, weil es keine Umfahrungsmöglichkeit gibt. Die **Lössl-Uhr** an

Der jahrhundertelange Status als Wirtschaftszentrum hat prachtvolle Gebäude hinterlassen.

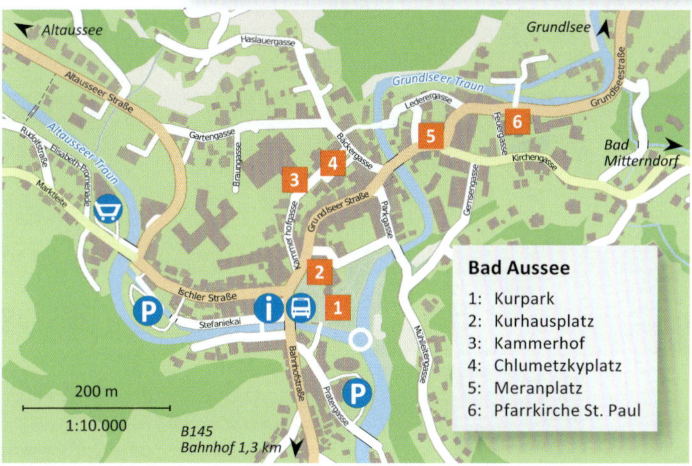

der Ecke zur Parkgasse wurde 1897 hier aufgestellt und ist das einzige erhaltene Exemplar einer autodynamischen Uhr, die durch Luftdruckschwankungen in Gang gehalten wird. Die vom Ingenieur Friedrich von Lössl entwickelte Technik musste jedoch vor wenigen Jahrzehnten durch ein elektrisches Werk ersetzt werden.

Die ältesten Gebäude sind im Umkreis der Traunbrücke zu finden, so etwa das **Salzverweserhaus** von 1498, in dem sich heute der Gasthof Weißes Rößl befindet. Direkt jenseits der Brücke befindet sich das **Mauthaus** aus dem 16. Jahrhundert (Meranplatz 39), wo die Salzfuhrwerke eine Gebühr zu entrichten hatten. Der langgestreckte **Meranplatz** **5** ist von weiteren historischen Gebäuden umgeben, einige davon, wie das Meranhaus und das Gerichtsgebäude (Nummer 32), stammen ebenfalls aus dem 16. Jahrhundert. Die kleine **Spitalskirche** mit dem charakteristischen achteckigen Giebelturm wurde im 14. Jahrhundert erbaut. Sie war die Kirche des daneben befindlichen Salinenspitals, das der Versorgung der Salinenarbeiter diente. Sie enthält einen 1449 von Kaiser Friedrich III. gestifteten Flügelaltar. Das Haus des **Gasthofs Blaue Traube** in der Kirchengasse 165 wurde schon 1454 urkundlich erwähnt und ist damit eines der ältesten Häuser der Stadt. Am Haus Kirchengasse 164 rechts daneben sieht man Reste einer Freskomalerei von 1499. Bei der **Pfarrkirche St. Paul** **6** in der Feuergasse, die im 13. Jahrhundert begonnen und um 1800 barock umgebaut wurde, endet schließlich das historische Zentrum.

Wenn man bei der Kirche die Grundlseer Straße überquert und durch die Lederergasse zurück geht, kommt man an der **Steinmühle** vorbei. Das um 1500 errichtete Gebäude wurde um 1600 mit einer außerge-

Rund um die Traunbrücke finden sich die ältesten Häuser.

wöhnlich schönen Fassadendekoration in Sgraffito-Technik versehen. Ein Fußgängersteg führt über die Traun und zum parallel zur Hauptstraße verlaufenden langgestreckten **Chlumeckyplatz** 4, dem ehemaligen Marktplatz. Er ist von vielen Gebäuden aus dem 15. und 16. Jahrhundert umgeben, etwa dem Hofer-Haus (Nummer 2) mit Fresken aus der Zeit um 1530. Das prunkvolle Expositurgebäude im Neorenaissance-Stil wurde erst 1888 errichtet.

Viel bedeutender ist der schräg gegenüber gelegene **Kammerhof** 3: Der große quadratische Komplex war Amtssitz der Salzverweser und somit eine direkte Vertretung des habsburgischen Kaiserhauses. Das Gebäude stammt aus dem 14. Jahrhundert und zählt damit zu den ältesten Profanbauten Österreichs, die spätgotische Fassade wurde um 1530 gestaltet. Heute ist hier das **Kammerhofmuseum** untergebracht, ein umfassendes heimatkundliches Museum. Eindrucksvoll ist die Sammlung über Trachten, Volksmusik und anderes Brauchtum, aber auch die archäologische und die paläontologische Abteilung (mit einer schönen Präsentation von Höhlenbären-Funden aus der Region) können sich sehen lassen. Der prunkvolle Kaisersaal mit seinen einzigartigen Freskomalereien von 1756 ist Teil der Ausstellungsräume.

Bad Aussee ist für seine speziellen **Faschingsbräuche** bekannt: Jedes Jahr am Faschingsmontag und -dienstag gibt es hier die Umzüge der Trommelweiber (die allerdings keine Frauen, sondern mit speziellen Masken und Gewändern verkleidete Männer sind) und der Flinserln mit ihren paillettengeschmückten Kostümen. Diese Bräuche, die es nur in Bad Aussee gibt, sind seit dem 18. Jahrhundert nachweisbar. Das prachtvolle **Narzissenfest**, das jedes Jahr an einem Wochenende im

Viele Gebäude zeigen spezielle Details, wie die Steinmühle (oben) und der Kammerhof (rechts).

Mai oder Juni stattfindet, ist das größte Blumenfest Österreichs und eine der meistbesuchten temporären Attraktionen des Salzkammerguts: Hunderttausende Narzissenblüten werden mit Drahtgestellen zu kunstvollen Figuren gestaltet und am Vormittag mit einer Parade durch Bad Aussee geführt, bevor sie am Nachmittag mit einem Bootscorso über Grundlsee oder Altausseer See (jährlich abwechselnd) gefahren werden.

Thema: Tracht im Salzkammergut

Das Tragen der ortstypischen Trachten hatte im Salzkammergut schon immer eine besondere Bedeutung. Als im 19. Jahrhundert zahlreiche Kurgäste aus Wien hier ihre Sommerfrische verbrachten, stieß dieser Ausdruck ländlicher Heimatverbundenheit bei ihnen auf großes Interesse. So kam es, dass die Salzkammergut-Trachten bald keineswegs mehr nur von der einheimischen Bevölkerung, sondern auch von den Gästen aus der Hauptstadt gerne getragen wurden. Aus Tradition wurde Mode, die aus der Arbeitskleidung der bäuerlichen Bevölkerung entstandenen Dirndl und Janker wurden zu handwerklich hochwertig verarbeiteten Prestigeobjekten. Bad Aussee entwickelte sich in dieser Zeit zum Zentrum der Trachtenmode und hat diesen Status mit mehreren Geschäften und Schneidereien heute so manifestiert, dass es gerne als „Trachteninsel" bezeichnet wird.

Tracht & Mode Steinhuber, Wiedleite 103. www.steinhuber.at, Tel. 0043 3622 52962

Rastl Gwand, Meranplatz 39 und Hauptstraße 51. www.rastl.info, Tel. 0043 3622 532 780

Maßschneiderei Greul, Meranplatz. www.greul.at, Tel. 0043 3622 54785

Bad Aussee ist das „Trachtenzentrum" des Salzkammerguts.

Etwas außerhalb wurde 2013 das **Narzissen Bad** als drittes Thermalbad im Salzkammergut (neben der Salzkammergut-Therme in Bad Ischl und der GrimmingTherme in Bad Mitterndorf) eröffnet. Im Vergleich mit der deutlich großzügigeren GrimmingTherme kann das Narzissen Bad jedoch nicht wirklich überzeugen (➤ Thermenvergleich Seite 154). In der Nähe befindet sich der **Alpengarten**, ein liebevoll angelegter, allerdings recht kleiner botanischer Garten mit heimischen Pflanzen.

Wie man hinkommt

Gebührenpflichtiger Parkplatz direkt südlich des Kurparks, Zufahrt über die Bahnhofstraße. Es gibt Parkwertkarten, die auch für die Parkplätze am Grundlsee und in Altaussee gelten. Der Bahnhof (alle Züge von Attnang-Puchheim nach Stainach-Irdning) liegt 1,5 km südlich des Zentrums (Zugang durch die Bahnhofstraße).

GPS-Wegpunkt 60 (Kurhausplatz): 47,60974 13,78385

Touristeninformation: *im Postamt, Ischler Straße 94. www.ausseerland.at, Tel. 0043 3622 52323*

Kammerhofmuseum: *Juni bis September tägl. 10:00-12:00 und 15:00-18:00 Uhr, April, Mai und Oktober Di und Sa 16:00-18:00 Uhr, Fr und So 10:00-12:00 Uhr. Erwachsene 5,00 €, Kinder und Jugendliche von 6-18 3,00 €.*

Narzissenfest: *Am langen Himmelfahrts- oder Fronleichnamswochenende. Termine und Programm auf www.narzissenfest.at oder unter Tel. 0043 3622 52273.*

Narzissen Bad: *An der B145 Richtung Pötschenpass (Pötschenstraße 142). Günstiger Shuttlebus ab 9:30 Uhr alle 2-3 Stunden ab Postamt Bad Aussee. Täglich 10:00-22:00 Uhr, Tageskarte Erwachsene 20,00 €, Kinder bis 15 18,00 €, Abendtarif ab 18:00 Uhr 12,00/10,00 €, Saunabenutzung zusätzlich 5,00 €. www.narzissenbadaussee.at, Tel. 0043 3622 55300*

GPS-Wegpunkt 61: 47,61174 13,76319

Alpengarten: *Von der B145 Richtung Pötschenpass zum Ortsteil Ischlberg abbiegen. Buslinie 950 bis Haltestelle Vogelbichl. Mai-September tägl. 8:00-18:00 Uhr, Erwachsene 5,00 €, Kinder und Jugendliche bis 16 Jahre 2,50 €, Familien 12,00 €. www.neza.at, Tel. 0043 676 8362 2543*

GPS-Wegpunkt 62: 47,62182 13,75065

Grundlsee

Gut vier Kilometer außerhalb von Bad Aussee, in einer Höhe von etwas mehr als 700 Metern, befindet sich der langgestreckte Grundlsee. Die Lage direkt am Fuß des Toten Gebirges gibt dem größten See im Ausseer Land eine besondere Atmosphäre: Bis zu 1900 Meter hohe Berge befinden sich in unmittelbarer Nähe und überragen den See mit gewaltigen Felshängen.

Pflicht oder nicht?

- •••• *top, unbedingt machen!*
- ••• *sollte man erlebt haben*
- •• *nette Abwechslung*
- • *man versäumt nicht viel*

Der Grundlsee ist ein schöner Badesee, kulturelle Sehenswürdigkeiten gibt es hier jedoch nicht.

Lange Zeit gab es hier nicht mehr als Fischerei und Forstwirtschaft, die Verhältnisse waren ärmlich. Erst der Tourismus des 19. Jahrhunderts änderte auch am Grundlsee vieles: Aristokraten und Großbürger bauten hier ihre Sommervillen, zu ihnen gesellten sich Schauspieler, Maler und andere Künstler. Von dieser Epoche zeugen heute noch einige schlossähnliche Anwesen am See: Die Villa Castiglioni am südwestlichen Ufer wurde 1881 von Franz Ritter von Winniwarter erbaut. 1920 kaufte sie der schwerreiche italienische Spekulant Camillo Castiglioni, der im privaten Sonderzug nach Bad Aussee zu reisen pflegte. In den Vierzigerjahren war hier für kurze Zeit Hitlers Privatbibliothek untergebracht. Überhaupt war das Ausseer Land bei Nazigrößen beliebt: Die Villa Roth kurz vor Gößl, die wegen ihrer prunkvollen Erscheinung auch „Schloss Grundlsee“ genannt wird, war bevorzugtes Sommerquartier von Joseph Goebbels und seiner Familie.

Der Grundlsee wird von hohen Bergen eingerahmt.

Am Nordufer zieht sich die kleine Ortschaft Grundlsee entlang, am östlichen Ende befinden sich die wenigen Häuser des Dörfchens Gößl. In der Nähe liegt das sehr hübsche Grundlsee-Strandbad, weitere Bademöglichkeiten gibt es überall entlang der Norduferstraße. Die Schiffe der Grundlseeschifffahrt pendeln im Sommer zwischen der Station Seehotel am Westende und Gößl mit einem Halt am Restaurant Post im Grundlseer Zentrum. Das Südufer wird durch den Grundlsee-Süduferweg erschlossen, der jedoch keine Empfehlung ist: Man läuft die meiste Zeit auf kleinen Straßen in einiger Entfernung vom Ufer und hat nur an wenigen, unattraktiven Stellen Zugang zum See. Der mittlere Teil am Steilufer des Ressen ist zwar recht hübsch, lohnt aber nicht den weiten Weg durch die angrenzenden Siedlungen.

Am Nordufer gibt es zahlreiche Badestellen.

Grundlsee

Fläche: *4,2 km²*
Höhe ü.d.M.: *708 m*
Maximale Länge: *5,7 km*
Maximale Tiefe: *64 m*

1: Villa Castiglioni
2: Schloss Grundlsee
3: Grundlsee-Strandbad

Wanderungen

26 Über die Lahngangseen ins Tote Gebirge

Technik ●●●●●
Kondition ●●●●●

➤ *Seite 288*

27 Auf die Trisselwand

Technik ●●●●●
Kondition ●●●●●

➤ *Seite 294*

Wie man hinkommt

200 m vor dem See gibt es einen großen Parkplatz. Die wenigen Stellplätze direkt am Seeufer und in der Ortschaft Grundlsee sind an schönen Tagen schon früh belegt. Am oberen Ende, beim Strandbad Gößl, gibt es einen zweiten, etwas kleineren Parkplatz. Alle Stellplätze in Seenähe sind gebührenpflichtig (mit Parkschein), die Tarife sind aber recht günstig. Für längere Aufenthalte in der Region lohnt eine Parkwertkarte, die auch in Altaussee und Bad Aussee gilt.

Buslinie 956 von Bad Aussee (Bahnhof und Zentrum) alle 1-2 Stunden über Grundlsee-Ort nach Gößl. Die Schiffe der Grundlseeschifffahrt sind von Mai bis Oktober in Betrieb und fahren vom Westende über Grundlsee nach Gößl. www.3-seen-tour.at, Tel. 0043 676 646 2510

GPS-Wegpunkt 63 (Parkplatz): 47,62044 13,82483
GPS-Wegpunkt 64 (Strandbad Gößl): 47,63629 13,90264

Thema: **Erzherzog Johann**

Erzherzog Johann von Österreich (1782-1859) war der Sohn von Kaiser Leopold II. und jüngerer Bruder des späteren Kaisers Franz I. Ungewöhnlich für einen Aristokraten seiner Zeit war sein ehrliches Interesse für die Lebensumstände der einfachen Bevölkerung und die umfangreichen Bemühungen um deren Verbesserung. Vor allem in der Steiermark arbeitete er über Jahrzehnte konsequent an einer Modernisierung des Landes in allen Bereichen und wurde dadurch zu einer bis heute bewunderten Identifikationsfigur.

Mit dem Salzkammergut verbindet ihn vor allem seine Ehe mit Anna Plochl: 1819 traf er am Toplitzsee die damals erst 15-jährige Tochter des Postmeisters aus Bad Aussee. Die daraufhin entstehende Liebesbeziehung zwischen dem angesehenen Adligen und der jungen Bürgerstochter rührte die Herzen im ganzen Land, doch war eine Ehe mit einer bürgerlichen Frau für den Erzherzog nicht ohne Weiteres möglich – erst nach sechs Jahren gab sein Bruder, Kaiser Franz Josef I., endlich seine Zustimmung zu der nicht standesgemäßen Ehe.

Der Erzherzog zeigte großes Engagement für Land und Leute.

Toplitzsee

Der kleine Toplitzsee versteckt sich oberhalb des Grundlsees zwischen steilen, kaum zugänglichen Berghängen. Das idyllische Gewässer ist vor allem durch die Legende vom Nazischatz berühmt geworden, die ihm sogar eine Erwähnung im James-Bond-Klassiker „Goldfinger" von 1964 verschaffte: Kurz vor dem Ende des Krieges seien die Goldreserven des Dritten Reiches hier versenkt worden, um sie vor dem Zugriff der Alliierten zu bewahren, hieß es. Selbst das legendäre Bernsteinzimmer wurde schon in den Tiefen des Sees vermutet. Tatsache ist hingegen, dass hier zwischen 1943 und 1945 Versuche mit Unterwasserbomben und Unterwasserraketen durchgeführt wurden.

Pflicht oder nicht?

- ●●●● *top, unbedingt machen!*
- ●●● *sollte man erlebt haben*
- ●● *nette Abwechslung*
- ● *man versäumt nicht viel*

Auch wenn die Geschichte vom Nazigold ein Märchen ist: Der Toplitzsee ist eine der schönsten Ecken des Salzkammerguts, die Fahrt mit der Plätte ein besonderes Erlebnis!

Bereits 1959 machten sich Taucher auf die Suche nach dem Schatz, doch alles was sie fanden, waren kistenweise gefälschte britische Pfundnoten, mit denen die Nazis die englische Wirtschaft destabilisieren wollten, sowie Sprengstoff, Waffen und einige Dokumente. Bis in die jüngste Vergangenheit fanden immer wieder Tauchexpeditionen statt, teilweise sehr aufwendig mit ferngesteuerten Mini-U-Booten.

Nur mit der Plätte geht es ans hintere Ufer.

Ein Schatz wurde dabei nie gefunden, dennoch füllt der „Mythos Toplitzsee“ mehrere Bücher. Aber auch ohne Schatz ist der See ein bemerkenswertes Gewässer und für Wissenschaftler äußerst interessant: Mit bis zu 103 Metern ist er in Relation zu seiner Fläche (etwa 1900 Meter lang und 400 Meter breit) extrem tief. Die oberen Wasserschichten sind ausgesprochen fischreich; ab einer Tiefe von etwa 20 Metern enthält das Wasser jedoch keinerlei Sauerstoff mehr, so dass hineingefallene Baumstämme nicht verrotten. Außer speziell angepassten Bakterien kann nur ein etwa 20 Zentimeter langer endemischer Wurm, der 1983 bei einer der Tauchexpeditionen entdeckt wurde, in diesem extremen Lebensraum existieren. Das Tauchen im See ist so gefährlich, dass es seit Jahrzehnten verboten ist, Ausnahmegenehmigungen erhalten nur wissenschaftliche Teams.

Der Toplitzsee ist mit einem kleinen Spaziergang von Gößl aus erreichbar. Die meisten Besucher nehmen den direkten Weg durch den Ort, deutlich schöner und kaum länger ist aber der Waldweg am Toplitzbach entlang. Dabei lohnt der kleine Umweg zur Ranftlmühle mit ihrem schönen Mühlrad. Am vorderen Ende des Toplitzsees befindet sich das schön gelegene Gasthaus „Fischerhütte“, ein beliebtes Ausflugsziel. Die Hänge, die den See umgeben, sind so steil, dass sie praktisch unzugänglich sind. Nur mit dem Boot kommt man ans hintere Ende, wo ein kurzer Spaziergang zum noch kleineren Kammersee führt, der in einem Felskessel gelegen ist. Im Sommer bringt ein Pendeldienst mit

Toplitzsee

Fläche:	*0,5 km²*
Höhe ü.d.M.:	*718 m*
Maximale Länge:	*1,9 km*
Maximale Tiefe:	*103 m*

1: Strandbad Grundlsee
2: Ranftlmühle
3: Waldweg
4: Fischerhütte
5: Kammersee
6: Wasserfall Traun-Ursprung

sogenannten Plätten, flachen Holzbooten nach historischem Vorbild, die Besucher von der Fischerhütte aus hinüber – die Fahrt vorbei an steilen Hängen mit mehreren sehr schönen Wasserfällen ist ein besonderes Erlebnis!

Von der Anlegestelle am gegenüberliegenden Ufer führt ein einfacher Pfad in wenigen Minuten zum romantisch gelegenen **Kammersee**. Dabei sieht man auch den Kammersee-Kanal, der Mitte des 16. Jahrhunderts in nicht einmal drei Jahren in den Fels geschlagen wurde, um das Wasser des Kammersees für den Holztransport nutzen zu können. Der kleine See ist ein besonderes Idyll, in trockenen Sommern verschwindet das Wasser allerdings weitgehend. Links am Ufer entlang führt ein Pfad zu einem Wasserfall am sogenannten Traun-Ursprung, der als die Quelle der Traun gilt. Tatsächlich setzt sich der Fluss jedoch aus einer ganzen Reihe von Quellbächen zusammen. Dies ist nicht einmal der größte davon, und wie der Kammersee versiegt auch der Wasserfall in längeren Trockenperioden.

Wie man hinkommt

Mit dem Auto oder Bus (Linie 956 ab Bad Aussee) bis nach Gößl am Grundlsee. Die Einfahrt in den Ort ist nur für Anlieger gestattet, so dass man den Wagen am See stehen lassen muss (gebührenpflichtiger Parkplatz am Strandbad). Von dort aus durch Gößl in etwa 20 Minuten zum Toplitzsee. Alternativ direkt hinter der Brücke über den Toplitzbach abbiegen und dann immer am Bach entlang (Waldweg-Variante mit Ranftlmühle).

*Die **Plätten** fahren von Mai bis Oktober täglich von 10:30-15:45 Uhr (nur bei Schönwetter) von der Fischerhütte zum Kammersee. Es gibt keinen festen Fahrplan, es geht los, sobald mindestens acht Passagiere zusammengekommen sind; üblicherweise gibt es 1-3 Fahrten pro Stunde. Das Boot legt am gegenüberliegenden Ufer an und wartet dort 20-25 Minuten, sodass man genug Zeit hat, um zum Kammersee und wieder zurück zu laufen. Man kann auch länger bleiben und das nächste Boot nehmen. **Achtung:** Es ist nicht möglich, zu Fuß von einem Ende des Toplitzsees zum anderen zu gelangen!*

*Die **„3-Seen-Tour“** ist eine Kombination aus der Fahrt über den Grundlsee nach Gößl und der Runde über den Toplitzsee. Die Abfahrt ist am Seehotel Grundlsee um 10:30, 11:45, 13:35 und 14:45 Uhr. www.3-seen-tour.at, Tel. 0043 676 646 2510*

GPS-Wegpunkt 65 (Fischerhütte): 47,64186 13,91953

Altaussee und Altausseer See

Das Streudorf Altaussee bietet ein völlig anderes Bild als das wenige Kilometer entfernte Bad Aussee: Kaum irgendwo sonst im Salzkammergut wird so deutlich, was man im 19. Jahrhundert unter einer „Sommerfrische" verstand, die Verbindung aus ländlichem Idyll und großbürgerlichem Einfluss ist einmalig. Ursprünglich ein Bergarbeiterdorf, in dem die Arbeitskräfte des nahegelegenen Salzbergwerks lebten, wurde Altaussee im 19. Jahrhundert von wohlhabenden Sommerfrische-Touristen vor allem aus Wien entdeckt. Unter ihnen waren außergewöhnlich viele Schriftsteller, so dass der Ort bald als „Dorf der Dichter" bezeichnet wurde, aber auch Maler und Komponisten hielten sich gerne hier auf.

Pflicht oder nicht?

- •••• *top, unbedingt machen!*
- ••• *sollte man erlebt haben*
- •• *nette Abwechslung*
- • *man versäumt nicht viel*

Altaussee ist die perfekte Salzkammergut-Idylle! Die großartigen Bademöglichkeiten tragen weiterhin dazu bei, Dorf und See zum idealen Ausflugsziel zu machen.

1847 errichtete der Dichter Joseph Christian Freiherr von Zedlitz hier als Erster ein Sommerhaus. Ihm folgten viele weitere wie Hugo von Hofmannsthal, Arthur Schnitzler und Jakob Wasser-

Die Idylle von Altaussee inspirierte zahlreiche Dichter.

mann, die die Sommer hier verbrachten oder sich sogar dauerhaft niederließen. Vor allem in den ersten Jahrzehnten des 20. Jahrhunderts war Altaussee ein regelmäßiger Aufenthaltsort hochklassiger Literaten, die hier Gedanken und Ideen austauschten. *„Der Regen, der die Waldwege vermurte, segnete unsere Feder. Es lag nahe, in solchen Zeiten, die allsommerlich wiederkehrten, den schwarzen See mit einem riesigen Tintenfaß zu vergleichen, in das die im Kreise herumsitzenden Dichter ihre Federkiele tauchten."* In diese wunderbaren Worte fasste Raoul Auernheimer die Inspiration, die er und seine Kollegen aus dieser Landschaft bezogen. Das **Literaturmuseum** 1 würdigt die Altausseer Schriftsteller mit vielen Detailinformationen und Textbeispielen, außerdem gibt es hier eine Bibliothek und einen Leseraum.

Mit seinen lockeren Streusiedlungen breitet sich Altaussee über einige Kilometer aus. Am schönsten ist der zentrale Ortsteil Fischerndorf mit seinen prachtvollen Sommervillen, die hier in einem nobel-ländlichen Stil mit viel Holz erbaut wurden. Große Grünflächen und Gärten lockern das Ortsbild auf, im Sommer kommt ein opulenter, sorgfältig gepflegter Blumenschmuck hinzu. Auch wenn die meisten Häuser aus dem 19. und frühen 20 Jahrhundert stammen und damit längst nicht so alt sind wie die Bauten im Zentrum von Bad Aussee, ist dies ein bemerkenswertes Ensemble mit einer besonderen Atmosphäre, die im Salzkammergut einzigartig ist!

Fischerndorf befindet sich direkt am **Altausseer See**, der mit einer Fläche von 2,1 Quadratkilometern ziemlich genau halb so groß wie der Grundlsee ist. Seine einmalige Lage inmitten der westlichsten Ausläu-

fer des Toten Gebirges macht ihn zu einem der schönsten Salzkammergutseen: Im Osten wird er von der gewaltigen Trisselwand um mehr als 1000 Meter überragt, im Norden vom kantigen Profil des Losers. Die Trisselwand kann mit einer nicht allzu schwierigen Wanderung bestiegen werden (➤ Seite 294), der Loser ist sogar noch einfacher über eine Straße zugänglich (➤ Seite 150).

Wanderungen

28 Runde um den Altausseer See

Technik ●○○○○
Kondition ●●○○○

➤ *Seite 297*

Die Ufer des Altausseer Sees sind völlig autofrei. Der „Weg um den See" ist mit einer Länge von knapp acht Kilometern eine sehr einfache Wanderung. Nahezu auf der ganzen Strecke gibt es wunderbare Bademöglichkeiten, vor allem am Südufer. Am gegenüberliegenden Ende lädt das Gasthaus Seewiese zu einem Aufenthalt ein, im Sommer kann man auch mit einem solarbetriebenen Elektroschiff von Altaussee hinüber fahren. In Richtung Süden führt ein

Der Altausseer See ist einer der schönsten Salzkammergutseen.

Spazierweg am Schiffsanleger vorbei zur Seeklause, wo die Altausseer Traun aus dem See abfließt. Beim noblen Traditionshotel Seevilla befindet sich eine **Gradieranlage** 3, in der die Sole über ein Gestell aus Tannenreisig rieselt. Ursprünglich dienten solche Anlagen dazu, das Wasser zum Verdunsten zu bringen und so die Salzkonzentration der Sole vor der Versiedung zu erhöhen. Im 19. Jahrhundert erkannten Kurärzte, dass der dabei entstehende Nebel aus feinsten Soletröpfchen therapeutisch genutzt werden kann, und machten die Gradieranlagen zum Teil des Kurbetriebs.

Der See wird von einem schönen Weg umrundet.

Wie man hinkommt

Es gibt einen großen Parkplatz in der Fischerndorferstraße (vor der Kirche, Kennzeichen P3). Alle Parkplätze in Zentrumsnähe sind von 9:00-18:00 Uhr gebührenpflichtig (auch am Wochenende). Für längere Aufenthalte in der Region lohnt eine Parkwertkarte, die auch in Bad Aussee und am Grundlsee gilt. Gebührenfrei ist der Parkplatz P4 am Gasthaus Scheichlmühle (bei der Traunbrücke), etwa 1500 m vom Zentrum und 600 m vom See entfernt. Die Parkplatzsuche außerhalb der gekennzeichneten Plätze ist normalerweise aussichtslos! Mit dem Bus: Linie 955 ab Bahnhof Bad Aussee.

GPS-Wegpunkt 66 (Parkplatz Fischerndorf): 47,64067 13,76630
GPS-Wegpunkt 67 (Parkplatz Scheichlmühle): 47,63196 13,76439

***Touristeninformation:** im Kur- und Amtshaus, 0043 3622 71643*

*Der **Schiffsanleger** befindet sich 400 m südlich der Kirche. Von Anfang Mai bis Ende September täglich 3-5 Fahrten, im Oktober nur Sa und So, von Anfang November bis Ende April kein Betrieb. Erwachsene 11,00 €, Kinder von 6-15 die Hälfte, Kinder bis 5 frei. www.altausseeschifffahrt.at, Tel. 0043 3622 20501*

***Literaturmuseum Altaussee:** im Kur- und Amthaus, Fischerndorf 61. Juni-September alle Tage außer So 10:00-12:00 und 14:30-18:00 Uhr, Oktober bis Mai nur 14:30-17:00 Uhr. Erwachsene 3,00 €, Kinder frei. www.literaturmuseum.at, Tel. 0043 664 444 1069*

Salzwelten Altaussee

Auch wenn das Salzbergwerk von Altaussee, das einige Kilometer nördlich des Ortes liegt, nicht ganz so enorm alt ist wie das Hallstätter Bergwerk (➤ Seite 118), kann es auf eine stolze Tradition zurückblicken: Hier wurde im Mittelalter mit dem Abbau begonnen, eine erste urkundliche Erwähnung stammt aus dem Jahr 1147. Die Versiedung der Sole fand in Bad Aussee statt, wo die Salzwirtschaft für einen beträchtlichen Wohlstand sorgte (➤ Seite 132). Das Bergwerk ist bis heute in Betrieb und unter dem Namen „Salzwelten Altaussee" auch eines der beiden Schaubergwerke der Region.

Berühmtheit erlangte das Altausseer Bergwerk als Kunstdepot im Zweiten Weltkrieg: Ab August 1943 ließ die nationalsozialistische Regierung eine immense Menge an Kunstwerken, die im gesamten Herrschaftsgebiet zusammengerafft worden waren, im Bergwerk einlagern, um sie vor Bombenangriffen in Sicherheit zu bringen. Über 7000 Gemälde, Skulpturen und kunsthandwerkliche Gegenstände wurden in die Stollen gebracht. Darunter befanden sich zahllose Meisterwerke der abendländischen Kunstgeschichte, Leonardo da Vinci, Michelangelo, Rembrandt und Rubens sind nur einige der prominentesten Namen.

Pflicht oder nicht?

- ●●●● *top, unbedingt machen!*
- **●●● *sollte man erlebt haben***
- ●● *nette Abwechslung*
- ● *man versäumt nicht viel*

Für Kinder ist das Bergwerk in jedem Fall eine Attraktion, aber auch für Erwachsene ist es ein schönes Erlebnis. Insgesamt geht es hier deutlich ruhiger zu als in den Salzwelten Hallstatt.

Bei der Führung bekommt man den Salzsee (oben) und die Barbarakapelle zu sehen.

Dramatisch waren die letzten Kriegstage, als Gauleiter Adolf Eigruber angesichts des bevorstehenden Zusammenbruchs des Nazireiches die Vernichtung der Kunstschätze durch eine Sprengung des Bergwerks verfügte. In einer Geheimoperation wurden mehrere Tonnen Sprengstoff in die Stollen geschafft. Doch den Bergleuten entging nicht, was sich in den seltsamen Holzkisten befand, und sie wussten, dass die gewaltige Detonation nicht nur die Kunstwerke, sondern auch das gesamte Bergwerk und damit die Wirtschaftsgrundlage ihrer Region zerstört hätte. Sie entschlossen sich zum Widerstand: Dem Bergwerksleiter gelang es, Gestapo-Chef Ernst Kaltenbrunner auf seine Seite zu ziehen, sodass die Bergleute die Bomben entfernen konnten. Die fünf Tage später anrückenden amerikanischen Truppen stellten die Kunstwerke schließlich sicher.

Für die Führung wird man mit einem weißen Übergewand eingekleidet, dann gibt es zunächst einen kurzen Film zur Einführung. Danach wird es spannender: Es geht einige hundert Meter weit in den Stollen hinein. Man kann unraffiniertes Bergsalz an einem Probiertisch testen und bekommt die 1935 von Bergleuten aus durchscheinenden Salzsteinen erbaute Barbarakapelle zu sehen. Die Einlagerung der Kunstwerke wird durch eine Rekonstruktion der Lagerräume und eine Multimediaschau dargestellt. Für Kinder sicherlich interessanter ist die hölzerne Bergmannsrutsche, über die es rasant nach unten geht, wo eine weitere Multimediaschau an einem spiegelglatten Salzsee den Abschluss der Tour bildet.

Wie man hinkommt

Die Zufahrt ist ab Altaussee beschildert, kostenlose Parkplätze direkt am Eingang. Keine direkte Verbindung mit öffentlichen Verkehrsmitteln, Busse fahren nur bis Altaussee (Linie 955 ab Bad Aussee). Von dort läuft man 2,5 km durch die Salzbergstraße zum Bergwerk.

Führungen Ende Mai bis Mitte September an allen Tagen stündlich von 9:00-16:00 Uhr, Mitte April bis Ende Mai und Mitte September bis Ende Oktober 9:00, 11:00, 13:00 und 15:00 Uhr. Dauer etwa 80 Minuten, Kinder dürfen erst ab 4 Jahren teilnehmen. Die Temperatur im Bergwerk liegt bei 7-10 Grad. Erwachsene 16,00 €, Kinder bis 15 Jahre 8,00 €, Studenten und Senioren 14,00 €, günstige Familientickets. Im Juli und August gibt es jeden Montag um 15:00 Uhr eine spezielle Erlebnisführung für Kinder (12,00 €).

www.salzwelten.at, Tel. 0043 6132 200 2400

GPS-Wegpunkt 68: 47,65153 13,73925

Tipp: Ausseer Bergkernsalz

In den Shops der Salzwelten in Altaussee, Hallstatt und Bad Ischl sowie in vielen Souvenirläden im Salzkammergut gibt es rohes, unraffiniertes Bergkernsalz aus Altaussee zu kaufen. Probieren Sie es unbedingt in der Küche aus! Dieses Salz besteht nur zu etwa 90 % aus Natriumchlorid, der Rest sind andere Mineralien wie Calcium und Eisen. Durch die spezielle Zusammensetzung hat es einen besonderen, weicheren Geschmack als gewöhnliches Tafelsalz. Auch online bestellbar bei *www.salzwelten-shop.at*.

Das unraffinierte Salz hat eine rötliche Färbung.

Loser

Der 1837 Meter hohe Loser überragt weithin sichtbar das Ausseer Land. Sein charakteristisches Profil, das von einer senkrechten Steilwand geprägt ist, macht ihn unverwechselbar. Die Gipfelregion ist leicht erreichbar über die mautpflichtige Loser-Panoramastraße, die bis zur 1600 Meter hoch gelegenen Loser-Almhütte führt. Der Begriff

Der Losergipfel erhebt sich exponiert über das Ausseer Land.

„Almhütte“ ist in diesem Fall freilich beschönigend: Es handelt sich um ein modernes Ausflugsrestaurant mit enormen Kapazitäten neben einem riesigen Parkplatz. Immerhin hat man bereits von der Terrasse aus eine großartige Aussicht auf den Altausseer See und das umgebende Tal.

Pflicht oder nicht?

- ●●●● *top, unbedingt machen!*
- ●●● *sollte man erlebt haben*
- ●● *nette Abwechslung*
- ● *man versäumt nicht viel*

Der Loser ist überlaufen, keine Frage – dennoch lohnt sich die Fahrt für die schönste Aussicht über das Ausseer Land, die man irgendwo finden kann!

Wanderungen

29 Rundwanderung am Loser

Technik ●●●●●
Kondition ●●●●●

➤ *Seite 300*

Zwar ist der Gipfel des Loser vom Parkplatz nicht einmal 2,5 Kilometer entfernt, doch ist der Weg dorthin mehr als nur ein Spaziergang: Der Pfad führt über den Nebengipfel des Hochangers und ist überraschend anspruchsvoll! Dennoch lohnt es sich in jedem Fall, denn der Blick vom Losergipfel gehört zu den schönsten Aussichten im Salzkammergut. Am besten erweitert man den Weg zu der als Tour 29 beschriebenen Rundwanderung (➤ Seite 300).

Die Straße führt bis zur Almhütte.

Zum Augstsee ist es von dort nur ein kurzer Spaziergang.

Wer nur einen kurzen Spaziergang unternehmen will, kann in wenigen Minuten zum kleinen Augstsee gehen oder auf dem „Geotrail" zur Bräuningalm. Dieser Weg wurde als geologischer Lehrpfad ausgeschildert, für die Informationen muss man sich allerdings für sechs Euro eine kleine Broschüre im Restaurant holen. Abenteuerlustige bevorzugen den Sisi-Klettersteig: Kategorie D, 200 Höhenmeter und extrem ausgesetzt – einer der großartigsten Klettersteige im Salzkammergut!

Wie man hinkommt

Die Loser-Panoramastraße beginnt nördl. von Altaussee (beschildert). 15,00 € pro PKW, bezahlt wird bei der Ausfahrt am Automaten. Keine Busverbindung, die Linie 955 fährt nur bis zum unteren Ende der Straße. Liftbetrieb nur im Winter.

GPS-Wegpunkt 69 (Almhütte): 47,66063 13,78620

Die spektakuläre Art, auf den Loser zu gelangen: Sisi-Klettersteig.

Grimmingtal

Von Bad Aussee sind es wenige Kilometer ins Tal der Grimming, das man bei großzügiger Betrachtung noch zum Salzkammergut zählen kann. Das weite, flache Tal, das auf der Südseite durch den mächtigen, steil aufragenden Grimming vom Ennstal getrennt wird, ist von ausgedehnten Streudörfern geprägt. Das Zentrum der Gegend ist **Bad Mitterndorf**. Das beschauliche Dorf ist nett, aber nicht wirklich eine Sehenswürdigkeit, dafür gibt es zu wenig historische Bausubstanz. Als Ferienort ist es dagegen durchaus eine Option, wenn man es gerne ruhig hat und nicht alles direkt vor der Tür haben muss: Die Auswahl an Quartieren ist recht groß, das Preisniveau erfreulich niedrig. Allerdings ist es hier besser, nicht auf öffentliche Verkehrsmittel angewiesen zu sein.

Pflicht oder nicht?

- •••• *top, unbedingt machen!*
- ••• *sollte man erlebt haben*
- •• *nette Abwechslung*
- • *man versäumt nicht viel*

Als Urlaubsquartier ist Bad Mitterndorf eine Überlegung wert, als Ausflugsziel ist nur die Therme interessant.

Ein Tipp ist die **GrimmingTherme**, die 2009 im südlichen Ortsbereich eröffnet wurde. Mit der dezent modernen, kitschfreien Architektur ist sie die schönste Therme im Salzkammergut und sticht auch das konkurrierende Narzissen Bad in Bad Aussee (➤ Seite 137) aus.

Wer Naturbadeplätze vorzieht, fährt zum kleinen **Ödensee** bei Pichl-Kainisch. Direkt mit dem Auto erreichbar und im Sommer recht warm, wäre er das perfekte Badegewässer – wären da nicht die Blutegel. Solange man schwimmt, ist man vor ihnen sicher (sie sind ziemlich langsam), doch sollte man sich nicht im Wasser ausruhen.

Naturidyll mit ungemütlichen Bewohnern: der Ödensee.

Wie man hinkommt

Die Züge der Salzkammergutbahn verkehren zwischen Obertraun und Stainach-Irdning nur alle 2 Stunden. Ins Zentrum von Bad Mitterndorf von der Station Bad Mitterndorf-Heilbrunn ca. 800 m. Achtung: Die Station Bad Mitterndorf liegt weiter vom Zentrum entfernt als Bad Mitterndorf-Heilbrunn! Buslinie 950 von Bad Aussee über Bad Mitterndorf zum Bahnhof Stainach-Irdning (dort Anschluss an Fernzüge).

GPS-Wegpunkt 70 (Zentrum Bad Mitterndorf): 47,55503 13,93205

***Allgemeine Informationen:** www.bad-mitterndorf.at, Tel. 0043 3623 2444*

***GrimmingTherme:** In Bad Mitterndorf-Neuhofen südlich der B145, beschildert. Von der Bahnstation Bad Mitterndorf-Heilbrunn ca. 10 min zu Fuß, vom Zentrum 20 min. Tägl. 8:00-22:00 Uhr. Tageskarte Erwachsene 20,00 €, Jugendliche, Studenten und Senioren ab 60 15,00 €, Kinder von 4-14 10,00 €. 4-Stunden-Karte 16,00/13,00/9,00 €, Abendkarte ab 18:45 Uhr 10,00/8,00/5,50 €. Sauna jeweils 5,00-6,50 € zusätzlich. www.grimming-therme.com, Tel. 0043 3623 21010*
GPS-Wegpunkt 71: 47,54511 13,92861

***Ödensee:** Südwestl. von Pichl-Kainisch, von der B145 beschildert. Von der Bahnstation Pichl-Kainisch 25-30 min zu Fuß.*

GPS-Wegpunkt 72: 47,56326 13,82066

Vergleich: Thermalbäder im Salzkammergut

Im Salzkammergut gibt es drei Thermalbäder, ein modernisierter Klassiker und zwei neue Häuser. Großzügige Saunabereiche und optionale Wellnessbehandlungen sind überall Standard.

Salzkammergut-Therme in Bad Ischl: Das einzige Traditionshaus im Salzkammergut. Nach der Renovierung 2007 entspricht es sowohl im Bade- als auch im Saunabereich modernen Standards.

Plus: Schöner Außenbereich mit Strömungskanal. Als einzige der drei Thermen im Stadtbereich gelegen und daher auch ohne Auto gut zu erreichen. Bis Mitternacht geöffnet.

Minus: Die 4-Stunden-Karte ist kaum günstiger als die Tageskarte, einen Abendtarif gibt es nicht. Eingekesselt von Wohnblocks aus den Siebzigern, ist die Aussicht im Außenbereich unerfreulich.

Anfahrt, Zeiten und Preise: ➤ Seite 94

Narzissen Bad in Bad Aussee: Moderne Anlage etwas außerhalb von Bad Aussee. 2013 eröffnet, damit das jüngste Bad.

Plus: Durch die Hanglage am Ortsrand großartige Aussicht im Außenbereich. Zusätzliches Sportbecken. Günstiger Abendtarif.

Minus: Ohne Auto nur umständlich mit dem Shuttlebus erreichbar, am Abend keine Verbindung. Insgesamt ziemlich klein.

Anfahrt, Zeiten und Preise: ➤ Seite 137

GrimmingTherme in Bad Mitterndorf: 2009 eröffnet, geschmackvolle Architektur mit viel Glas. Die größte der drei Thermen.

Plus: Große Pools auch im Saunabereich, extra Frauensauna. Schöne Lage mit Aussicht. Günstige Kurzzeit- und Abendtarife.

Minus: Ohne Auto nur umständlich zu erreichen.

Anfahrt, Zeiten und Preise: ➤ Seite 153.

Edle Architektur mit viel Glas: GrimmingTherme.

Tauplitzalm

Oberhalb von Bad Mitterndorf erstreckt sich in einer Höhe von rund 1650 Metern das weitläufige Plateau der Tauplitzalm. Mit den insgesamt sechs kleinen Seen ist sie die wohl schönste Alm im Salzkammergut. Allerdings wird schon seit Jahrzehnten eine intensive touristische Nutzung vorangetrieben: Über eine Mautstraße von Bad Mitterndorf und eine Seilbahn ab Tauplitz ist die Alm leicht erreichbar und an schönen Tagen entsprechend überlaufen.

Pflicht oder nicht?

- ●●●● *top, unbedingt machen!*
- ●●● *sollte man erlebt haben*
- ●● *nette Abwechslung*
- ● *man versäumt nicht viel*

Die Fahrt lohnt sich nur für die Wanderung zum Steirersee, die Alm selbst muss man nicht gesehen haben.

Einsamkeit und Ursprünglichkeit darf man hier also nicht erwarten, stattdessen gibt es ein ganzes „Almdorf“ mit zahlreichen Einkehr- und Unterkunftsmöglichkeiten und einer mitten hindurch führenden Straße. Die Autos der Tagesbesucher müssen immerhin gleich am vorderen Ende abgestellt werden. Das langgestreckte Almplateau zieht sich vom Parkplatz aus über drei Kilometer in Richtung Osten. Im Norden wird es von den steilen Hängen des Traweng begrenzt, dem südlichsten Gipfel des Toten Gebirges, nach Süden hin fällt ein flacher, bewaldeter Hang ins Grimmingtal ab.

Die Tauplitzalm ist ein beliebtes Wintersportgebiet. Mit der intensiven Bewerbung der „6-Seen-Wanderung“ versucht man, sie auch für Som-

Der Steirersee ist die größte Attraktion der Alm.

mergäste attraktiv zu machen: Zwischen den Hütten befindet sich eine Reihe flacher Seen, deren größter, der Großsee, über 400 Meter lang ist. Die interessanteste Attraktion befindet sich etwas außerhalb des Almplateaus an dessen östlichem Ende: der malerisch in ein kleines Tal eingebettete Steirersee, Standardziel der Tauplitzalm-Besucher. Die Wanderung dorthin (➤ Seite 303) ist eine sehr schöne, einfache Tour – und der einzige Grund, im Sommer hier hinaufzufahren, denn die Alm selbst muss man nicht gesehen haben.

Wanderungen

30 Seenwanderung auf der Tauplitzalm

Technik ●●●○○
Kondition ●●●○○

➤ *Seite 303*

Zwischen den Hütten befinden sich kleine, flache Seen.

Das Almplateau erstreckt sich weit in Richtung Osten.

Wie man hinkommt

Die Tauplitzalm ist von Bad Mitterndorf aus auf einer Mautstraße oder von Tauplitz aus mit einer Sessel-Seilbahn erreichbar.

Tauplitzalm-Alpenstraße: *Pro PKW bis 5 Personen 9,80 €. Busse ab Bad Mitterndorf (Anfang Juni bis Ende September, nicht an Sonn- und Feiertagen), Berg- und Talfahrt Erwachsene 10,00 €, Kinder 6,00 €. www.alpenstrasse.at*

4er-Sesselbahn *ab Tauplitz von Ende Juni bis Anfang September tägl. 8:30-12:00 und 13:00-16:30 Uhr (nur bei gutem Wetter). Berg- und Talfahrt Erwachsene 15,00 €, Kinder 9,00 €, Familien 24,00 €. www.dietauplitz.com, Tel. 0043 3688 2252*

GPS-Wegpunkt 73 (Parkplatz): 47,59329 13,98594

Salzburg

Salzburg ist die ehemalige Residenz der Fürsterzbischöfe, die hier ihre Vorstellung von einem „deutschen Rom“ verwirklichten. Die nahezu geschlossen historische Bebauung im Zentrum macht Salzburg zur wohl schönsten Barockstadt Österreichs, überthront von einer der größten Burgen Mitteleuropas. Die vielfältige Museumslandschaft und die Nähe zum Salzkammergut tragen weiterhin dazu bei, Salzburg zu einem äußerst attraktiven Ausflugsziel zu machen!

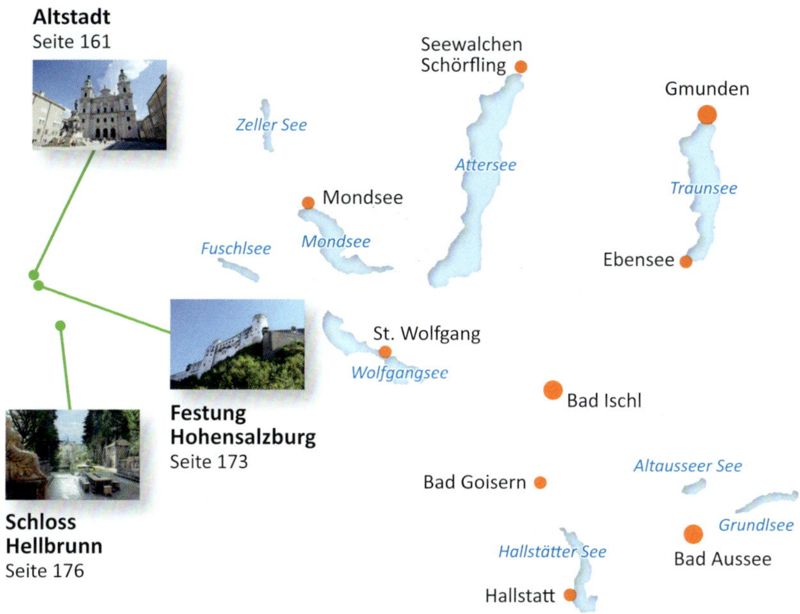

Salzburg

Salzburg ist heute mit einer Einwohnerzahl von knapp 150.000 eine nicht allzu große Stadt. Das historische Zentrum ist dennoch ausgesprochen beeindruckend und zeigt eine Prachtentfaltung, wie man sie in Mitteleuropa nur an wenigen Orten zu sehen bekommt. Der Grund dafür ist, dass die Stadt über viele Jahrhunderte eines der Machtzentren im deutschsprachigen Raum war: Hier residierten die mächtigen Fürsterzbischöfe, deren Amt den hohen geistlichen Status eines Erzbischofs mit der weltlichen Macht eines Fürsten verband. Zu ihrem Herrschaftsgebiet, das etwas größer war als das heutige Bundesland Salzburg und sich bis in die Hohen Tauern hineinzog, gehörte auch das Salzbergwerk im südlich der Stadt gelegenen Hallein. Die äußerst produktive Abbaustätte spülte jahrhundertelang immensen Reichtum in die fürstlichen Kassen. So ganz zufällig ist also die Namensähnlichkeit zwischen Salzburg und dem Salzkammergut nicht: Es war derselbe Stoff, der hier wie dort das Geld einbrachte. Davon abgesehen hatten die beiden aneinander angrenzenden Gebiete früher jedoch nichts miteinander zu tun: Während das Salzkammergut unmittelbares Eigentum des habsburgischen Kaiserhauses war und der dort geförderte Reichtum größtenteils ins ferne Wien floss, war Salzburg Hauptstadt eines völlig eigenständigen Landes.

Diese Geschichte hat eine prachtvolle Altstadt hinterlassen, die Salzburg zu einem der wichtigsten touristischen Ziele Österreichs macht

Vom Kapuzinerberg aus wirkt Salzburg wie ein Bühnenbild.

und seit 1996 UNESCO-Weltkulturerbe ist. Der zentrale Altstadtbereich breitet sich auf einem etwa 1,3 Kilometer langen halbmondförmigen Gebiet südlich der Salzach aus. Die steilen Felshänge von Festungsberg und Mönchsberg begrenzen das Zentrum nach Süden hin und bilden eine natürliche Barriere, die in früheren Zeiten einen willkommenen Schutz bot. Auf dem Festungsberg wacht die gewaltige Festung Hohensalzburg, eine der größten Burganlagen Europas (➤ Seite 173). Dieses außergewöhnliche Stadtpanorama kann sicherlich zu den schönsten in Mitteleuropa gezählt werden: Vom gegenüberliegenden Kapuzinerberg aus wirkt das alles wie ein riesiges Bühnenbild. Hinzu kommt der hohe Rang Salzburgs als kulturelles Zentrum. Hier wurde 1756 Wolfgang Amadeus Mozart geboren, hier begründete er seinen Ruhm (➤ Seite 166). Die 1920 gegründeten Salzburger Festspiele (➤ nächste Seite) verschaffen der Stadt einen kulturellen Rang, der in Österreich nur von Wien übertroffen wird.

Der Altstadtbereich wird kaum von modernen Bauten beeinträchtigt.

Schon in der Römerzeit gab es hier eine bedeutende Siedlung. Die eigentliche Stadtgeschichte beginnt jedoch erst im frühen Mittelalter und ist von Anfang an eng mit der katholischen Kirche verbunden: Um 696 wurde das Benediktinerkloster Sankt Peter gegründet, um 711 kam das Frauenkloster auf dem Nonnberg hinzu, und schon 798 wurde Salzburg Erzbistum. Der Salzabbau wurde während des Mittelalters erheblich verstärkt und sorgte in den folgenden Jahrhunderten für einen enormen wirtschaftlichen Aufschwung. 1322 wurde das Salzburger Land, das bis dahin zu Bayern gehörte, ein eigenständiges Fürsterzbistum – der Beginn einer langen Geschichte mächtiger Kirchenfürsten, die geistliche und weltliche Macht in einer Person vereinten.

Die geografischen Voraussetzungen trugen dazu bei, ihre Macht auch in finanzieller Hinsicht zu festigen: Salz- und Goldbergbau machten das Land im 16. und 17. Jahrhundert zu einem der reichsten Fürstentümer im römisch-deutschen Reich. Ein großer Teil der heute sichtbaren Prunkbauten, darunter der Dom, wurde in dieser Epoche errichtet. Die Fürsterzbischöfe schafften es, ihr Land aus den Verheerungen des Dreißigjährigen Krieges herauszuhalten und wehrten erfolgreich die Bedrohung durch die Reformation ab. Nach fünf Jahrhunderten als Bastion katholischer Kirchenmacht wurde das Salzburger Land 1816 schließlich ein Teil des habsburgischen Kaiserreiches, die Stadt hatte ihren Status als Fürstenresidenz und Machtzentrum verloren.

Thema: Salzburger Festspiele

Die Idee regelmäßiger Festspiele in Salzburg war unter Initiative von Max Reinhardt und Hugo von Hofmannsthal lange Zeit diskutiert und geplant worden. 1920 war es endlich soweit: Die ersten Salzburger Festspiele fanden mit einer Aufführung von Hugo von Hofmannsthals Drama „Jedermann“ auf dem Domplatz statt. In den folgenden Jahrzehnten gewann das Festival kontinuierlich an Bedeutung und wurde bald zu einem Inbegriff für hochklassige Bühnen- und Konzertkultur mit Starbesetzung.

Heute gelten die Salzburger Festspiele als eines der bedeutendsten Kulturereignisse Europas und ziehen jedes Jahr um die 250.000 Besucher an. Das Programm mit fast 300 Veranstaltungen in sechs Wochen umfasst Aufführungen aus Schauspiel und Oper sowie Konzerte. Hauptspielstätten sind natürlich die Festspielhäuser, aber auch das Landestheater, die Altstadtkirchen und andere Räume in der ganzen Stadt werden bespielt. Der Höhepunkt ist nach wie vor der traditionelle „Jedermann“ auf dem Domplatz, mit dem 1920 alles begann.

Der „Jedermann“ (hier die Inszenierung von 2014) ist seit 1920 fixer Bestandteil der Festspiele.

Jedes Jahr im Juli und August.
www.salzburgerfestspiele.at,
Tel. 0043 662 8045 500

Altstadt

Der zentrale Altstadtbereich befindet sich südlich der Salzach und wird von Mönchsberg und Festungsberg begrenzt. Das historische Stadtbild wird von den wenigen modernen Bauten kaum gestört, die rigorose Verkehrsberuhigung der letzten Jahre hat dieses Viertel außerdem nahezu autofrei gemacht. Was wir heute sehen, ist im Wesentlichen das Erbe einer eng begrenzten Epoche: Um 1600 herum begann Fürsterzbischof Wolf Dietrich von Raitenau die Umgestaltung der Stadt im barocken Stil. Der Herrscher hatte seine Studienjahre in Rom verbracht und wollte den opulenten Baustil, der dort gerade entstanden war, auch in seiner Residenzstadt umgesetzt sehen. Die großflächige Umgestaltung innerhalb weniger Jahrzehnte – vor allem durch italienische Architekten – brachte Salzburg den Beinamen „deutsches Rom" ein und trug wesentlich zur Verbreitung des barocken Baustils nördlich der Alpen bei.

Pflicht oder nicht?

- •••• *top, unbedingt machen!*
- ••• *sollte man erlebt haben*
- •• *nette Abwechslung*
- • *man versäumt nicht viel*

Salzburg ist eine der schönsten Städte Österreichs und in jedem Fall einen Ausflug wert!

Zentrales Bauwerk ist der kuppelgekrönte barocke **Dom** 1. Als der große romanische Vorgängerbau aus dem 12. Jahrhundert im Jahr 1598 einem Feuer zum Opfer fiel, nutzte Wolf Dietrich die Gelegenheit für eine große Lösung: Er ließ die schwer beschädigte Domruine ebenso

Der Dom ist das repräsentativste Gebäude der Stadt.

Salzburg Zentrum
1: Dom
2: Domplatz
3: Residenzplatz
4: Neue Residenz
5: Franziskanerkirche
6: Stift St. Peter
7: Stiftskirche
8: Friedhof St. Peter und Katakomben
9: Judengasse
10: Getreidegasse
11: Pferdeschwemme
12: Festspielhäuser
13: Kollegienkirche
14: Schloss Mirabell
15: Mirabellgarten
16: Linzer Gasse
17: Kapuzinerberg (Aussichtspunkt)
18: Steingasse
19: Hohensalzburg
20: Kloster Nonnberg
21: Schloss Hellbrunn
Museen (Seiten 180-183)
M1: DomQuartier
M2: Salzburg Museum
M3: Mozarts Geburtshaus
M4: MdM Rupertinum
M5: Spielzeug Museum
M6: MdM Mönchsberg
M7: Haus der Natur
M8: Mozart-Wohnhaus
M9: Festungsmuseum
M10: Volkskundemuseum
Hauptbahnhof 400 m
B158 Bad Ischl Autobahn
Sterneckstraße
Parkgarage Auersperg
Parkgarage Linzer Gasse
Linie 150 nach Bad Ischl
Linien 1, 3, 5, 6, 25
Linie 1
Linien 3, 5, 6, 25
Markus-Sittikus-Straße
Rainerstraße
Auerspergstraße
Faberstraße
Franz-Josef-Straße
Rupertgasse
Vierthalerstraße
Paris-Lodron-Straße
Mirabellplatz
Glockengasse
Elisabethkai
Schwarzstraße
Priesterhausgasse
Bergstraße
Linzer Gasse
Kapuzinerberg
Makartsteg
Franz-Josef-Kai
Platzl
Staatsbrücke
Steingasse
Imbergstraße
Salzach
Griesgasse
Sterngässchen
Getreidegasse
Universitätsplatz
Mönchsberg
Siegmundstor
Hofstallgasse
Sigmund-Haffner-Gasse
Brodgasse
Goldgasse
Judengasse
Mozartsteg
Mozartplatz
Rudolfskai
Giselakai
Pfeifergasse
Kaigasse
Kapitelplatz
Kapitelgasse
Clemes-Holzmeister-Stiege
Kajetanerplatz
Schanzlgasse
Herrengasse
Festungsgasse
Nonnberggasse
Festungsberg
Nonntaler Hauptstraße
Petersbrunnstraße
200 m
1:10.000
21/M10 3,9 km

Das Innere des Doms wurde mit barocker Opulenz ausgestattet.

abreißen wie etliche Bürgerhäuser in der Umgebung, um Platz für eine repräsentative Architektur mit umgebenden Freiflächen zu schaffen. Die Grundsteinlegung 1614 erlebte er allerdings als Gefangener in der Festung Hohensalzburg, entmachtet und gestürzt durch seinen Nachfolger Markus Sittikus von Hohenems. Dieser hatte die Idee aufgenommen und den Dombau nach neuen Plänen begonnen, 1628 konnte das Gebäude geweiht werden. Das Innere ist dem Zeitgeschmack entsprechend üppig ausgestattet: Der Blick fällt zunächst auf den marmornen Hochaltar von 1628 mit einem Gemälde, das die Auferstehung Christi zeigt. Decke und Wände des Langhauses sind mit weiteren Gemälden geschmückt, erst weit vorne wird die 71 Meter hohe Tambourkuppel sichtbar. Mit einem Ticket des Dommuseums sind auch die Orgelempore und die angrenzenden Kapitelsäle zugänglich.

Während die Seitenfassaden überraschend schmucklos wirken, wendet der Dom dem weitläufigen **Domplatz** 2 seine prunkvolle Westfassade aus hellem Kalkstein mit den beiden 81 Meter hohen Türmen zu. Auf der Nordseite grenzt der Hauptsitz der Fürsterzbischöfe an den Platz an, die im Kern mittelalterliche und um 1600 deutlich erweiterte **Alte Residenz**, gegenüber das Kloster St. Peter. Heute sind in diesen Gebäudetrakten Residenzgalerie und Dommuseum M1 untergebracht (➤ Seite 180). Während der Komplex der Alten Residenz nach außen hin verhältnismäßig schlicht wirkt, sind die Repräsentationsräume angemessen pompös mit zahllosen Gemälden, Keramiköfen, Lustern und anderen Luxusgegenständen ausgestattet. Das Museumsticket verschafft auch zu diesen Prunkräumen Zugang.

Auf der Nordseite des Domes, zur Salzach hin, breitet sich der weit und offen wirkende **Residenzplatz** 3 aus. Er wird vom 1661 fertiggestellten Residenzbrunnen bestimmt, der mit seiner dynamischen

Der Residenzbrunnen beeindruckt durch seine dynamische Figurengestaltung.

Figurengestaltung als einer der schönsten Barockbrunnen Mitteleuropas gilt. Gegenüber der Alten Residenz, die dem Platz ihre Hauptfassade zuwendet, wurde ab 1588 als Erweiterung die **Neue Residenz** 4 erbaut. Heute ist in dem Gebäude mit dem auffälligen Glockenturm das Salzburg Museum M2 (➤ Seite 180) untergebracht.

Verlässt man den Domplatz durch die Dombögen nach Westen, liegt rechter Hand die **Franziskanerkirche** 5. Sie wurde in der ersten Hälfte des 15. Jahrhunderts in spätgotischem Stil erbaut, das von fünf schlanken Säulen getragene Sternrippengewölbe wirkt schlicht und dynamisch zugleich. So ganz ist der Barock aber auch an der Franziskanerkirche nicht vorbeigezogen: Dem romanischen Langhaus wurde um 1700 eine barocke Westfassade vorgeblendet. Der Hochaltar wurde kurz danach vom großen Barockarchitekten Johann Bernhard Fischer von Erlach gestaltet, auch die Kapellen im Chorbereich sind barock.

Schlanke Säulen tragen das Gewölbe der Franziskerkirche.

Die Stiftskirche erhielt im 18. Jahrhundert ihre heutige Ausstattung.

Im Südwesten, zum Festungsberg hin, schließt sich an den Komplex aus Dom und Residenz die weitläufige Anlage des **Benediktinerstiftes Sankt Peter** 6 an. 696 gegründet, ist es das älteste Kloster im deutschen Sprachraum und das bedeutendste der Salzburger Klöster. Hinter einem Torbogen öffnet sich der großzügige Innenhof, in dem sich die Fassade der **Stiftskirche** 7 versteckt. Das im 12. Jahrhundert errichtete Bauwerk wurde Anfang des 17. Jahrhunderts mit einem neuen Chorbereich und einer Kuppel barock umgestaltet. Von 1760 bis 1782 erhielt der Innenraum mit Altären, Stukkaturen und Deckengemälden im Rokoko-Stil sein heutiges Aussehen.

Geht man durch ein unauffälliges Portal rechts an der Kirche vorbei, erreicht man den kleinen **Friedhof St. Peter** 8. Wahrscheinlich um 700 herum, möglicherweise sogar schon in der Antike eingerichtet, ist er Salzburgs älteste christliche Begräbnisstätte. Das von Mauern umschlossene und im Süden von der senkrechten Felswand des Festungsberges beschützte Areal bildet mit seiner Intimität einen ausgesprochen hübschen Kontrapunkt zur barocken Pracht der umgebenden

Im Stift St. Peter befindet sich der schönste Friedhof der Stadt.

Gebäude. Das Bild des Friedhofs bestimmen die Margarethenkapelle aus dem späten 15. Jahrhundert, die um 1627 erbauten Arkaden und zahlreiche kunstvolle Grabmäler und Grüfte von Salzburger Patrizierfamilien. In den Arkaden befindet sich auch der Eingang zu den **Katakomben**: Die in den Fels gehauenen Kammern, die durch Mauern nach außen abgeschlossen wurden, gehen vermutlich auf das frühe Mittelalter oder die Spätantike zurück. Sie waren frühchristliche Versammlungsstätten, später lebten hier Einsiedler. Ende des 12. Jahrhunderts wurden in den beiden größten Kammern Kapellen geweiht.

Thema: Wolfgang Amadeus Mozart

Am 27. Januar 1756 wurde in der Getreidegasse 9 Salzburgs berühmtester Sohn geboren: Wolfgang Amadeus Mozart. Sein Vater Leopold, Musiker am fürsterzbischöflichen Hof und selbst ein erfolgreicher Komponist, erkannte die außergewöhnliche Begabung des Knaben und förderte sie intensiv. Mit Erfolg: Wolfgang Amadeus war knapp sechs Jahre alt, als er mit ersten Kompositionen begann. Auch seine fünf Jahre ältere Schwester Maria Anna (➤ Seite 50) war bereits als Kind eine hervorragende Musikerin, sodass die Eltern 1762 eine erste Konzertreise mit ihren „Wunderkindern" unternahmen. In den kommenden Jahren folgten zahllose weitere Auftritte in verschiedenen europäischen Ländern, die Mozarts außerordentlichen Ruhm begründeten.

Sein musikalisches Genie machte Mozart schon früh zur Legende.

Auch seine Anstellung als Konzertmeister am Salzburger Hof von 1772 bis 1777 brachte seine Reisetätigkeit nicht ganz zum Stillstand. Sein Verhältnis zum Fürsterzbischof blieb jedoch angespannt, 1781 kam es zum endgültigen Bruch. Mozart ging nach Wien und lebte dort gut von Auftragskompositionen; seine größten und bekanntesten Werke entstanden in dieser Zeit. In seine Heimatstadt kehrte er nicht mehr zurück: Am 5. Dezember 1791, nur 35 Jahre alt, starb Mozart in Wien nach kurzer, schwerer Krankheit.

Bei einer Besichtigung betritt man zuerst die Gertraudenkapelle. Nach einem kleinen Aussichtsbalkon und einer steilen, in den Fels gehauenen Treppe erreicht man die Maximuskapelle. Beide Räume sind ziemlich klein und dunkel und bilden mit ihrer düster-archaisch wirkenden Atmosphäre einen interessanten Kontrast zum Prunk der übrigen Stadt.

Die Katakomben wurden in den Fels des Festungsbergs gehauen.

Verlässt man den Friedhof durch den der Kirche abgewandten Eingang, steht man direkt vor der Talstation der Festungsbahn (➤ Seite 174). Nach links geht es zum Dom, dem auf dieser Seite der **Kapitelplatz** vorgelagert ist. Auf der anderen Seite des Doms, jenseits des Residenzplatzes, führen enge Gassen in den bürgerlichen Teil der Altstadt. Hier fällt auf, dass die Hausfassaden durchweg sehr schlicht gehalten sind: Prunk war in Salzburg dem Fürsterzbischof vorbehalten. Die **Judengasse** 9, die sich in weitem Bogen vom Waagplatz zum Alten Markt zieht, war Zentrum des jüdischen Viertels – allerdings nur bis 1498. In diesem Jahr wurde die jüdische Bevölkerung nach wiederholten Pogromen und Massakern endgültig aus Salzburg vertrieben.

Enge Gassen bestimmen den bürgerlichen Teil der Altstadt.

Jenseits des bescheidenen Rathausplatzes, der sich mit einem Tor zur Staatsbrücke hin öffnet und damit quasi der Haupteingang der Altstadt ist, beginnt Salzburgs berühmteste Straße: die **Getreidegasse** 10. Die schmale, knapp 350 Meter lange Gasse wird von schönen historischen Bürgerhäusern gesäumt. Die meisten sind sehr viel größer, als es den Anschein hat: Da der Platz begrenzt war, konnte bei Bedarf nur nach hinten erweitert werden. So entstanden teilweise komplexe Anlagen mit Innenhöfen und Durchgängen zu den Parallelstraßen, die

Die Getreidegasse ist heute eine viel besuchte Einkaufsstraße.

„Durchhäuser". Eine Besonderheit der Getreidegasse sind die schmiedeeisernen Firmenschilder, die teilweise mehrere Jahrhunderte alt sind. Der Hauptanziehungspunkt ist das Haus mit der Nummer neun: Hier wurde 1756 Salzburgs berühmtester Sohn geboren, Wolfgang Amadeus Mozart (➤ Seite 166). Heute befindet sich hier eines der beiden Mozart-Museen M3 (➤ Seite 181).

Die Getreidegasse erreicht an der Bürgerspitalgasse das westliche Ende des Altstadtbereichs. Ein kleines Stück nach links, und der Herbert-von Karajan-Platz mit der **Pferdeschwemme** 11 ist erreicht: Die großzügige Brunnenanlage, deren Mittelpunkt die dynamische Figurengruppe des „Rossebändigers" ist, entstand 1693 und diente ursprünglich dazu, die Pferde des fürstlichen Marstalls zu tränken und zu waschen.

Barocker Prunk selbst für die Tiere: die Pferdeschwemme.

Direkt daneben verschwindet die Straße durch das **Siegmundstor** im Mönchsberg. Der 135 Meter lange Tunnel wurde von 1764 bis 1766 erbaut und ist damit einer der ältesten Straßentunnel Europas. Geradeaus liegt der große Komplex der **Festspielhäuser** 12, die Hauptspielstätten der Salzburger Festspiele (➤ Seite 160): Das 1960 eröffnete Große Festspielhaus mit 2100 Plätzen wurde in das Gebäude des ehemaligen fürstlichen Marstalls hineingebaut. Daneben befindet sich das 1925 eröffnete „Haus für Mozart" (früher Kleines Festspielhaus) mit der dritten Spielstätte, der historischen Felsenreitschule. Die Häuser können bei täglichen Führungen besichtigt werden.

Ein Stück in Richtung Salzach liegt die eindrucksvolle **Kollegienkirche** 13. Salzburgs zweitgrößte Kirche wurde von 1696 bis 1707 als Kirche der Benediktiner-Universität erbaut und wird daher gelegentlich auch Universitätskirche genannt. Der Architekt war kein Geringerer als Johann Bernhard Fischer von Erlach, einer der bedeutendsten Barock-Architekten Österreichs. Die Kollegienkirche gilt als eines seiner wichtigsten Werke und verdient sich diesen Rang vor allem durch ihre lebhafte, geschwungene Fassade. Das Innere ist – ungewöhnlich für eine barocke Kirche – fast einheitlich weiß, die prachtvollen architektonischen Formen wirken ganz ohne die Konkurrenz von Fresken und anderen Gemälden. Auf dem Universitätsplatz vor der Kirche findet täglich außer Sonntag der charmante **Grünmarkt** seinen Platz.

Die Kollegienkirche gilt als Fischer von Erlachs Meisterwerk.

Nördlich der Salzach erstreckt sich noch ein zweites, etwas kleineres Altstadtareal. Hauptanziehungspunkt ist hier **Schloss Mirabell** 14 mit seinem großartigen Park. Erzbischof Wolf Dietrich von Raitenau ließ es 1606 als Wohnsitz für seine inoffizielle Lebensgefährtin Salome Alt und die 15 gemeinsamen Kinder erbauen. Von 1721 bis 1727 erfolgte die Erweiterung zu einer großzügigen Schlossanlage durch Johann Lucas von Hildebrandt. Der Wiederaufbau im klassizistischen Stil nach einem Brand im Jahr 1818 nahm ihm allerdings viel von seiner barocken Erscheinung. Das Schloss selbst ist keine große Sehenswürdigkeit, als Sitz von Bürgermeister und Stadtverwaltung ist es nicht von innen zu besichtigen. Der Grund, der Mirabell dennoch zu einer der großen Attraktionen Salzburgs macht, ist der ausgedehnte Park mit seinen bunten geometrischen Beeten und den prächtigen, verspielten Springbrunnen mit opulentem Figurenschmuck. Der Hauptteil, das **„Große Parterre“** 15, ist auf Dom und Festung ausgerichtet, die so zu einer großartigen Kulisse werden. Die Gartenanlagen wurden Anfang des 18. Jahrhunderts nach Plänen von Johann Bernhard Fischer von Erlach angelegt, dem wir schon mehrmals begegnet sind – der Architekt der Kollegienkirche und vieler weiterer bedeutender Salzburger Bauwerke bewies sich hier auch als Gartengestalter und schuf einen der schönsten Barockgärten Österreichs.

Der nördliche Altstadtbereich ist durchaus recht hübsch, reicht aber nicht an den Charme und die Atmosphäre der Gassen und Plätze südlich der Salzach heran – abgesehen vom Mirabellgarten gibt es hier

Der Mirabellgarten gilt als einer der schönsten Barockgärten Österreichs.

nichts, was man unbedingt gesehen haben muss. Am Makartplatz, zwischen Mirabellgarten und Staatsbrücke, befindet sich das rekonstruierte **Tanzmeisterhaus** M8, das die Mozart-Familie ab 1773 bewohnte. Heute ist es eines der beiden Mozart-Museen (➤ Seite 181).

Die sich am Nordhang des Kapuzinerberges entlangziehende **Linzer Gasse** 16 ist die wichtigste innerstädtische Einkaufsstraße. Obwohl die historischen Bürgerhäuser teilweise mehrere hundert Jahre alt sind, kann sie es nicht mit der Getreidegasse aufnehmen; dafür ist die Linzer Gasse aber auch weitaus weniger überlaufen und nicht so touristisch orientiert. In ihrem unteren Bereich zweigt eine kleine Gasse ab, die steil auf den **Kapuzinerberg** 17 hinaufführt. Von der Terrasse unterhalb des schlichten Kapuzinerklosters hat man die allerfeinste Aussicht auf die Altstadt, die sich jenseits der Salzach ausbreitet, umrahmt von Mönchsberg und Festungsberg und überragt von der gewaltigen Festung (➤ Foto Seite 158). Über die Imbergstiege geht es zur hübschen **Steingasse** 18 hinunter, die auf dem schmalen Streifen zwischen Kapuzinerberg und Salzach verläuft. Bis zur Flussregulierung im 19. Jahrhundert war dies der einzige Durchgang an der Südseite des Kapuzinerberges, heute ist es eine stille, charmante Altstadtgasse.

Zahlreiche Brunnen und geometrische Beete zieren den Park.

Wie man hinkommt

Mit dem Auto: *Vom Salzkammergut aus erreichen Sie Salzburg über die Autobahn A1 (Ausfahrt Salzburg Nord) oder über die Bundesstraße 158. Sie kommen dann im nördlichen Altstadtbereich an und benutzen am besten die dortigen Parkgaragen (Linzer Gasse oder Auersperg, um 2,50 € pro Stunde, um 18,00 € pro Tag). Park & Ride an der Autobahnausfahrt Messe (Buslinien 1 und 8 ins Zentrum, Paketpreis für Parkgebühr und Tages-Netzkarte für bis zu 5 Personen 14,00 €).*

Achtung: *Salzburg ist ein typisches Schlechtwetterziel für Urlauber aus der weiten Umgebung. An verregneten Sommertagen kommt es daher regelmäßig zu Verkehrsproblemen und überlasteten Parkmöglichkeiten! Es wird dringend empfohlen, dann gleich mit Bahn oder Bus zu kommen. Im Juli und August kann die „Schlechtwetterverordnung" in Kraft gesetzt werden. Touristen dürfen dann nicht in die Innenstadt fahren und werden schon von der Autobahn aus auf die Park & Ride-Plätze umgeleitet.*

Mit öffentlichen Verkehrsmitteln: *Die Züge der Salzkammergutbahn haben in Attnang-Puchheim Anschluss an die Fernzüge nach Salzburg. Vom Hauptbahnhof (Ausgang Südtiroler Platz) fahren die Buslinien 1, 3, 5, 6 und 25 ins Zentrum. Zu Fuß braucht man 20-25 min zum Dom (etwa 2 km): Ausgang Südtiroler Platz, dann links und immer der großen Rainerstraße folgen. Vom mittleren und südlichen Salzkammergut aus ist es sinnvoller, ab Bad Ischl die Buslinie 150 zu nehmen (Anschluss an die Züge). Der Bus hält vor Schloss Mirabell und danach am Hauptbahnhof.*

Fahrpläne der Stadtbusse: *www.svv-info.at, 0043 662 632 900*

Touristen-Information: *am Hauptbahnhof und am Mozartplatz. www.salzburg.info, Tel. 0043 662 8898 7330*

Stadtführungen: *tägl. 12:15 Uhr, Dauer 1-1,5 h. Treffpunkt Touristen-Information am Mozartplatz . 9,00 €, keine Anmeldung nötig.*

Dom: *Mo-Fr ab 9:00 Uhr, Sonn- und Feiertage erst ab 13:00 Uhr. Mai-September bis 19:00 Uhr, März, April, Oktober und Dezember bis 18:00 Uhr, November, Januar, Februar bis 17:00 Uhr. Eintritt frei, es wird um eine Spende gebeten.*

Katakomben: *Mai-Sept. tägl. 10:00-18:00 Uhr, Okt.-April nur bis 17:00 Uhr. Erwachsene 2,00 €, Kinder 1,50. www.stift-stpeter.at*

Details zu den ***Museen*** *auf S. 180-183.*

GPS-Wegpunkte auf Seite 179.

Festung Hohensalzburg

Sie überragt Salzburg mit einer so massiven Klotzigkeit, dass sie nahezu allgegenwärtig erscheint: die Festung Hohensalzburg **19**. Der rund 250 Meter lange Gebäudekomplex, der den Gipfel des Festungsbergs einnimmt, ist die größte vollständig erhaltene Burganlage Mitteleuropas – ein eindrucksvoller Ausdruck von Reichtum, Selbstbewusstsein und Machtanspruch der Fürsterzbischöfe. Tatsächlich sollte die Festung nicht nur die Stadt schützen, sondern auch die Macht ihrer Herrscher. Die sich auch stets auf diese Mauern verlassen konnten: Hohensalzburg wurde nur einmal belagert und niemals erobert.

Pflicht oder nicht?

- ●●●● *top, unbedingt machen!*
- ●●● *sollte man erlebt haben*
- ●● *nette Abwechslung*
- ● *man versäumt nicht viel*

Die Gelegenheit, eine der größten Festungen Mitteleuropas zu erleben, sollte man nicht versäumen!

Mit dem Bau der Festung wurde im späten 11. Jahrhundert begonnen. Lange Zeit war sie allerdings ein eher bescheidenes Bauwerk, erst um 1500 wurde sie innerhalb weniger Jahrzehnte auf die heutige Größe erweitert und zum fürstlichen Wohnschloss mit repräsentativen Prunkräumen ausgebaut. In den folgenden Jahrhunderten kamen nur noch kleinere Ergänzungen und weitere Befestigungen hinzu, um mit der Entwicklung der Waffentechnik Schritt zu halten. Als Wohnsitz der Machthaber wurde Hohensalzburg jedoch kaum genutzt, sie zogen sich nur in seltenen Krisenzeiten hierher zurück. Nach dem Ende des Fürsterzbistums wurde die Festung noch

Die riesige Festung ist fast schon eine Stadt für sich.

eine Weile militärisch genutzt. Seit 1860 ist sie öffentlich zugänglich, seit 1892 erleichtert die **Festungsbahn**, eine knapp 200 Meter lange Standseilbahn, den Zugang. Gar keine schlechte Idee ist es aber, zu Fuß aufzusteigen: Dabei begreift man die gewaltige Dimension der Festung viel besser und bekommt auch die massiven Verteidigungs-anlagen im Eingangsbereich mit einer Reihe aufeinander folgender Torbauten zu sehen.

Die Innenräume der wichtigsten Gebäude sind bei einem geführten Rundgang mit Audioguide zugänglich, der rund 90 Minuten dauert. Auch wenn diese Führung eine ziemlich unpersönliche Massenabfertigung ist, sollte man sie nicht auslassen: Der Rundgang ist wirklich spannend, und außerdem kommt man nur so auf den Aussichtsturm mit fantastischem Blick auf die Stadt – und dafür bezahlen muss man ohnehin, weil die Führung im Eintrittspreis für die Festung enthalten ist. Das Ticket erlaubt weiterhin den Eintritt zu den prachtvollen gotischen Prunkräumen, zum Festungsmuseum M9, zum Rainer-Regiments-Museum und zum kleinen Marionettenmuseum (➤ Seite 182). Hinzu kommen noch der Haupthof, die gotische Georgskapelle und die Aussicht von der Kuenburgbastei – wenn man alles ohne Eile ansehen will, ist ein halber Tag schnell vergangen.

Die Fürstenzimmer haben noch ihre originale spätgotische Dekoration.

Am Ostende des Festungsbergs, ein Stück weiter unten am Hang, befindet sich der große Gebäudekomplex des **Klosters Nonnberg** 20. Um 712 an dieser Stelle gegründet, ist es weitaus älter als die Festung und sogar das am längsten ununterbrochen bestehende Nonnenkloster nördlich der Alpen. Besichtigen kann man nur die gotische Kirche aus dem späten 15. Jahrhundert, allerdings lohnt schon die Aussicht den Weg hierher.

Der nordwestlich an den Festungsberg angrenzende und deutlich größere **Mönchsberg** ist weitgehend unbebaut und mit seinen Parkwegen und der schönen Aussicht ein beliebtes Ziel für einen Spaziergang. Am Nordhang thront das Gebäude des **Museums der Moderne** M6 über der Altstadt (➤ Seite 181), außerdem befinden sich auf dem Mönchsberg einige kleinere Schlossanlagen. Mit dem Mönchsbergaufzug geht es schnell und bequem hinauf, der Fußweg über die Clemens-Holzmeister-Stiege beginnt am östlichen Ende des Festspielhaus-Komplexes.

Von der Festung hat man einen großartigen Blick auf die Altstadt.

Wie man hinkommt

Die Festung ist von der Altstadt aus mit einer Standseilbahn, der Festungsbahn, erreichbar. Die Talstation befindet sich beim Kapitelplatz hinter dem Dom. Alternativ kann man in 10-15 Minuten zu Fuß hinaufgehen. Das gesamte Gelände ist nur mit Eintritt zugänglich.

Mai-September tägl. 9:00-19:00 Uhr, übrige Monate 9:30-17:00 Uhr, Adventwochenenden und Ostern 9:30-18:00 Uhr, letzter Einlass 30 min vor Schließung. „Festungscard" mit Bahnfahrt (Berg und Tal), Audioguide-Führung (rund 90 min) und allen Museen Erwachsene 11,30 €, Kinder von 6-14 6,00 €, Familien 26,20 €. Bei Aufstieg zu Fuß durch den Sperrbogen (durch die Festungsgasse oder gleich hinter der Talstation rechts über die Treppe) 8,00/4,50/18,20 €. Führung, Museen und die Talfahrt mit der Bahn sind auch hier enthalten.

www.festung-salzburg.at, Tel. 0043 662 8424 3011

*Details zu den **Museen** auf S. 181 und 183.*

GPS-Wegpunkte auf Seite 179.

Hellbrunn

Das etwa 4,5 Kilometer südlich der Altstadt gelegene Schloss Hellbrunn wurde als privates Lustschloss des Fürsterzbischofs Markus Sittikus von Hohenems gebaut. Gleich im Jahr nach seiner Wahl, 1613, ließ er den Bau beginnen, schon zwei Jahre später war das Schlösschen fertig. Der hellgelbe Bau wirkt verspielt und vergleichsweise bescheiden – hier, weit vor den Toren der Stadt, ging es nicht primär um Repräsentation, sondern um Entspannung und Vergnügen, so wie in den italienischen Landvillen der Renaissance, die das Vorbild waren. Mittelpunkt des **Schlosses** 21 ist der prunkvolle Festsaal, dessen Wände und Decke über und über mit verspielten Malereien von Fabelwesen, allegorischen Darstellungen und illusionistischer Architekturmalerei bedeckt sind. Weitere aufwendig ausgestattete Räume schließen sich an, aber auch im Inneren behält das Schloss seinen intimen, familiären Charakter.

Pflicht oder nicht?

- ●●●● *top, unbedingt machen!*
- ●●● *sollte man erlebt haben*
- ●● *nette Abwechslung*
- ● *man versäumt nicht viel*

Die raffinierten Wasserspiele faszinieren noch heute! Daher sollte man unbedingt die Führung mitmachen, der Park alleine lohnt sich nicht besonders.

Allerdings ist es nicht das Schloss selbst, das Hellbrunn zu einer der meistbesuchten Attraktionen Salzburgs macht, sondern die **Wasserspiele** im Außenbereich: Dem Stil seiner Zeit entsprechend, ließ Mar-

Der feuchtfröhliche „Fürstentisch“ ist zentraler Teil der Wasserspiele.

kus Sittikus eine ganze Reihe technisch wie künstlerisch ausgesprochen raffinierter Wasserspielanlagen bauen, mit denen er seine adligen Besucher zu beeindrucken pflegte. Inspiriert wurde auch dies durch die Gärten der italienischen Renaissancevillen. Seine Baumeister schufen eine beeindruckende Installation, die nahezu unverändert erhalten blieb und heute zu den großartigsten Wasserspielanlagen Mitteleuropas zählt. Anders als bei den barocken Wasserkünsten späterer Epochen ist jedoch alles kleinformatig und verspielt, Monumentalität war hier nicht das Ziel.

Die Führung beginnt mit dem „Theatrum", einer bühnenartigen Anlage am Ende einer Kette figurengeschmückter Zierteiche. Der „Fürstentisch" dürfte Höhepunkt des fürstlichen Spaßprogramms gewesen sein: Die Wasserspiele sind hier so angelegt, dass alle außer dem Gastgeber ihren Teil abbekommen. Danach folgt eine ganze Serie von kleinen Teichen und Grotten, alle mit opulentem Figurenschmuck, fantastischen Dekorationen und raffiniertesten Wasserspielen ausgestattet. Auch hier sind viele „Wasserscherze" dabei, die die Besucher plötzlich und aus unerwarteter Richtung nassspritzen. Zuletzt folgen mehrere vom Wasser angetriebene Anlagen mit beweglichen Figuren. Das großartige und auch heute noch faszinierende „mechanische Theater", das mit nicht weniger als 245 Holzfiguren das Leben einer Kleinstadt darstellt, kam allerdings erst Mitte des 18. Jahrhunderts hinzu. Trotz aller technischer Finessen, die wir heute gewöhnt sind, haben die Wasserspiele von Hellbrunn nichts von ihrer Faszination verloren: Die Überraschungseffekte wirken noch immer, auf kaum einer Schlossführung wird so viel gelacht!

Das Schloss ist von einer großzügigen **Parkanlage** umgeben, von der der Wasserspielbereich nur einen kleinen Teil einnimmt. Ein weiterer Teil des Parks ist als geometrischer Barock-

Die intimen Grotten sind fantasievoll ausgestattet.

garten mit Zierteich und Beeten angelegt, ein anderer wurde um 1800 als naturnaher Landschaftsgarten in englischem Stil umgestaltet. Auf einer Anhöhe im Park wurde 1615 das kleine **Monatsschlössl** als Gästequartier gebaut. Heute beherbergt es das Volkskunde Museum **M10** (➤ Seite 183).

In direkter Nachbarschaft des Schlossparks befindet sich Salzburgs Zoo, der **Tiergarten Hellbrunn**. Er geht auf einen als Teil des Schlossparks angelegten Tiergarten zurück. Das Gelände zieht sich in einem schmalen Streifen den Felshang des Hellbrunner Berges entlang, viele der Gehege sind in den Fels hineingebaut. Auf 40 Hektar Fläche werden insgesamt 140 Arten gezeigt, darunter viele europäische Tiere wie Braunbären, Wölfe und Steinböcke, aber auch Tiger, Löwen und Nashörner.

Auch der Festsaal hat eine ausgesprochen verspielte Anmutung.

Wie man hinkommt

Mit dem Auto vom Zentrum über die Nonntaler Hauptstraße, von der Autobahn über die Ausfahrt Salzburg Süd (A10 Richtung Villach). Buslinie 25 alle 20 min ab Hauptbahnhof über Mirabellplatz und Rathaus Richtung Grödig/Rif (es gilt der Kernzonentarif).

Die ***Wasserspiele*** *sind nur mit einer Führung zu sehen (ca. 40 Minuten), das Schloss kann ohne Führung mit einem Audioguide besucht werden. Schlossbesichtigung und Führung zu den Wasserspielen tägl. von Ende März bis 1.11. ab 9:00 Uhr. Letzte Führung: März, April, Oktober, November 16:30 Uhr, Mai-September 17:30 Uhr, im Juli* *und August Abendführungen 19:00-21:00 Uhr (nur Wasserspiele). Wasserspiele und Schloss Erwachsene 10,50 €, Kinder von 4-18 5,00 €, Studenten bis 16 7,00 €, Familie mit einem Kind 25,00 €, jedes weitere Kind 2,00 €. Der Schlosspark ist frei zugänglich. www.hellbrunn.at, Tel. 0043 662 8203 720*

***Tiergarten:** im Vorort Anif (Anifer Landesstraße). Vom Schloss zum hinteren Eingang 300 m durch den Park, der Haupteingang ist direkt an der B150 (Anifer Landesstraße). Buslinie 25 ab Zentrum (wie zum Schloss Hellbrunn, zum Kernzonentarif).*

Tägl. ab 9:00 Uhr, Juni-August bis 18:30 Uhr, April, Mai, September, Oktober bis 18:00 Uhr, März bis 17:30 Uhr, Winter bis 16:30 Uhr, Einlass jeweils bis 1 Stunde vor Schließung. Erwachsene 10,50 €, Kinder von 4-14 4,50 €, Jugendliche von 15-19 7,00 €, Kombikarte Schloss und Zoo Erwachsene 19,50 €, Kinder von 4-18 9,00 €. www.salzburg-zoo.at, Tel. 0043 662 8201 760

GPS-Wegpunkte im Kasten unten.

Wie man hinkommt

Domplatz	SZB01	47,79790	13,04587
Residenzplatz	SZB02	47,79850	13,04666
Franziskanerkirche	SZB03	47,79821	13,04375
Stift St. Peter	SZB04	47,79733	13,04420
Friedhof und Katakomben	SZB05	47,79669	13,04536
Judengasse	SZB06	47,79969	13,04643
Getreidegasse	SZB07	47,80003	13,04230
Pferdeschwemme	SZB08	47,79936	13,04044
Festspielhäuser	SZB09	47,79887	13,04135
Kollegienkirche	SZB10	47,79941	13,04334
Mirabellgarten	SZB11	47,80414	13,04255
Linzer Gasse	SZB12	47,80272	13,04610
Kapuzinerberg (Aussichtspunkt)	SZB13	47,80179	13,04595
Steingasse	SZB14	47,80112	13,04762
Festung Hohensalzburg	SZB15	47,79505	13,04784
Hauptbahnhof	SZB16	47,81306	13,04507
Parkgarage Linzer Gasse	SZB17	47,80471	13,05134
Parkgarage Auersperg	SZB18	47,80696	13,04046
Schloss Hellbrunn	SZB19	47,76214	13,06026
Zoo (Haupteingang)	SZB20	47,75697	13,06415
Park & Ride Messe	SZB21	47,82517	13,02611

GPS-Wegpunkte

Tipp: Museen in Salzburg

DomQuartier M1 (Dommuseum, Residenzgalerie, Prunkräume und Museum St. Peter): Das dem Dom unmittelbar angegliederte **Dommuseum** zeigt eine große Sammlung hochrangiger religiöser Kunstwerke aus 13 Jahrhunderten. Darüber hinaus verschafft das Ticket Zugang zur Orgelempore des Doms, zum Nordoratorium sowie zu den Emporenräumen und lohnt sich alleine dafür schon. Das Dommuseum ist seit 2014 mit den Museen der benachbarten Alten Residenz zu Salzburgs größtem Museumskomplex zusammengefasst. Die **Residenzgalerie** zeigt eine umfangreiche Gemäldesammlung mit Werken aus dem 16. bis 19. Jahrhundert. Auch die prunkvollen Repräsentationsräume sind Teil des Museums, ebenso die Kunstsammlung des Klosters St. Peter.

Haupteingang am Residenzplatz, Nebeneingang beim Domportal. Tägl. außer Di, im Juli und August alle Tage 10:00-17:00 Uhr (letzter Einlass 16:00 Uhr). Erwachsene 12,00 €, Schüler 5,00 €, Kinder bis 6 frei. www.domquartier.at, Tel. 0043 662 804 22109

Salzburg Museum und **Panorama Museum** M2 : Das stadthistorische **Salzburg Museum** in der Neuen Residenz befasst sich in einer Dauerausstellung mit der Entwicklung des „Mythos Salzburg" vom 16. Jahrhundert bis heute. Der Schwerpunkt der sehr modernen Ausstellung liegt auf dem 19. Jahrhundert. Außerdem sieht man bei einem Rundgang die prachtvollen Deckengestaltungen aus der Erbauungszeit des Gebäudes. Mittelalter und Römerzeit werden in einer knapp gehaltenen Ausstellung in der Passage zum Panorama Museum behandelt. Das angeschlossene **Panorama Museum** zeigt das zwischen 1825 und 1829 von Johann Michael Sattler geschaffene monumentale Panoramagemälde mit einer detailreichen Darstellung des Stadtbilds dieser Zeit.

Die Prunkräume der Neuen Residenz sind Teil des Salzburg Museums.

Salzburg Museum: In der Neuen Residenz, Eingang im Hof. Di-So 9:00-17:00 Uhr, Erwachsene 7,00 €, Kinder von 6-15 3,00 €, Jugendliche von 16-26 4,00 €, Familien 14,00 €.
Panorama Museum: Eingang am Residenzplatz oder durch das Salzburg

Museum. Tägl. 9:00-17:00 Uhr. Erwachsene 3,00 €, Kinder von 6-15 1,00 €, Jugendliche von 16-26 1,50 €, Familien 6,00 €. Kombikarte für beide Museen 8,50/3,50/4,50 €. www.salzburgmuseum.at, Tel. 0043 662 620 8080

Mozarts Geburtshaus M3 und **Mozart-Wohnhaus** M8 : Das **Geburtshaus** von Wolfgang Amadeus Mozart in der Getreidegasse 9 wurde teilweise zu einem Museum ausgebaut. Die Einrichtung ist allerdings nicht erhalten; die Räume wurden mit einer Ausstellung aus persönlichen Gegenständen (darunter Mozarts Kindergeige), Gemälden und Grafiken gefüllt, der Informationsgehalt bleibt aber eher dürftig. Viel mehr gibt das zweite, neuere Mozart-Museum her, das im sogenannten Tanzmeisterhaus am Makartplatz eingerichtet wurde. Die Mozarts wohnten hier ab 1773, daher heißt es offiziell **Mozart-Wohnhaus**. Diese Ausstellung ist deutlich informativer und kurzweiliger als die im Geburtshaus und dreht sich nicht nur um Wolfgang Amadeus Mozart, sondern auch um seinen Vater Leopold und seine Schwester Maria Anna sowie um die Mythen, die sich um seine Person gebildet haben.

Geburtshaus: Getreidegasse 9. Wohnhaus: Makartplatz 8 (nördlich der Salzach, vom Altstadtbereich am besten über den Makartsteg). Tägl. 9:00-17:00 Uhr, Juli und August 8:30-19:00 Uhr, letzter Einlass 30 min vor Schließung. Beide Museen einzeln: Erwachsene 10,00 €, Kinder von 6-14 3,50 €, Jugendliche bis 18 4,00 €, Studenten und Senioren 8,50 €. Kombikarte 17,00/5,00/6,00/14,00 €. www.mozarteum.at/museen, Tel. 0043 662 8742 2740

Museum der Moderne Mönchsberg M6 und **Rupertinum** M4 : Das Museum der Moderne zeigt an zwei Standorten eine umfangreiche Sammlung zeitgenössischer Kunst und hochkarätige Sonderausstellungen. Das großzügige Haupthaus mit drei Etagen wurde 2004 auf dem Mönchsberg eröffnet, als Dreingabe gibt es hier eine fantastische Aussicht. Der ältere und deutlich kleinere Standort im barocken Rupertinum in der Altstadt hat einen Schwerpunkt auf Grafik und Fotografie.

MdM Mönchsberg: Mit dem Mönchsberg-Aufzug, Talstation direkt unterhalb des Museums am Anton-Neumayr-Platz. Zu Fuß über die Clemens-Holzmeister-Stiege (Beginn am Haus für Mozart). MdM Rupertinum: zwischen den Festspielhäusern und der

Kollegienkirche. Beide Häuser Di-So 10:00-18:00 Uhr, Mi bis 20:00 Uhr, während der Festspiele auch am Mo. Mönchsberg: Erwachsene 8,00 €, Kinder bis 18 und Senioren 6,00 €, Familien 12,00 €; Rupertinum: 6,00/4,00/8,00 €; Kombiticket: 12,00/8,00/16,00 €. www.museumdermoderne.at, Tel. 0043 662 842 220

Spielzeug Museum M5 : Salzburgs familienfreundlichstes Museum begeistert Kinder mit zahllosen Spiel- und Interaktionsmöglichkeiten und ist eher eine Art Spielpark als ein Museum. Liebhaber historischer Spielsachen kommen weniger auf ihre Kosten, als man erwarten sollte.

Mehr ein Spielpark als ein Museum!

Bürgerspitalgasse 2 (neben der Pferdeschwemme). Di-So 9:00-17:00 Uhr, Erwachsene 4,00 €, Kinder von 4-15 1,50 €, Jugendliche von 16-26 2,00 €, Familien 8,00 €. www.spielzeugmuseum.at, Tel. 0043 662 62080 8300

Haus der Natur M7 : Das alteingesessene Traditionshaus behandelt auf üppigen vier Etagen nahezu alle naturkundlichen Themen, hinzu kommt ein anthropologischer Schwerpunkt. Die schon etwas älteren Teile der Ausstellung wirken ein wenig angestaubt, die neueren sind aber absolut überzeugend und sehr spannend! Dazu gibt es einen großen Bereich mit Aquarien und einen Reptilienzoo. Der Überflieger ist das nagelneue **Science Center**, das mehr in den physikalisch-technischen Bereich geht als das übrige Haus: Alle Exponate haben Interaktionsmöglichkeiten und vermitteln Gesetzmäßigkeiten und Zusammenhänge auf frische, spielerische Art – Salzburgs heißester Tipp für Familien mit älteren Kindern!

Das Aquarium zeigt faszinierende Wasserwelten.

Am westlichen Altstadtende. Tägl. 9:00-17:00 Uhr. Erwachsene 8,00 €, Kinder von 4-15 5,50 €, günstige Familientickets, Sonderpreise für Studenten und Senioren ab 60. www.hausdernatur.at, Tel. 0043 662 842 653

Festungsmuseum M9 : Das Museum der Festung Hohensalzburg zeigt die Geschichte des Bauwerks und historische Waffen, auch die Räumlichkeiten sind interessant. Direkt angeschlossen sind die spätgotischen Repräsentationsräume („Fürstenzimmer") mit ihrer großartigen Decken- und Wandgestaltung sowie das militärhistorische Rainer-Regiments-Museum.

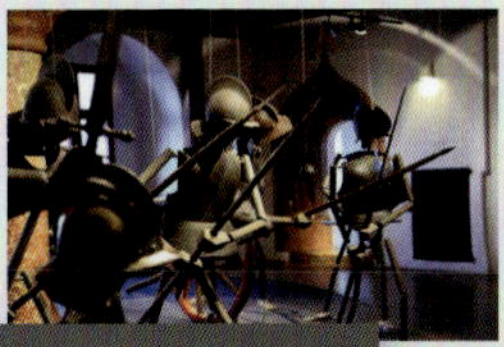

Historische Waffen im Festungsmuseum.

In der Festung Hohensalzburg. Eintritt im Paketpreis für die Festung enthalten, gleiche Öffnungszeiten wie Festung (S. 175). www.festung-salzburg.at, Tel. 0043 662 8424 3011

Volkskunde Museum M10 : Das Museum im Hellbrunner Monatsschlössl besitzt eine kleine Sammlung zu den Themen Brauchtum, Wohnkultur und Volksfrömmigkeit in Salzburg und dem Salzburger Land, inklusive Trachten, Möbeln und Haushaltsgegenständen.

Im Monatsschlössl im Hellbrunner Schlosspark (S. 178). Ende März bis Anfang November tägl. 10:00-17:30 Uhr, im Winter geschlossen. Erwachsene 2,50 €, Kindern von 6-15 1,00 €, Jugendliche 1,50 €. www.salzburgmuseum.at/volkskundemuseum.html, Tel. 0043 662 62080 8500

Tipp: Salzburg Card

Bei einem intensiven Museums- und Besichtigungsprogramm lohnt sich die *Salzburg Card:* Das ist eine Art Flatrate, die freien Eintritt zu allen hier erwähnten Museen, zum Schloss Hellbrunn und zur Festung (inklusive Festungsbahn) sowie Ermäßigungen bei den Stadtführungen und vielen weiteren Aktivitäten verschafft. Als Sahnehäubchen gibt's freie Fahrt mit allen Stadtbuslinien!

Gültig für 24, 36 oder 48 Stunden. Preise für Erwachsene derzeit zwischen 24,00 und 42,00 € (je nach Dauer und Saison), Kinder von 6-15 12,00-21,00 €. Erhältlich in den Informationsbüros am Hauptbahnhof und am Mozartplatz, in Ticketbüros und fast allen Hotels. www.salzburg.info, Tel. 0043 662 889 870

Die Wanderungen

Bei der Auswahl der 30 schönsten Wanderungen der Region waren ein hoher Erlebniswert und eine große Vielfalt die wichtigsten Kriterien. Es wurde versucht, alle Regionen zu berücksichtigen und eine möglichst breite Streuung in Bezug auf Länge und Schwierigkeitsgrade zu erreichen – daher ist von sehr einfachen Spaziergängen an den Seen bis zu anspruchsvollen Hochgebirgstouren alles dabei. Rundwanderungen werden bevorzugt und Seilbahnen sowie Zahnradbahnen genutzt, soweit vorhanden. Die Ausgangspunkte der meisten Wanderungen sind mit öffentlichen Verkehrsmitteln gut erreichbar. Abgesehen von Tour 20 sind keine Hüttenübernachtungen nötig.

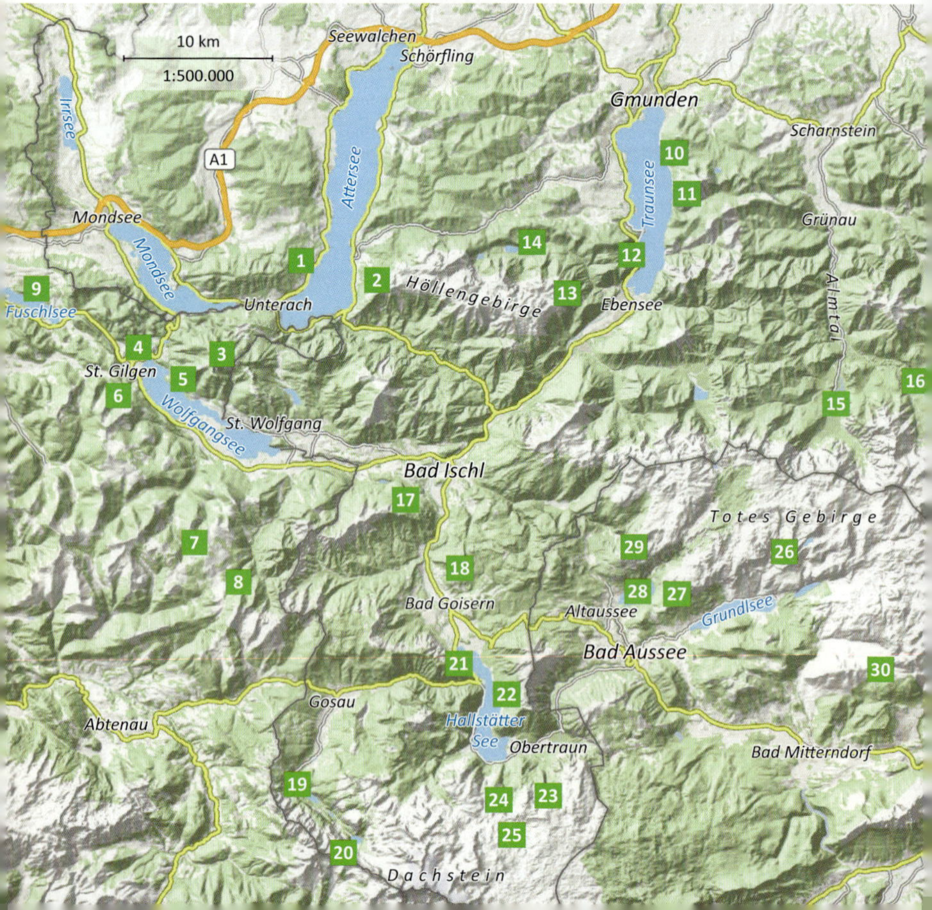

Fortsetzung auf der nächsten Seite ➤

Mit öffentlichen Verkehrsmitteln (Bus) *= erreichbar* (Bus durchgestrichen) *= nicht erreichbar*

Bitte beachten Sie die Tourenblätter in der hinteren Umschlagklappe!

Tourendetails und Bewertungssystem

Der Anspruch der Wanderungen ist mit einem differenzierten Bewertungssystem dargestellt, das die Anforderungen an Kondition und Technik unabhängig voneinander in jeweils fünf Stufen bewertet.

Die Bewertung des **Anspruches an die Kondition** berücksichtigt Gehzeit, Wegstrecke und Höhenunterschied. Mit 1 sind sehr einfache Kurzwanderungen ohne wesentlichen Höhenunterschied bewertet, die für absolut jeden machbar sind. Touren der Stufe 3 sind mittelschwere Halbtageswanderungen, für die ein durchschnittliches Maß an Sportlichkeit ausreicht. Stufe 5 bezeichnet sehr anspruchsvolle Ganztagestouren, die ein hohes Maß an Fitness und Kondition voraussetzen und auch für sportliche Menschen fordernd sind.

Die Zahlen zu **Weglänge, Höhenmeter in Auf- und Abstieg sowie Gehzeit** geben detaillierten Aufschluss. Die Gehzeit versteht sich grundsätzlich ohne Pausen! Bitte beachten Sie, dass sich die Gehzeiten individuell sehr stark unterscheiden können, insbesondere bei Strecken mit großen Höhendifferenzen.

Der **Anspruch an die Technik** bewertet unabhängig davon den Schwierigkeitsgrad der Wegstrecke: Hier fließen Faktoren wie rutschige Oberflächen, komplizierte Abstiegspassagen oder Wegstrecken, die Höhenangst hervorrufen können, in die Bewertung mit ein. Mit 1 sind hier sehr einfache Wege bewertet, die auch mit leichtem Schuhwerk begangen werden können, vergleichbar mit Parkwegen. Touren der Stufe 2 sind etwas anspruchsvoller, aber immer noch für fast jeden machbar. Wanderungen der Stufe 3 erfordern ein gewisses Maß an Geländeerfahrung; ab dieser Stufe sollten Sie Wanderschuhe tragen, da hier die Strecken uneben und steil sein können. Bei Stufe 4 sind sehr steile, geröllige oder rutschige Passagen, stark ausgesetzte Wege sowie leichte Kletterstellen möglich. Stufe 5 ist das Maximum, das man noch ohne spezielle Sicherungsausrüstung verantworten kann. Diese Touren erfordern Erfahrung und ein gesundes Maß an Selbsteinschätzung, da sie über sehr komplizierte Auf- oder Abstiegspassagen, Kletterstellen und extrem ausgesetzte Wege führen können. Der Absatz **Anforderungen** erklärt ausführlicher den Wegzustand und die spezifischen Schwierigkeiten der Strecke. Wenn spezielle Ausrüstung nötig sein sollte, wird hier darauf hingewiesen.

Bitte beachten Sie, dass Bewertungen und Gehzeitangaben nur als Anhaltspunkte zu verstehen sind und Ihr persönliches Verantwortungsgefühl auf keinen Fall ersetzen können! Gehen Sie mit hohen Werten beurteilte Touren nur, wenn Sie bereits Erfahrung mit ähnlich anspruchsvollen Wanderungen haben und sich dabei sicher fühlen! Autor und Verlag übernehmen keine Haftung für Unfälle, die durch eine Fehleinschätzung aufgrund der Bewertungen entstehen.

Attersee-Westwanderweg

Der Westwanderweg ist eine der schönsten Wandermöglichkeiten am Attersee! Dieser sehr abwechslungsreiche Weg verläuft abseits vom Ufer an den sanften Hängen durch Wälder und Wiesen, mit ausreichendem Abstand zur belebten Uferstraße – ein hervorragendes Beispiel für einen gelungen geplanten Wanderweg! Nur auf kurzen Abschnitten werden kleine Straßen oder Fahrpisten tangiert, die Beschilderung ist vorbildlich. Hinzu kommt, dass dies von Charakter und Anspruch her keine Bergtour, sondern eine Mittelgebirgswanderung ist, was sie trotz ihrer Länge zu einer leicht zu bewältigenden Option auch für Kinder und ältere Menschen macht.

Der Weg beginnt in Nußdorf und schlängelt sich nach einem ersten kurzen Anstieg nahezu höhehaltend durch die Hänge oberhalb des südwestlichen Seeteils, hin und wieder begleitet von kleinen Bächen. Immer wieder hat man schöne Blicke hinunter auf den See und die liebliche Landschaft. Zwischendurch passiert man einige schöne Attraktionen wie die Reiserbauermühle aus dem 17. Jahrhundert, eine der wenigen in dieser Gegend erhaltenen Wassermühlen. Der kleine Egelsee, an

Der Weg führt an den Hängen des Westufers entlang.

dem man gegen Ende vorbeikommt, ist vollständig von einem Moor umgeben. Das Baden muss man sich hier verkneifen: Der See mit seinem artenreichen Moorgürtel ist ein sensibles Ökosystem und daher streng geschützt. Auf einem Bohlenweg kann man jedoch bis an das Ufer herangehen – und vielleicht entdeckt man ja tatsächlich eine der drei Arten von fleischfressendem Sonnentau, die hier vorkommen. Schließlich erreicht man das Ortszentrum von Unterach, wo man die Zeit bis zum nächsten Bus oder Schiff im Gastgarten oder mit einem Bad im Attersee verbummeln kann.

Immer wieder gibt es reizvolle Rastplätze.

Eckdaten

Anspruch Technik:	● ● ● ● ●	*leicht*
Anspruch Kondition:	● ● ● ● ●	*mittel*
Länge:	*13,7 km*	
Höhenunterschied:	*Auf- und Abstieg jeweils 390 m, Durchschnitt Steigung/Gefälle jeweils 2,8 %*	
Gehzeit:	*3:10-3:40 Stunden (ohne Pausen)*	

Anforderungen: *Einfache Wanderung auf Wald- und Wiesenwegen ohne wesentlichen Höhenunterschied.*

Wegmarkierungen: *Der Weg ist durchgehend sehr gut markiert.*

Einkehrmöglichkeiten: *Unterwegs Gasthof Druckerhof, außerdem mehrere Gasthöfe und Restaurants in Nußdorf und Unterach.*

Anfahrt mit dem Auto: *Parkplätze in Nußdorf und in Unterach, jeweils am Strandbad (beide Parkplätze sind gebührenpflichtig). Zurück mit Bus oder Schiff.*

Anfahrt mit öffentlichen Verkehrsmitteln: *Nußdorf und Unterach sind mit der Buslinie 564 (ab Vöcklabruck über Seewalchen) und mit dem Schiffen der Attersee-Schifffahrt erreichbar (S. 18).*

Wegbeschreibung

Im Wald versteckt liegt die Reiserbauermühle.

GPS		
w01-01:	47,88245	13,52278
w01-02:	47,88455	13,51813
w01-03:	47,88253	13,51638
w01-04:	47,84492	13,50813
w01-05:	47,83677	13,50978
w01-06:	47,83305	13,50342
w01-07:	47,82607	13,50273
w01-08:	47,81858	13,50412
w01-09:	47,80438	13,48912

Im Zentrum von Nußdorf, bei der Bushaltestelle „Zentrum" (w01-01) und unweit der Schiffsanlegestelle, zweigt eine kleine Straße Richtung Wienerroith von der Bundesstraße ab und führt uns ins Oberdorf hinauf. Wir umgehen das Gelände der Firma Haberl und biegen dahinter nach links ab Richtung Reiserbauermühle/Egelsee/Unterach (w01-02). Von nun an befinden wir uns auf dem Westwanderweg. Schon nach wenigen Minuten erreichen wir einen Aussichtsplatz, den „Naturkraftplatz Pfarrer Salettl" (w01-03). Kurz danach passieren wir eine Serie von Weggabelungen, an denen wir stets den Wegweisern Richtung Reiserbauermühle, Egelsee, Unterach oder Westwanderweg folgen. Der Weg verläuft nun lange Zeit mal durch Wald, mal über Wiesen und tangiert hin und wieder eine kleine Straße.

Bei den wenigen Häusern von Ramsau oberhalb von Stockwinkl führt ein Abstecher nach rechts in 5-6 min zur Reiserbauermühle (w01-04). Zurück am Hauptweg folgen wir den Wegweisern Richtung Egelsee/Unterach. 900 m nach dem

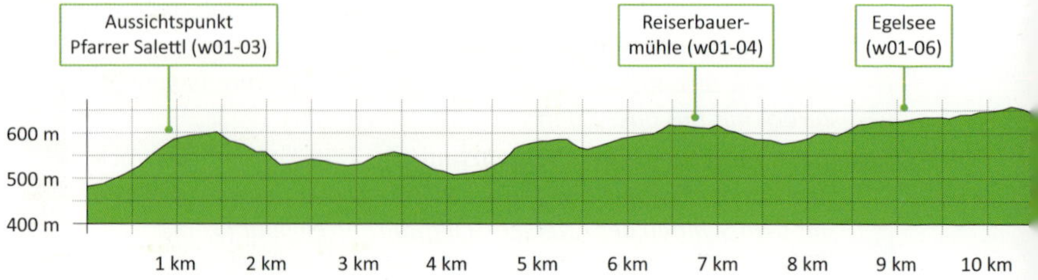

Abzweig zur Mühle kommen wir an einem Bauernhof mit einer Kapelle vorbei und stoßen nach weiteren 200 m auf einer kleinen Straße auf eine Abzweigung (w01-05). Hier gehen wir rechts die Egelseestraße hinauf, dem Wegweiser „Egelsee 15 min“ folgend. Schon nach wenigen Minuten kommt der kleine Moorsee in Sicht, der ein Stück weit umrundet wird (w01-06).

Der Egelsee ist vollständig von einem Moor umgeben.

Danach geht es größtenteils auf kleinen Fahrstraßen hinunter Richtung Unterach. Wir kommen am Gasthof Druckerhof vorbei (w01-07); rund 1 km weiter verlässt unser Weg die Fahrstraße nach rechts (w01-08) – den unglücklich positionierten Wegweiser hat man leicht übersehen. Wir folgen nicht der Fahrstraße nach Fasching, der richtige Weg verläuft noch ein Stück am Waldrand entlang und führt dann zur Uferstraße in Unterach hinunter. Hier geht es nach rechts in weiteren 1,6 km (rund 20 min Gehzeit) ins Ortszentrum; eine Bushaltestelle nach etwas mehr als 100 m bietet die Möglichkeit zur Verkürzung der Tour. Der Schiffsanleger befindet sich im Zentrum beim Hotel „Zum goldenen Anker“ (w01-09), eine zweite Bushaltestelle gut 100 m weiter beim Gemeindeamt.

Es geht abwechselnd durch Wald und über Wiesen.

Seewalchen
Nußdorf
Ausgangspunkt (w01-01)
1 km
1:50.000
Aussichtspunkt Pfarrer Salettl (w01-03)
900
700
B151
500
600
Parschallen
Reiserbauermühle (w01-04)
Stockwinkl
Attersee
Gasthof Druckerhof (w01-07)
Egelsee (w01-06)
Steinbach
B152
1000
800
600
Abzweigung (w01-08)
Fasching
Endpunkt (w01-09)
Mondsee
Unterach

Über Brennerin und Mahdlgupf

Mit der von Brennerin, Mahdlgupf und Schoberstein gebildeten Gipfelkette überragen die westlichen Ausläufer des Höllengebirges den Attersee um mehr als 1100 Meter. Ihre langgestreckte Felswand setzt einen markanten landschaftlichen Akzent in der ansonsten von flachem Hügelland geprägten Umgebung des größten Salzkammergutsees. Diese Wand scheint kaum überwindbar, doch führt mit dem Steig durch die Brennerriese ein Weg nach oben, der auch für Wanderer machbar ist. Dafür muss man zunächst gute zwei Kilometer durch den Wald am Fuß der Wand entlanggehen, ehe der steile Aufstieg über mehr als 800 Höhenmeter beginnt. Immerhin ist man dabei fast die ganze Zeit im Schatten, selbst wenn man nicht im Morgengrauen aufgebrochen ist – der westwärts gerichtete Steilhang liegt erst ab der späten Mittagszeit in der Sonne.

Schon während des Aufstiegs entfaltet sich ein Ausblick auf den Attersee, der mit zunehmender Höhe immer schöner wird. Am Ende des Brennerriesensteigs, auf dem langgezogenen Gipfelgrat der Bergkette, kommt dann noch eine atemberaubende Aussicht auf die östlich gelegenen Salzkammergutberge hinzu, auch Höllengebirge und Dach-

Von der Brennerin hat man die beste Aussicht auf den Attersee!

steinmassiv sind deutlich zu erkennen. Der Abstecher zum 1602 Meter hohen Gipfel der Brennerin ist nur ein kleiner Umweg, sodass man sich diesen Spaß unbedingt gönnen sollte: Einen besseren Blick auf den 1130 Meter unter uns liegenden Attersee gibt es garantiert nirgends!

Nach diesem Abstecher geht es nun langsam bergab zum nächsten Gipfel, dem Mahdlgupf. Mit 1261 Metern liegt er bereits um einiges tiefer als die Brennerin. Nochmal gibt es eine großartige Aussicht auf den See, dazu atemberaubende Tiefblicke auf die Steilwand, der man jetzt näher ist, als manchem lieb sein wird. Kurz darauf lockt mit dem 1037 Meter hohen Schoberstein noch ein letzter Gipfelzacken zu einem kurzen Umweg, ehe es wieder nach Weißenbach hinuntergeht.

Eckdaten

Anspruch Technik: ●●●●● *schwierig*

Anspruch Kondition: ●●●●● *schwierig*

Länge: *12,0 km*

Höhenunterschied: *Auf- und Abstieg jeweils 1270 m, Durchschnitt Steigung/Gefälle jeweils 10,5 %*

Gehzeit: *5:20-6:40 Stunden (ohne Pausen)*

Anforderungen: *Der sehr steile Aufstieg über den Brennerriesensteig ist mit einem Drahtseil gesichert, ein kurzes Stück führt über eine am Hang liegende Leiter. Der Steig ist jedoch nirgends besonders ausgesetzt. Der übrige Weg verläuft auf mittelschweren Alpinpfaden. Für den Abstieg sind Wanderstöcke zu empfehlen.*

Variationsmöglichkeiten: *Wenn man auf den Abstecher zur Brennerin verzichtet, verkürzt sich die Tour um 2 km und 110 Hm.*

Wegmarkierungen: *Der Weg ist durchgehend recht gut markiert, im ersten Abschnitt (bis Beginn Brennerriesensteig) kann man sich an den zahlreichen Abzweigungen dennoch verlaufen.*

Einkehrmöglichkeiten: *Nur in Weißenbach, unterwegs keine.*

Anfahrt mit dem Auto: *Ausgangspunkt ist Weißenbach. Da es im Ort kaum öffentliche Parkplätze gibt, beginnen Autofahrer die Tour am besten auf dem Parkplatz 1,2 km nördlich des Ortes.*

Anfahrt mit öffentlichen Verkehrsmitteln: *Buslinie 562 Schörfling-Unterach bis Weißenbach oder Linie 548 ab Bad Ischl (Rufbus, mind. 60 min vor Abfahrt unter 0043 650 740 2225 anmelden). Alternativ mit dem Schiff nach Weißenbach (S. 18).*

Wegbeschreibung

Wir gehen direkt links vom Hotel Post (beim Schiffsanleger am nördlichen Ortsrand, w02-01) Richtung Großer Schoberstein/Dachsteinblick. Kurz darauf hinter dem ersten umzäunten Grundstück links Richtung Attersee-Klettersteig und bei einer Bank geradeaus (w02-02, Wegweiser „Steinbach 2 h"). Nun geht es längere Zeit ohne größere Steigung geradeaus. Wir passieren den Einstieg zum Attersee-Klettersteig und biegen etwa 250 m danach rechts ab Richtung Brennerriesen/Valerieweg (w02-03). Der Pfad trifft auf eine Forststraße, der wir kurz nach links folgen, um sie gleich wieder beim Wegweiser zum Brennerriesen nach rechts zu verlassen (w02-04). Im nun folgenden Abschnitt ist der Wegverlauf schlecht zu erkennen: Hinter einem großen Felsblock mit einem Wegzeichen muss man hangparallel nach links durch niedrigen Jungbaumbestand gehen. Gleich darauf ist der Weg wieder deutlicher, und man sieht auch schon den nächsten Wegweiser (w02-05): Hier folgen wir weiter der Beschilderung zum Brennerriesen nach rechts (links geht es zum Forstamt). Wiederum gut 500 m weiter gabelt sich der Weg (w02-06): Wir gehen hier rechts Richtung Dachsteinblick/Brennerriesensteig (links geht es zum Auboden).

Jetzt steigen wir längere Zeit auf dem Brennerriesensteig bergauf. Eine sehr steile Stelle im mittleren Abschnitt ist mit Drahtseilen und einer am Hang liegenden Leiter gesichert. Schließlich erreichen wir den Gipfelgrat; rechts ist das nahe Gipfelkreuz des Dachsteinblicks zu sehen. In diese Richtung wird später unser weiterer Weg führen, wir gehen jedoch zunächst links Richtung Hochleckenhaus/Brennerin (w02-07). Nach 650 m zweigt der Weg zur Brennerin nach links ab (w02-08, geradeaus geht es

Der Abstieg führt über den exponierten Gipfel des Mahdlgupf.

zum Hochleckenhaus). Der Gipfel (w02-09) ist nach weiteren 300 m erreicht.

Von der Brennerin aus geht es zurück und geradeaus am Gipfelkreuz des Dachsteinblicks (w02-10) vorbei Richtung Mahdlgupf. Bald darauf beginnt der Weg abzusteigen. Kurz vor dem Beginn eines noch steileren Wegstücks passieren wir eine mit einem roten Pfeil auf einem Stein gekennzeichnete Abzweigung ohne Wegweiser. Hier geht es nach rechts in wenigen Minuten zum Gipfel des Mahdlgupf (w02-11). Dort nach links am Gipfelkreuz vorbei, kurz darauf ist der eben verlassene Hauptweg wieder erreicht,

Teilweise ist der Weg recht ausgesetzt.

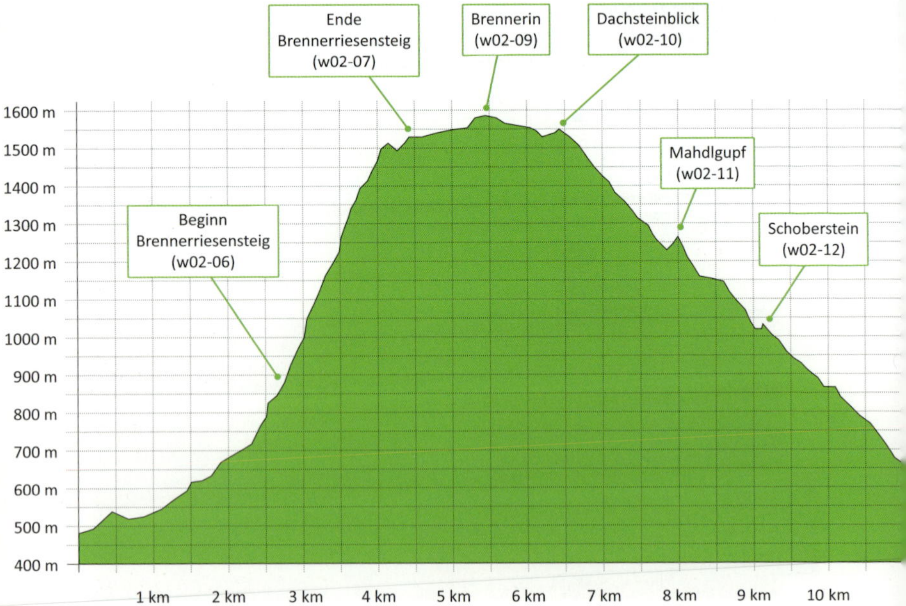

auf dem es nach rechts abwärts geht. Gut 1 km nach dem Abstecher zum Mahdlgupf führt eine weitere, diesmal beschilderte Abzweigung zum Schoberstein-Gipfel, der in wenigen Minuten erreicht ist (w02-12). Vom Gipfel aus zurück bis zur Abzweigung, dann beginnt der lange und jetzt nicht mehr zu verfehlende Abstieg nach Weißenbach. Bei der Nikolauskapelle kurz vor den ersten Häusern folgen wir einem breiten Spazierweg nach rechts, überqueren die Rasenfläche an einem schlossähnlichen Gebäude und verlassen sie über die Ecke hinten rechts, wo wir wieder auf den Weg zum Ausgangspunkt stoßen.

GPS

w02-01:	*47,80037*	*13,54145*
w02-02:	*47,79960*	*13,54208*
w02-03:	*47,80722*	*13,55180*
w02-04:	*47,80795*	*13,55268*
w02-05:	*47,80960*	*13,55555*
w02-06:	*47,81278*	*13,55957*
w02-07:	*47,81203*	*13,57230*
w02-08:	*47,81452*	*13,57945*
w02-09:	*47,81668*	*13,57833*
w02-10:	*47,81175*	*13,57173*
w02-11:	*47,80517*	*13,55928*
w02-12:	*47,80022*	*13,55178*

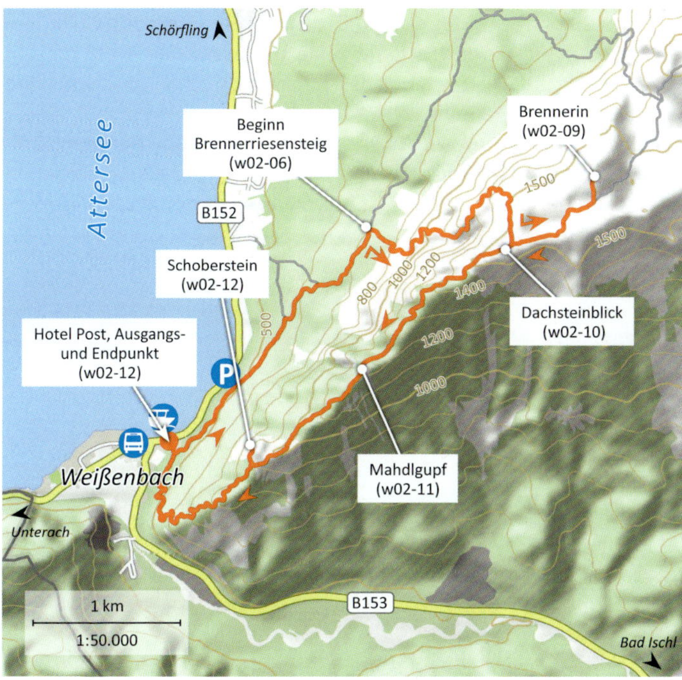

12 km

Rundwanderung am Schafberg

Die abenteuerlich exponierte Spitze des Schafbergs, die mit einer senkrechten Steilwand nach Nordosten hin abfällt, kann mit einer verhältnismäßig kurzen Wanderung umrundet werden. Die Schafbergbahn (➤ Seite 44) erspart den langwierigen Aufstieg vom Wolfgangsee und sorgt dafür, dass wir fast nur bergab gehen müssen. Technisch ist die Runde jedoch nicht ganz ohne, so dass sie nur von erfahrenen Bergwanderern in Angriff genommen werden sollte.

Schon der Anfang ist abenteuerlich: Nach dem Durchschreiten der Himmelpforte, ein schmaler Durchgang im Fels, der tatsächlich geradewegs in den blauen Himmel zu führen scheint, geht es steil nach unten. Teilweise hilft ein Seil, Wanderstöcke sind trotzdem keine schlechte Idee. Nach diesem ersten hakeligen Stück ist aber das Schlimmste schon geschafft, und jetzt wird es erstmal eine ganze Weile recht gemütlich: Auf einem einfachen Pfad geht es um die Schafbergspitze herum, deren mächtige Steilwand jetzt spektakulär über uns aufragt. Der kleine, in tiefem Grün schimmernde Suissensee ist in wunderschöner Lage in diese Sze-

Die Wanderung umrundet die felsige Schafbergspitze.

nerie eingebettet und lädt zu einer ersten Pause ein. Vorbei am etwas größeren Mittersee geht es an der Nordostflanke des Schafbergs entlang zum Mönichsee. Der größte der drei Schafbergseen ist unser Wendepunkt.

Nun gehen wir durch den Wald an der Südseite wieder bergauf, bis der Beginn des großartigen Purtschellersteigs erreicht ist. Auf dem ersten Blick scheint der steile, felsige Hang kaum passierbar zu sein, doch der Steig führt uns sicher, wenn auch schmal und ausgesetzt, hindurch. Zwischendurch wird das Wetterloch passiert, aus dessen dunklem Schlund ein eisiger Hauch weht. Wer die kleine Höhle erkunden will, muss vorsichtig sein: Die steile, rutschige Eingangsrampe geht recht bald in einen mehrere Meter tiefen Schacht über! Durch ein Felsloch auf der gegenüberliegenden Seite fällt Tageslicht, dennoch sollte man keinesfalls ohne Taschen- oder Stirnlampe hineingehen. Kurz darauf wird der Weg wieder einfacher, über Almwiesen geht es jetzt bergab zur Zahnradbahnstation Schafbergalm.

Eckdaten

Anspruch Technik:	●●●●● (4 von 5)	*schwierig*
Anspruch Kondition:	●●●●● (2 von 5)	*leicht*
Länge:	*6,2 km*	
Höhenunterschied:	*Aufstieg 290 m, Abstieg 630 m, Durchschnitt Steigung 4,6 %, Gefälle 10,1 %*	
Gehzeit:	*2:20-3:00 Stunden (ohne Pausen)*	

Anforderungen: *Der größte Teil der Wanderung verläuft auf mittelschweren Alpinpfaden, allerdings müssen zu Beginn der sehr steile Himmelpfortsteig und später der schmale und ausgesetzte Purtschellersteig überwunden werden. Die schwierigsten Stellen sind mit Drahtseilen zum Festhalten gesichert. Trittsicherheit und Schwindelfreiheit sind dennoch unbedingt nötig, Wanderstöcke empfehlenswert!*

Wegmarkierungen: *Der Weg ist durchgehend sehr gut markiert.*

Einkehrmöglichkeiten: *An der Schafbergspitze und der Schafbergalm, unterwegs keine.*

Anfahrt: *Mit der Schafbergbahn bis Endstation Schafbergspitze (S. 46). Für die Talfahrt ab Schafbergalm müssen keine Plätze reserviert werden.*

GPS		
w03-01:	47,77512	13,43412
w03-02:	47,77677	13,43078
w03-03:	47,77765	13,43972
w03-04:	47,76787	13,45172
w03-05:	47,77123	13,44060
w03-06:	47,77113	13,43933
w03-07:	47,76967	13,42253

Der Suissensee ist malerisch am Nordhang des Schafbergs gelegen.

Wegbeschreibung

Wir gehen von der Bergstation der Zahnradbahn (w03-01) auf das hölzerne Himmelpforthaus zu, das links etwas unterhalb des Hotels liegt. Vor dem Haus links. Kurz vor dem Kreuz (und jetzt erst zu sehen) beginnt der Himmelpfortsteig an einer Felsbresche (w03-02). Gleich am Anfang geht es auf einem schmalen Pfad steil bergab, ein Drahtseil gibt Sicherheit. Dies ist aber bereits der schwierigste Abschnitt der Wanderung! Nach dem Abstieg verläuft der Pfad weitgehend höhehaltend unterhalb der Felswand der Schafbergspitze. Nach etwa 1,5 km kommt unten der winzige Suissensee in Sicht. Kurz davor gehen wir an einer beschilderten Ab-

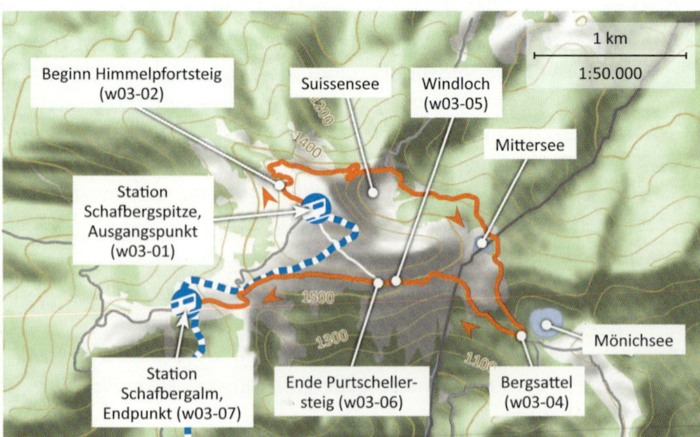

zweigung (w03-03) geradeaus Richtung Schafbergseen/Purtschellersteig und vorbei am etwas größeren Mittersee. Nach Überschreitung eines Bergsattels oberhalb des Mönichsees rechts Richtung Purtschellersteig/ Schafbergalm (w03-04). Der Weg verläuft jetzt wieder ansteigend im Wald und quert dann den steilen Südhang des Schafbergs über den Purtschellersteig. Zwischendurch wird der Eingang des Windlochs passiert (w03-05). Vorsicht bei einer Erkundung der Höhle: Die steile Eingangsrampe endet nach einigen Metern an einem Schacht!

Kurz nach der Höhle erreichen wir eine Weggabelung (w03-06) und gehen hier nach links Richtung Schafbergalm (rechts geht es zur Schafbergspitze). Der Weg verläuft jetzt höhehaltend am Hang entlang und trifft auf die Strecke der Zahnradbahn. Wir folgen ihr ein Stück bergab und verlassen sie nach etwa 160 m nach links Richtung Schafbergalm/St. Gilgen. Kurz darauf ist die Station Schafbergalm erreicht (w03-07). Die talfahrenden Züge halten am (in Fahrtrichtung) linken Bahnsteig.

Schmal und ausgesetzt quert der Purtschellersteig die Südflanke.

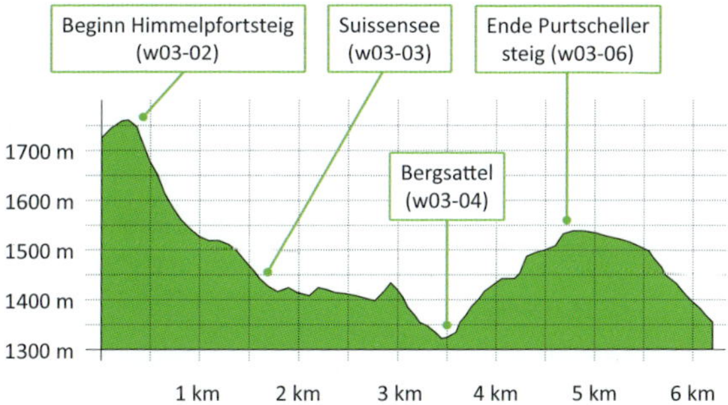

Um den Plombergstein

Diese kleine Runde über St. Gilgen ist ein heißer Tipp für Familien mit Kindern, weil auf kurzer Distanz viele kurzweilige Attraktionen passiert werden! Aber auch erfahrene Wanderer werden diese Tour zu schätzen wissen: Ein schöner Aufstieg entlang eines Baches und unter steilen Felswänden, an denen man oft Kletterer sieht, führt zum Plombergstein hinauf. Der Aussichtspunkt am Gipfel lädt mit einem schönen Blick über den Wolfgangsee zu einer ausgiebigen Rast ein, ehe es unterhalb der senkrechten Felswände der Plombergstein-Ostseite wieder zurück geht.

Eine kleine Runde durch die Steinklüfte am Fuß des Plombergsteins bildet dann Abschluss und Höhepunkt zugleich: Riesige Felsbrocken sind hier in archaischem Chaos übereinander gestürzt, ein bequemer Weg führt mitten hindurch. Es geht durch enge, finstere Durchgänge, und sogar eine kleine Höhle kann besichtigt werden: Die „Kalte Kuchl" ist eine Versturzhöhle, also ein Hohlraum unter übereinandergestürzten Felsblöcken. Keine Angst: Die Blöcke liegen inzwischen stabil, es geht nur ein paar Meter hinein und durch eine große Öffnung fällt Licht in die Hauptkammer.

Vom Aussichtspunkt am Plombergstein überblickt man den Wolfgangsee.

Eckdaten

Anspruch Technik: ●●●●● *leicht*
Anspruch Kondition: ●●●●● *leicht*
Länge: *4,2 km*
Höhenunterschied: *Auf- und Abstieg jeweils 290 m, Durchschnitt Steigung/Gefälle jeweils 6,9 %*
Gehzeit: *1:10-1:20 Stunden (ohne Pausen)*

Anforderungen: *Kurzwanderung auf mäßig schwierigen Wegen im Wald. Für die Höhle Kalte Kuchl ist eine Taschenlampe hilfreich.*

Wegmarkierungen: *Der Weg ist durchgehend sehr gut markiert, allerdings sind die zahlreichen Abzweigungen verwirrend.*

Einkehrmöglichkeiten: *Nur in St. Gilgen, unterwegs keine.*

Anfahrt mit dem Auto: *Kostenpflichtige Parkplätze im südlichen Ortsbereich von St. Gilgen (S. 53).*

Anfahrt mit öffentlichen Verkehrsmitteln: *Buslinie 150 ab Bad Ischl.*

Wegbeschreibung

Wir verlassen St. Gilgen auf der Steinklüftestraße, die am Mozartplatz beginnt (w04-01, Ortsplan S. 52). Nach der Überquerung der Bundesstraße weiter geradeaus Richtung Steinklüfte/Plombergstein. An der Gabelung kurz danach (w04-02) links Richtung Staffelgraben/Plombergstein. Der Weg steigt nun in der Schlucht des Staffelgrabens an und erreicht nach knapp 500 m einen von rechts heranführenden größeren Weg (w04-03). Vor uns liegen die Felswände des Plombergsteins. Hier gehen wir links Richtung Staffelgraben/Plombergstein (schwarzer Punkt), biegen aber noch vor dem Bach auf einen unauffälligen Pfad nach rechts ab (w04-04). Vorbei an einer weiteren Felswand erreichen wir einen Übergang über

Am Fuß des Plombergsteins breitet sich eine Felswildnis aus.

den Bach, links ist eine Fahrpiste (w04-05). Wir überqueren den Bach jedoch nicht und halten uns rechts auf dem Pfad, der über Holzstufen zum Plombergstein ansteigt.

Wir erreichen einen Bergsattel (w04-06) und biegen hier nach rechts zum Plombergstein ab (später geht es geradeaus nach St. Gilgen). Kurz danach zeigen an einer Gabelung Wegweiser in beide Richtungen zum Plombergstein. Dies ist ein Rundweg, so dass es egal ist, welche Richtung wir nehmen. Am gegenüberliegenden Ende der Runde erreichen wir einen Aussichtspunkt (w04-07). Zurück am Sattel (w04-06) gehen wir rechts Richtung St. Gilgen (roter Punkt). Der Weg führt um den Plombergstein herum und unterhalb hoher Felswände entlang. An deren Ende erreichen wir eine Abzweigung (w04-08); geradeaus führt der direkte Weg nach St. Gilgen, wir biegen jedoch links zur Teufelsschlucht und zu den Steinklüften ab. Der Weg umrundet einen riesigen, überhängenden Felsblock; direkt dahinter rechts Richtung Steinklüfte/St. Gilgen und durch die Blockwildnis der Steinklüfte mit der Versturzhöhle Kalte Kuchl. Kurz nach dem Ausgang aus den Steinklüften beim Wegweiser rechts Richtung St. Gilgen Waldweg/Staffelgraben/Plombergstein, gleich danach links Richtung St. Gilgen (w04-09). Der Weg trifft auf eine kleine Straße; hier ein Stück links, dann gleich wieder nach rechts abzweigen (w04-10) und immer geradeaus zur Kreuzung mit der Hauptstraße und weiter ins Dorf hinunter.

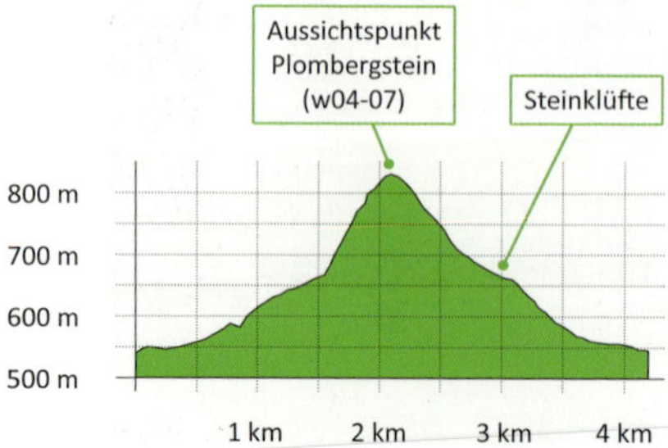

w04-01:	47,76710	13,36432	GPS
w04-02:	47,77333	13,36295	
w04-03:	47,77637	13,35957	
w04-04:	47,77668	13,35787	
w04-05:	47,77758	13,35647	
w04-06:	47,77870	13,35987	
w04-07:	47,77763	13,35990	
w04-08:	47,77742	13,36170	
w04-09:	47,77647	13,36118	
w04-10:	47,77458	13,36272	

Wanderung 5:

Auf dem Pilgerweg nach St. Wolfgang

Der Wanderweg von St. Gilgen nach St. Wolfgang hat eine außergewöhnliche historische Bedeutung: Er führt über den Falkensteinsattel, der Legende nach Wohnort und Wirkungsstätte des Heiligen Wolfgang – und die letzte und wichtigste Etappe für die zahlreichen Pilger, die nach St. Wolfgang kamen (➤ Seite 39). Aber auch ohne religiöse Motivation lohnt sich diese Wanderung, die mit ihren zahlreichen Eindrücken zu den schönsten Seewanderungen des Salzkammerguts zählt!

Der Weg führt von St. Gilgen aus zunächst direkt am See entlang bis zur romantischen Fürbergbucht mit Restaurant und einer Schiffsanlegestelle. Ein Stück weiter lädt das viel besuchte (weil auch mit dem Auto erreichbare) Strandbad Fürberg zu einer ersten Erfrischungspause ein, ehe wir bei einem kleinen Abstecher eines der bekanntesten Postkartenmotive des Salzkammerguts sehen: Das Ochsenkreuz – ein gemauerter Bildstock – wurde 1567 auf einer winzigen Insel errichtet. Der Sage nach erinnert es an einen Metzger, der auf wundersame Art durch seinen Ochsen vor dem Ertrinken gerettet wurde. Vom Aussichtspunkt aus ist die vom türkisfarbenen Wasser umgebene Mini-Insel so kitschig

Das Ochsenkreuz ist eines der schönsten Motive des Salzkammerguts.

schön, dass man sie unbedingt gesehen haben muss! Ein Stück weiter folgt dann das weniger spektakuläre Hochzeitskreuz, das sich an einem gut zugänglichen Ufer mit beliebtem Badeplatz befindet.

Danach wird es – wie es sich für einen Pilgerweg gehört – mühsamer und auch ernsthafter: Da das Seeufer im weiteren Verlauf durch die steile Falkensteinwand unzugänglich ist, musste der Weg über den knapp 800 Meter hohen Falkensteinsattel geführt werden. An Kreuzwegstationen vorbei geht es zur Passhöhe empor. Wir folgen der historischen Pilgerroute jedoch nicht exakt: Kurz vor dem Sattel gibt es nämlich eine sehr interessante Extratour, die zum 200 Meter hoch über dem See gelegenen Aussichtspunkt Scheffelblick führt.

Kurz danach treffen wir wieder auf den Pilgerweg. Hier lohnt es sich, ein Stück zurück zu gehen, um drei dicht beieinander liegende Kulturdenkmäler zu besuchen: Am Falkensteinsattel umschließt eine Kapelle drei Vertiefungen in der Felswand. Der Legende nach sind sie Abdrücke von Kopf und Händen des Heiligen Wolfgang, der sich der auf ihn zukommenden Felswand entgegen warf und sie auf diese Art aufhielt. Ein Stück weiter, in einem hübschen kleinen Wiesental, eine Quelle, deren Wasser als wundertätig angesehen wurde. Die Pilger füllten sich dieses Wasser in eigens dafür angefertigte Fläschchen ab, um seine Kraft auch nach ihrer Reise noch nutzen zu können. Schließlich treffen wir auf die Falkensteinkirche, die 1626 direkt an eine steile Felswand gebaut wurde. Nach dem Abstieg setzen wir den Weg auf dem sehr schönen Riedersteig fort, der uns als schmaler Pfad am Waldrand entlang nach St. Wolfgang führt.

Bis zur Fürbergbucht geht es direkt am Wasser entlang.

Eckdaten

Anspruch Technik:	●●●●●	*leicht*
Anspruch Kondition:	●●●●●	*mittel*
Länge:	*13,1 km*	
Höhenunterschied:	*Auf- und Abstieg jeweils 400 m, Durchschnitt Steigung/Gefälle jeweils 3,0 %*	
Gehzeit:	*3:20-3:50 Stunden (ohne Pausen)*	

Anforderungen: *Mittellange Wanderung auf einfachen Wegen. Nur für den Pfad zum Scheffelblick und Aberseeblick wird ein gewisses Maß an Trittsicherheit benötigt.*

Variationsmöglichkeiten: *Man kann die Wanderung um 1,8 km verkürzen, indem man die Schleife um Ochsenkreuz und Hochzeitskreuz auslässt. Weitere Verkürzungsmöglichkeiten am Ende (zum Schiffsanleger in Ried oder beim Schafbergbahnhof).*

Wegmarkierungen: *Der Weg ist durchgehend gut markiert.*

Einkehrmöglichkeiten: *In St. Gilgen und St. Wolfgang, unterwegs in der Fürbergbucht sowie an der Hupfmühle.*

Anfahrt mit dem Auto: *Kostenpflichtige Parkplätze im südlichen Ortsbereich von St. Gilgen (S. 53). Von St. Wolfgang zurück mit dem Schiff (www.wolfgangseeschifffahrt.at, Tel. 0043 6138 22320) oder Bus (Linien 546 und 150, Umstieg in Strobl).*

Anfahrt mit öffentlichen Verkehrsmitteln: *Buslinie 150 ab Bad Ischl nach St. Gilgen, in St. Wolfgang Linie 546 nach Bad Ischl.*

Wegbeschreibung

Die Wanderung beginnt auf dem Streicherplatz in St. Gilgen neben der Kirche (w05-01, Detailplan S. 52). Wir folgen dem gelben Wegweiser am Gasthaus Kendler vorbei Richtung „Pilgerweg St. Wolfgang", bei der Gabelung gleich danach rechts in die Mondseestraße. Nun lange geradeaus, vorbei am Hallenstrandbad, dann parallel zum Seeufer. Nach 1,1 km, schon außerhalb des Ortes, zweigen wir nach rechts auf eine kleine Fahrstraße ab (w05-02, Wegweiser „Gasthof Fürberg Fußweg, Falkenstein/St. Wolfgang"). Die Wegweiser leiten uns durch eine Siedlung hindurch auf einen Uferweg. Vorbei am Schiffsanleger und dem Gasthof erreichen wir das Wildbad Fürberg. Beim hinteren Teil des Strandbads biegen wir von der Fahrpiste nach rechts ab auf den Josef-Ebner-Weg Richtung Ochsenkreuz/Hochzeitskreuz (w05-03).

Der Pfad führt uns jetzt direkt am Ufer entlang zum Aussichtspunkt oberhalb des Ochsenkreuzes (w05-04) und weiter zum am Ufer gelegenen

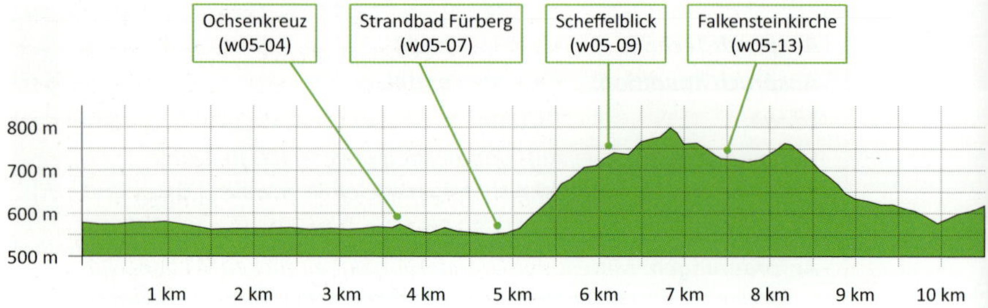
Ochsenkreuz
(w05-04)
Strandbad Fürberg
(w05-07)
Scheffelblick
(w05-09)
Falkensteinkirche
(w05-13)
800 m
700 m
600 m
500 m
1 km
2 km
3 km
4 km
5 km
6 km
7 km
8 km
9 km
10 km

Mondsee
B154
Fuschlsee
Salzburg
St. Gilgen
Strandbad Fürberg
(w05-07)
Aussichtspunkt
Ochsenkreuz
(w05-04)
Falkensteinkirche
(w05-13)
1000
800
Streicherplatz,
Ausgangspunkt (w05-01)
Beginn Riedersteig,
Abkürzungsmöglichkeit
(w05-14)
Hochzeitskreuz
(w05-05)
600
Scheffelblick
(w05-09)
Aberseeblick
(w05-11)
Wolfgangsee
Ried
B158
Reith
1 km
1:50.000
Bad Ischl

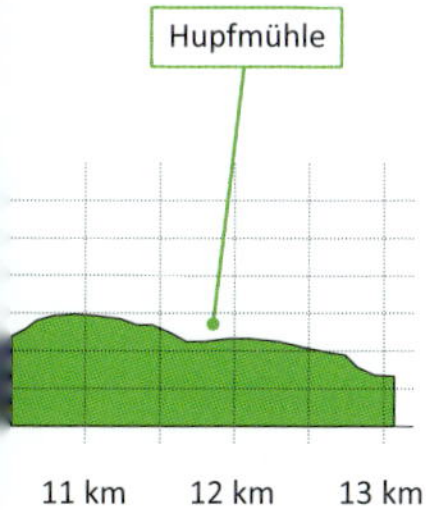

Hochzeitskreuz (w05-05). Dort schwenkt der Weg landeinwärts und trifft auf die von der Fürbergbucht heranführende Fahrpiste (w05-06). Rechts geht es zu weiteren Badeplätzen im Enzerwinkel, wir gehen jedoch links zurück zum Strandbad. Auf der Fahrpiste am Strandbad vorbei und an dessen Ende (direkt hinter einem Parkplatz) nach rechts auf eine bergauf führende Piste Richtung St. Wolfgang/Scheffelberg (w05-07).

Die Fahrpiste steigt steil an und entfernt sich vom Seeufer. Knapp 700 m nach der Abzweigung verlassen wir den Fahrweg und folgen einem Pfad nach rechts Richtung Scheffelblick/Aberseeblick (w05-08). Wir erreichen den am Steilhang gelegenen Aussichtspunkt Scheffelblick (w05-09) und gehen dort geradeaus weiter Richtung Aberseeblick (der gelbe Wegweiser ist leicht zu übersehen). Der Pfad führt zunächst am Hang entlang und biegt dann nach links in den Wald hinein ab. An einer Abzweigung (w05-10) geradeaus Richtung Aberseeblick/Falkensteinsattel (links geht es nach Falkenstein/Fürberg/St. Gilgen). Weiterhin auf einem schmalen Pfad, erreichen wir den Aussichtspunkt Aberseeblick (w05-11). Der Weg führt jetzt über eine Treppenanlage steil bergab und trifft auf den breiten Hauptweg (w05-12). Rechts geht es hinunter nach St. Wolfgang; zuvor lohnt aber ein Abstecher

Der Scheffelblick lohnt einen Abstecher vom Pilgerweg.

nach links zu den religiösen Stätten: Rund 100 m weiter befindet sich, direkt am Falkensteinsattel, die Kapelle mit den Vertiefungen im Fels. Nach weiteren 400 m erreichen wir ein kleines Tal, in dem sich die als wundertätig verehrte Quelle und die Falkensteinkirche befinden (w05-13).

Von hier aus zurück über den Falkensteinsattel und geradeaus hinunter nach Ried/St. Wolfgang, zunächst immer auf dem Hauptweg. Kurz vor den ersten Häusern von Ried verlassen wir diesen und biegen nach links auf den Riedersteig ab (w05-14; hier kann man die Wanderung verkürzen, indem man geradeaus zum etwa 1 km entfernten Schiffsanleger geht). Der Riedersteig führt uns nun längere Zeit am Waldrand entlang, dann über einen kleinen Bergrücken. Schließlich treffen wir auf eine schmale Fahrstraße, der wir geradeaus Richtung Schafbergbahnhof folgen (w05-15). Kurz danach überqueren wir die Trasse der Schafbergbahn nach links (w05-16, geradeaus geht es zum Schafbergbahnhof mit Bus- und Schiffsstation) und kommen gleich danach an der Hupfmühle vorbei. Hinter dem Gasthaus auf einer Fahrstraße bergab und kurz danach links Richtung St. Wolfgang Wallfahrtskirche (w05-17). Die schmale Straße führt uns oberhalb an St. Wolfgang vorbei und schließlich in den Ortskern zur Kirche hinunter (w05-18).

Schließlich erreicht man über sanfte Hänge St. Wolfgang.

GPS

w05-01:	47,76703	13,36537	w05-10:	47,75903	13,40127
w05-02:	47,77423	13,37380	w05-11:	47,75793	13,40493
w05-03:	47,76403	13,39063	w05-12:	47,75815	13,40598
w05-04:	47,76253	13,38725	w05-13:	47,76087	13,39957
w05-05:	47,75985	13,38972	w05-14:	47,75398	13,41325
w05-06:	47,76095	13,39003	w05-15:	47,74580	13,43517
w05-07:	47,76563	13,39212	w05-16:	47,74397	13,43798
w05-08:	47,76167	13,39608	w05-17:	47,74347	13,43945
w05-09:	47,75798	13,39948	w05-18:	47,73810	13,44790

Vom Zwölferhorn zur Illinger Alm

Mit einer Höhe von 1521 Metern ist das Zwölferhorn (➤ Seite 53) gewiss kein spektakulärer Gipfel. Da es aber von St. Gilgen aus mit einer Seilbahn leicht erreichbar ist und nicht nur einen großartigen Blick auf den Wolfgangsee, sondern auch einige schöne und dabei sehr einfache Wandermöglichkeiten bietet, ist es einer der besten „Familienausflugsberge" des Salzkammerguts.

Der gemütliche Pillstein-Panorama-Rundweg ist wegen der schönen Aussicht auf Dachstein und Watzmann beliebt. Da der Rundweg sehr kurz ist, bietet es sich an, ihn mit der Überschreitung des Illingerberges und einer kleinen Schleife über das weitläufige, sehr hübsche Wiesenplateau der nahegelegenen Illinger Alm zu verlängern.

Die Illinger Alm ist eine echte Bergbauern-Idylle.

Der Panorama-Rundweg führt aussichtsreich um den Pillstein.

Eckdaten

Anspruch Technik: ● ● ● ● ● *leicht*
Anspruch Kondition: ● ● ● ● ● *mittel*
Länge: *9,7 km*
Höhenunterschied: *Auf- und Abstieg jeweils 450 m, Durchschnitt Steigung/Gefälle jeweils 4,6 %*
Gehzeit: *2:50-3:20 Stunden (ohne Pausen)*

Anforderungen: *Mittellange Wanderung auf einfachen Almwegen ohne Steilpassagen.*

Variationsmöglichkeiten: *Man kann die Wanderung zu einer Minirunde (3,5 km) verkürzen, indem man nur den Pillstein-Panorama-Rundweg geht.*

Wegmarkierungen: *Der Weg ist durchgehend sehr gut markiert.*

Einkehrmöglichkeiten: *Panoramarestaurant und Franzl's Hütte an der Bergstation, Gasthof Illingeralm etwas abseits der Strecke.*

Anfahrt: *Mit der Seilbahn ab St. Gilgen (S. 54).*

Wegbeschreibung

Von der Bergstation (w06-01) aus zunächst zum nahegelegenen Gipfel des Zwölferhorns (w06-02). Von dort aus führt ein Pfad Richtung Südwesten auf den deutlich sichtbaren Gipfel des Pillsteins zu und trifft ein Stück weiter bei der Arnikahütte auf den Hauptweg, der den Gipfel umgeht. Bei einer Gabelung links (w06-03). Kurz nach dieser Gabelung beginnt der Pillstein-Panorama-Rundweg, der den Gipfel des Pillsteins umrundet (w06-04) – es empfiehlt sich, hier links zu gehen, die Aussicht ist dann schöner. Ein kleiner Abstecher führt auf den Gipfel des Pillsteins.

GPS

w06-01:	*47,74312*	*13,35302*
w06-02:	*47,74250*	*13,35147*
w06-03:	*47,73880*	*13,34533*
w06-04:	*47,73793*	*13,34363*
w06-05:	*47,73587*	*13,33755*
w06-06:	*47,73223*	*13,33715*
w06-07:	*47,72915*	*13,33722*
w06-08:	*47,72210*	*13,33523*
w06-09:	*47,72058*	*13,34753*
w06-10:	*47,72765*	*13,34103*

Nach knapp 1 km auf dem Rundweg treffen wir auf eine Weggabelung (w06-05), ein Stück weiter ist die Roßhütte zu sehen. Hier biegen wir scharf links ab Richtung Illinger Alm (geradeaus geht es zurück zur Seilbahn). Der breite Fahrweg führt am Hang unterhalb des Panoramaweges entlang und endet auf einem Kamm, unten sind die Holzhäuser der Illinger Alm zu sehen. Bei einem Wegweiser geht es hinunter zum Gasthof Illinger Alm (w06-06), wir halten uns jedoch geradeaus und gehen auf den locker bewaldeten Gipfel des Illingerberges zu, auch bei einer zweiten Abzweigung (w06-07). Ab hier ist der Weg als Illinger Alm-Runde mit rotem Punkt markiert. Kurz danach beginnt der Anstieg zum Illingerberg auf einem schmalen Pfad. Nach der Überschreitung des Gipfels (w06-08) steigen wir auf der Südostseite wieder hinunter und überqueren eine weite Wiesenfläche. An einer breiten Fahrpiste (w06-09) links Richtung GH Illingeralm (blauer Punkt). Kurz vor den Hütten der Illinger Alm geht es links wieder zum Kamm hinauf Richtung Zwölferhorn (w06-10, zum Gasthof noch 900 m geradeaus).

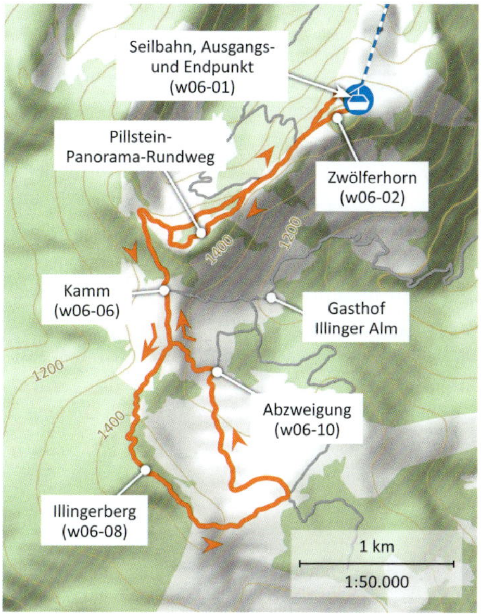

Auf dem Kamm rechts Richtung Zwölferhorn – ab jetzt befinden wir uns wieder auf dem Weg, über den wir gekommen sind. Um auf dem kürzesten Weg zur Seilbahn zu gelangen, gehen wir an der Abzweigung des Panoramarundweges (w06-05) jetzt geradeaus an der Roßhütte vorbei, ebenso an der Abzweigung bei der Arnikahütte unterhalb des Zwölferhorn-Gipfels (w06-03), den wir links umgehen.

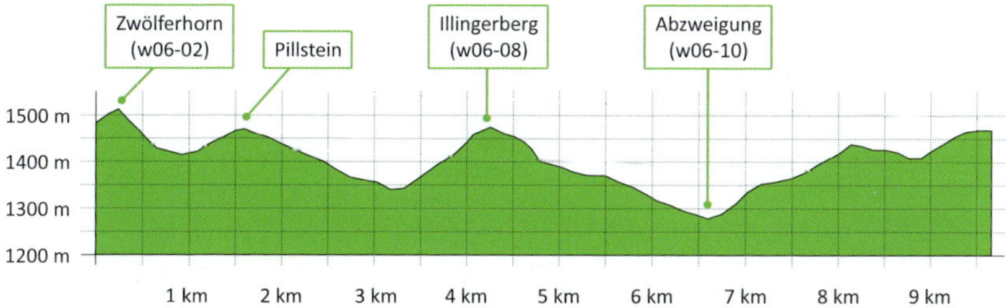

Über die Postalm auf das Wieslerhorn

Das Ziel dieser leichten Rundwanderung über die Postalm (➤ Seite 48) ist das Wieslerhorn, die westlichste Spitze des ausgedehnten Almplateaus. Wir wählen jedoch nicht den sehr kurzen direkten Aufstieg, sondern gehen zunächst ein Stück über die Alm und durch den lieblichen Mischwald des Wieslergrabens. Vorbei an der Thoralm geht es hinüber zur Wiesleralm, wo der Abstecher auf das Wieslerhorn beginnt: Der 1603 Meter hohe Gipfel befindet sich äußerst exponiert am Westrand des Plateaus und überragt die Alm um rund 200-300 Meter.

Der Aufstieg über die flache Südostseite ist ausgesprochen familienfreundlich, nach Westen dagegen fällt das Wieslerhorn mit einem überraschenden Steilhang ab. Erst hier erkennt man, wie dramatisch die Postalm auf dieser Seite endet! Der Blick geht über bewaldete Hänge hinüber zu Wolfgangsee und Schafberg. Doch auch die Aussicht in die andere Richtung kann sich sehen lassen: Unter uns breitet sich die Postalm in ihrer ganzen Schönheit aus, für die Kulisse sorgen Rinnkogel und Braunedl. Der kurze Rückweg zum Parkplatz lässt genug Zeit, um noch eine der zahlreichen Einkehrmöglichkeiten am Weg in Anspruch zu nehmen.

Vom Wieslerhorn fällt der Blick auf Wolfgangsee und Schafberg...

Eckdaten

Anspruch Technik:	● ● ● ● ●	*leicht*
Anspruch Kondition:	● ● ● ● ●	*mittel*
Länge:	*9,0 km*	
Höhenunterschied:	*Auf- und Abstieg jeweils 420 m, Durchschnitt Steigung/Gefälle jeweils 4,6 %*	
Gehzeit:	*2:30-2:50 Stunden (ohne Pausen)*	

Anforderungen: *Einfache Wanderung auf Almwegen, im Anstieg zum Wieslerhorn kurzzeitig mäßig steil.*

Wegmarkierungen: *Der Weg ist durchgehend sehr gut markiert.*

Einkehrmöglichkeiten: *Postalmhütte, Gasthof Thoralm und mehrere bewirtschaftete Hütten auf der Wiesleralm.*

Anfahrt mit dem Auto: *Ab Strobl oder Abtenau zum Parkplatz 3 auf der Postalm (w07-01, Mautplicht, Details S. 49).*

Anfahrt mit öffentlichen Verkehrsmitteln: *Buslinie 159 ab Strobl bis Endhaltestelle Postalm (S. 49).*

Wegbeschreibung

Wir gehen vom Parkplatz aus nach rechts auf den Rundweg 3 Richtung Postalmhütte. Der Weg führt an der Kapelle und der Postalmhütte (w07-02) vorbei und steigt vor einem Bachtal nach rechts ab. Nach der Überquerung des Baches geht es nach links Richtung Thoralm/Rundweg 3 (w07-03). Der Weg steigt nun parallel zum Bach wieder an und erreicht eine Fahrpiste (w07-04), der wir nach links zum Gasthaus Thoralm folgen. Direkt vor dem Gasthaus geht es auf einem Pfad nach links Rich-

...während sich in der anderen Richtung die Postalm ausbreitet.

tung Wieslerhorn (w07-05). Der Pfad trifft kurz darauf auf eine Fahrpiste, der wir zu den Hütten der Wiesleralm folgen (w07-06). Dort biegen wir nach rechts ab und gehen auf das von hier aus schon deutlich sichtbare Wieslerhorn zu. Vorbei an der Jausenstation Schafbergblick geht es zur Erlbachhütte und direkt davor links auf einen Pfad zum Wieslerhorn. Nun ist der Weg bis zum Gipfel (w07-07) nicht mehr zu verfehlen. Von dort aus zurück zu den Hütten der Wiesleralm und auf der breiten Fahrpiste immer geradeaus zum Parkplatz.

GPS		
w07-01:	47,66243	13,43290
w07-02:	47,66460	13,43643
w07-03:	47,66555	13,43978
w07-04:	47,67030	13,43428
w07-05:	47,67322	13,43802
w07-06:	47,67280	13,42563
w07-07:	47,68113	13,40850

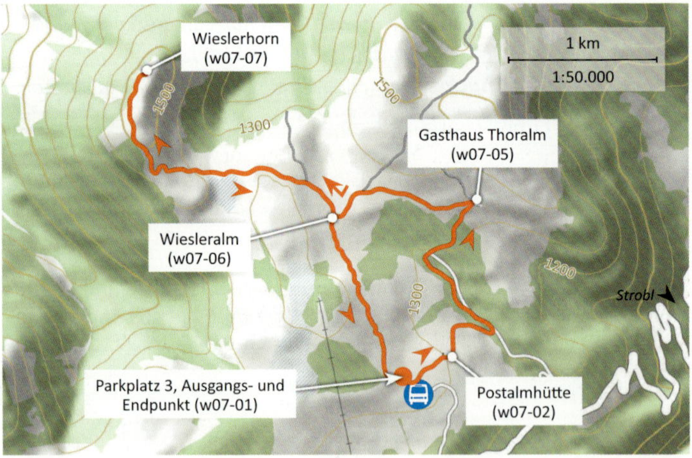

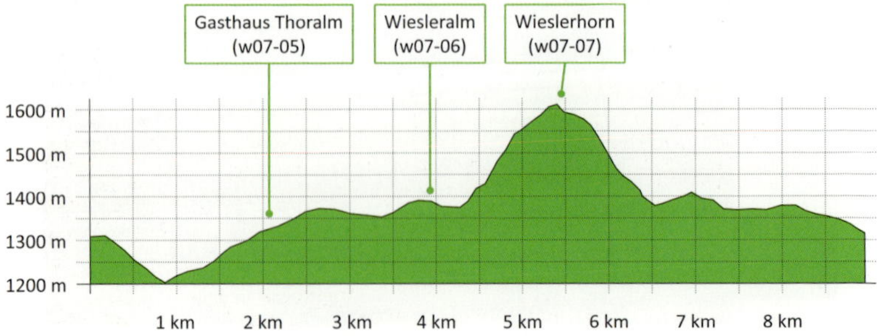

Wanderung 8:

Braunedl-Überschreitung

Der Braunedl bildet die Begrenzung des Postalm-Plateaus auf der Ostseite. Mit einer Gipfelhöhe von 1894 Metern übertrifft er selbst den Schafberg um rund 100 Meter und ist einer der höchsten Salzkammergutberge überhaupt – dennoch ist seine Besteigung durch den bereits rund 1200 Meter hoch gelegenen Startpunkt auf der Postalm eine leichte Übung. Da zwei Wege zum Gipfel führen, kann man die Wanderung zu einer Überschreitung ausbauen, die nur wenig anspruchsvoller ist als der Weg zum Wieslerhorn (➤ Seite 214).

Schon beim Aufstieg über die Nordflanke hat man einen großartigen Blick auf die imposanten Westhänge von Rinnkogel und Scharfen. Oben gibt es dann eine wirklich gewaltige Rundumsicht auf das Dachsteinmassiv und nahezu alle Salzkammergutberge, unten breitet sich das Postalm-Plateau aus. Im Süden erstreckt sich das Tennengebirge, und bei guter Sicht sind sogar die schneebedeckten Dreitausender der Hohen Tauern in der Ferne gut zu erkennen.

Der Blick vom Braunedl reicht bis zu den Hohen Tauern.

Eckdaten

Anspruch Technik:	*●●●●● mittel*
Anspruch Kondition:	*●●●●● mittel*
Länge:	*8,7 km*
Höhenunterschied:	*Auf- und Abstieg jeweils 740 m, Durchschnitt Steigung/Gefälle jeweils 8,5 %*
Gehzeit:	*2:50-3:30 Stunden (ohne Pausen)*

Anforderungen: *Die Wanderung verläuft überwiegend auf mittelschweren Alpinpfaden, im Gipfelbereich kurzzeitig ziemlich steil. Wanderstöcke sind zu empfehlen.*

Wegmarkierungen: *Der Weg ist durchgehend sehr gut markiert.*

Einkehrmöglichkeiten: *Restaurant Lienbachhof am Parkplatz und Rettenegghütte.*

Anfahrt mit dem Auto: *Ab Strobl oder Abtenau zum Parkplatz 1 auf der Postalm beim Skizentrum (w08-01, Mautpflicht, Details* *S. 49**).*

Anfahrt mit öffentlichen Verkehrsmitteln: *Buslinie 159 ab Strobl bis Postalm Skizentrum (**S. 49**).*

Wegbeschreibung

Vom Parkplatz ein Stück auf der Zufahrtsstraße Richtung Nordosten, dann direkt vor der Überquerung eines Baches nach rechts auf die Fahrpiste zur Rettenegghütte. Die Piste macht bald eine Kehre nach rechts; wir gehen hier geradeaus auf einem Pfad Richtung „Rettenegghütte/Braunedl über Sill" (w08-02) zur Rettenegghütte. Direkt hinter dem Gebäude (w08-03) zweigt der Pfad zum Braunedl nach rechts ab und führt steil durch den Wald bergauf. Von nun an ist der Weg lange Zeit eindeutig. Oberhalb der Waldgrenze erreichen wir eine Abzweigung (w08-04), an der wir rechts Richtung Braunedl gehen (links geht es zum Gipfel des benachbarten Scharfen). Nach einem kurzen, sehr steilen Aufstieg ist der Gipfel erreicht (w08-05).

Beim Aufstieg hat man die bizarre Westflanke des Scharfen vor Augen.

Von dort aus nicht zurück, sondern geradeaus Richtung Südwesten. Kurz danach an einer Abzweigung rechts Richtung Moosbergsattel (w08-06, geradeaus geht es zum Moosbergriedel). Am Moosbergsattel (w08-07), bereits wieder auf dem Almplateau, erreichen wir eine Fahrpiste, der wir nach rechts Richtung Postalmparkplatz 1 folgen. Knapp 800 m danach rechts Richtung Rundweg 1 und gleich darauf links über die Almwiese der Beschilderung zum Postalmparkplatz 1 folgen (w08-08).

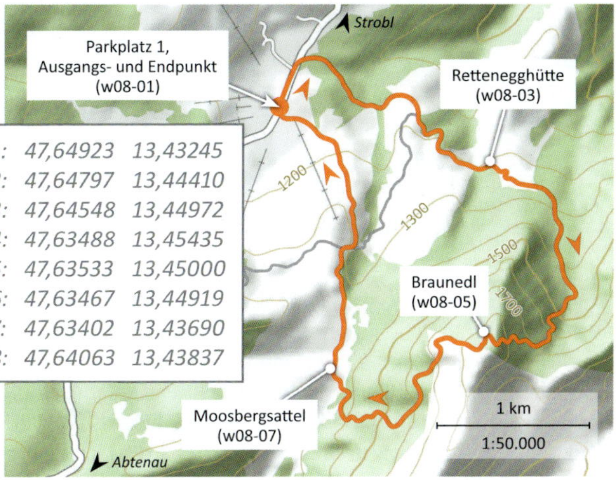

GPS		
w08-01:	*47,64923*	*13,43245*
w08-02:	*47,64797*	*13,44410*
w08-03:	*47,64548*	*13,44972*
w08-04:	*47,63488*	*13,45435*
w08-05:	*47,63533*	*13,45000*
w08-06:	*47,63467*	*13,44919*
w08-07:	*47,63402*	*13,43690*
w08-08:	*47,64063*	*13,43837*

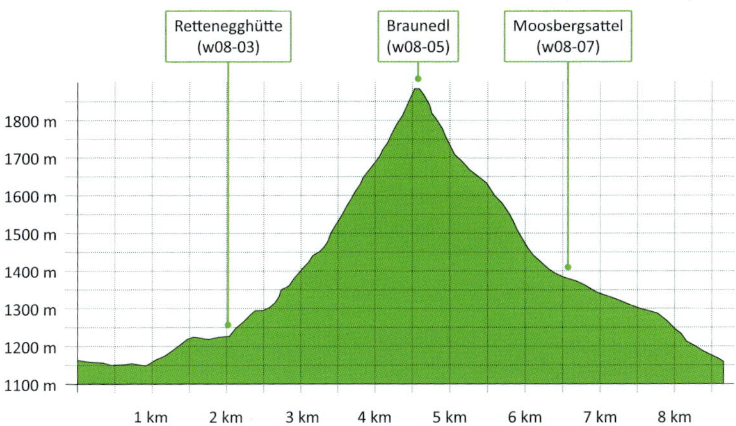

Fuschlsee-Umrundung

Der Fuschlsee ist mit seinem im Sommer recht warmen Wasser ein beliebter Badesee (➤ Seite 55). Da er nicht besonders groß ist, kann man ihn an einem Nachmittag umrunden und hat dabei noch Zeit für die eine oder andere Badepause an einem der vier Strandbäder oder einem der zahlreichen Naturbadeplätze. Allerdings führt der Weg nicht immer direkt am Wasser entlang: Vor allem am südöstlichen Ufer müssen etliche Privatgrundstücke umgangen werden, vom See sieht man längere Zeit wenig. Dafür entschädigen aber lange Passagen, die oberhalb vom Seeufer durch schattigen Wald führen. Kleine Pfade locken hier immer wieder zur versteckten Plätzen am Wasser hinunter.

Ungefähr auf halber Strecke wird Schloss Fuschl passiert, heute ein Luxushotel. Ein Aussichtspunkt ein Stück oberhalb des Gebäudes bietet einen Postkartenblick auf den See mit dem Schloss im Vordergrund. Nach der Überquerung der flachen Feuchtwiesenlandschaft am Westende geht es am Nordufer wieder durch schattigen Wald zurück. Hier wird der Blick auf den See kaum noch durch Privatgrundstücke verhindert, in diesem Bereich gibt es die schönsten Naturbadeplätze.

Immer wieder kommt man an schönen Naturbadeplätzen vorbei.

Eckdaten

Anspruch Technik: ● ○ ○ ○ ○ *sehr leicht*

Anspruch Kondition: ● ● ○ ○ ○ *leicht*

Länge: *11,4 km*

Höhenunterschied: *Auf- und Abstieg jeweils 190 m, Durchschnitt Steigung/Gefälle jeweils 1,6 %*

Gehzeit: *2:20-2:40 Stunden (ohne Pausen)*

Anforderungen: *Leichte Wanderung auf sehr einfachen Wegen.*

Wegmarkierungen: *Der Weg ist durchgehend gut markiert.*

Einkehrmöglichkeiten: *In Fuschl und an allen Strandbädern, hochklassiges Restaurant im Schloss Fuschl.*

Anfahrt mit dem Auto: *Großer Parkplatz in Fuschl beim Strandbad (gebührenpflichtig).*

Anfahrt mit öffentlichen Verkehrsmitteln: *Linie 150 ab Bad Ischl bis Fuschl Strand. Busfahrer können auch am Gasthaus Brunnwirt aussteigen und sich so die langweiligen ersten 900 m sparen.*

Wegbeschreibung

Der Rundweg beginnt in Fuschl direkt an der Promenade (w09-01) und führt, von Anfang an gut beschildert, am Strandbad vorbei und ein kleines Stück die Ausfallstraße entlang, die er gleich darauf nach rechts verlässt (w09-02). Von nun an geht es meistens hinter Privatgrundstücken entlang. Sobald das zweite Strandbad (w09-03) passiert ist, verläuft der Weg längere Zeit durch den Wald. In diesem Abschnitt gibt es schöne Naturbadeplätze und ein drittes Strandbad (w09-04). Kurz vor dem Schloss passieren wir die Anlegestelle der Zille und gehen dann auf der dem See abgewandten Seite um das Grundstück des Schlosshotels herum. Kurz nach Passieren der Zufahrt kann man nach links einen kurzen Abstecher zu einem Aussichtspunkt machen (w09-05, Wegweiser Wasserspur/Aussichtsturm).

Weite Teile des Weges verlaufen im Wald.

Zurück auf dem Seerundweg, passieren wir einen Golfplatz und ein letztes Strandbad. Dahinter rechts Richtung Fuschlsee-Rundweg (w09-06, geradeaus führt der Fuschlsee-Wanderweg). Der Weg durchquert nun eine flache Feuchtwiesenzone; knapp 400 m nach der letzten Abzweigung führt ein etwa 200 m langer Abstecher nach rechts zu einer winzigen, hübsch am Ufer gelegenen Wiese.

Der Weg trifft auf eine Straße, folgt ihr nach rechts und verlässt sie schon nach 200 m wieder nach rechts (w09-07). Bald geht es wieder durch schattigen Wald, zunächst als breite Fahrpiste (immer geradeaus), dann als schmaler Pfad bis nach Fuschl.

GPS		
w09-01:	47,79703	13,29870
w09-02:	47,79300	13,29900
w09-03:	47,79388	13,28970
w09-04:	47,80055	13,27460
w09-05:	47,80842	13,25200
w09-06:	47,81330	13,24982
w09-07:	47,81617	13,25980

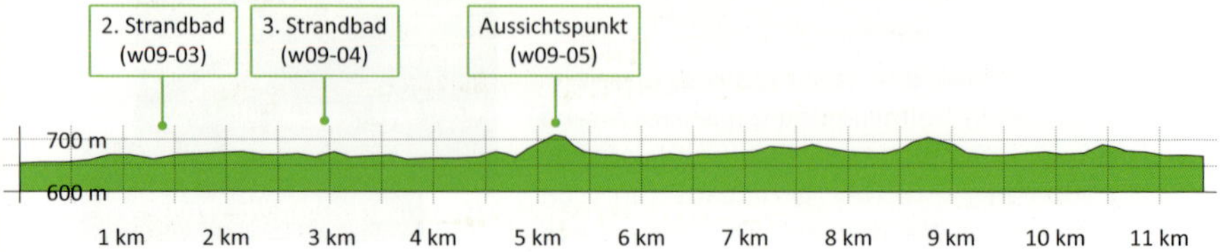

Wanderung 10:

Durch die Kaltenbachwildnis

Die Kaltenbachwildnis am Fuß des Traunsteins ist von bizarr zerklüfteten Felstürmen und hoch aufragenden Steilwänden geprägt. Mitten durch dieses kleine, auf den ersten Blick kaum zugänglich erscheinende Gebiet führt ein einfach zu begehender Rundweg, der die Kaltenbachwildnis zu einem attraktiven Ziel für eine spannende, familientaugliche Kurzwanderung macht. Auf der kleinen Runde geht es immer wieder auf und ab, teilweise über sorgfältig angelegte Treppen, während man an vielen Stellen schöne Aussichten auf die umgebenden Felsformationen und den Traunsee genießen kann. Da die Wanderung nicht lange dauert, bleibt genug Zeit für einen Besuch der schönen Naturbadeplätze am Fuß des Traunsteins oder einen Abstecher zum verwegen am Felsufer entlang gebauten Miesweg.

Bizarren Felsformationen bilden die Kaltenbachwildnis.

Eckdaten

Anspruch Technik: ● ● ● ● ● *leicht*
Anspruch Kondition: ● ● ● ● ● *sehr leicht*
Länge: *3,7 km*
Höhenunterschied: *Auf- und Abstieg jeweils 220 m, Durchschnitt Steigung/Gefälle jeweils 5,9 %*
Gehzeit: *1:00-1:10 Stunden (ohne Pausen)*

Anforderungen: *Kurzwanderung auf einfachen, stellenweise jedoch recht steilen Pfaden, teilweise über Treppen.*

Variationsmöglichkeiten: *Die Wanderung kann mit einer Begehung des Mieswegs (Wanderung 11, letzter Abschnitt ab w11-10) kombiniert werden.*

Wegmarkierungen: *Der Weg ist durchgehend gut markiert.*

Einkehrmöglichkeiten: *Gasthof Hoisn am See, unterwegs keine.*

Anfahrt mit dem Auto: *Ab Gmunden auf der Traunsteinstraße bis zum Parkplatz an deren Ende (w10-01, gebührenpflichtig). Der Parkplatz ist klein und oft überfüllt.*

Anfahrt mit öffentlichen Verkehrsmitteln: *Nur mit dem Schiff. Details bei Wanderung 11, S. 228.*

Wegbeschreibung

Vom Parkplatz zunächst die steile, mit einer Schranke versperrte Asphaltstraße hinauf, kurz danach wieder links auf eine Schotterpiste Richtung Kaltenbachwildnis/Hernlersteig (w10-02). Nach etwa 500 m verlassen wir die Fahrpiste nach rechts auf einem kleinen Pfad, weiterhin Richtung Kaltenbachwildnis/Hernlersteig (w10-03). *Von der Schiffsanlegestelle geht es knapp 600 m die Straße entlang Richtung Süden. Hinter einem gelben Elektrohäuschen links Richtung Kaltenbachwildnis/Hernlersteig zu w10-03.*

Wir passieren die Abzweigung des Hernlersteigs (w10-04) und gehen hier links

Der Weg führt mit viel Auf und Ab durch das Felsgebiet.

Richtung Kaltenbachwildnis. Von nun an ist der Rundweg nicht mehr zu verfehlen. An dessen Ende erreichen wir eine Fahrpiste (w10-05); hier links Richtung Traunsee-Ostufer. Gleich danach (w10-06) teilt sich der Weg: Rechts geht es zur Schiffsstation, links zum Parkplatz.

Für die Verlängerung über den Miesweg geht es vom Parkplatz auf der breiten Fahrpiste nach Süden. Der Miesweg zweigt unmittelbar beim Portal des ersten Tunnels (1,3 km ab Parkplatz) auf der Seeseite ab.

Der Miesweg ist direkt ans Steilufer gebaut.

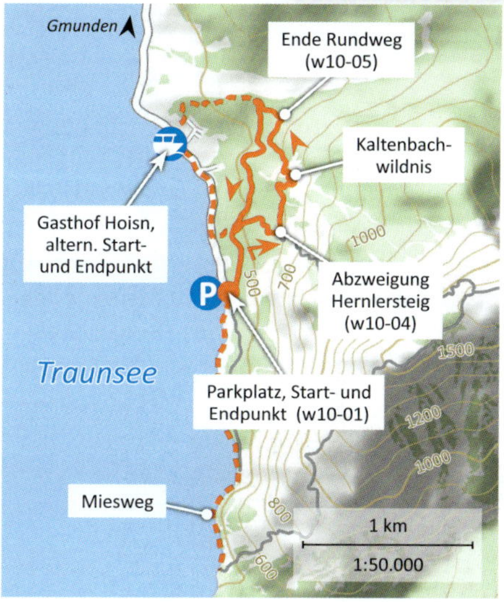

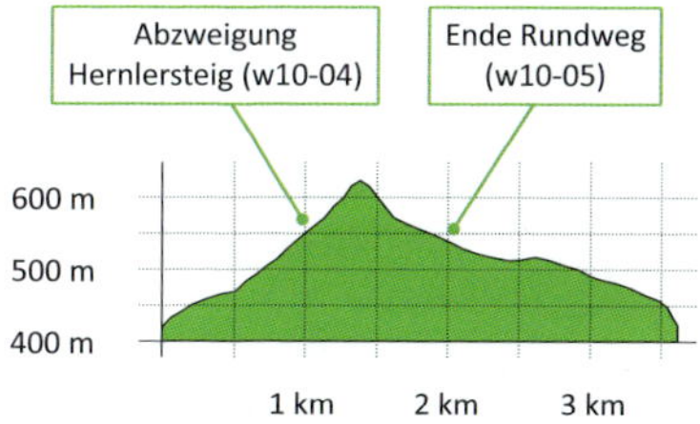

GPS		
w10-01:	*47,87300*	*13,81533*
w10-02:	*47,87217*	*13,81570*
w10-03:	*47,87660*	*13,81617*
w10-04:	*47,87653*	*13,81912*
w10-05:	*47,88220*	*13,81903*
w10-06:	*47,88293*	*13,81748*

Wanderung 11:

Traunstein-Überschreitung

Mit seinem klotzigen Profil überragt der 1691 Meter hohe Traunstein den Traunsee, als einer der nördlichsten Gipfel ist er bis weit ins Alpenvorland zu sehen. Eine Besteigung ist natürlich ausgesprochen reizvoll, aber der Traunstein ist nicht so einfach zu haben wie die meisten anderen Salzkammergutberge, denn alle Anstiegswege sind Klettersteige. Wenn auch leichte: Der Schwierigkeitsgrad geht nicht über B hinaus (➤ Seite 29). Erfahrung mit Klettersteigen ist also nicht unbedingt nötig, Schwindelfreiheit, Trittsicherheit und ein hohes Maß an Erfahrung mit schwierigen Alpinwegen sind aber Voraussetzung. Eine gute Kondition sowieso, denn über 1300 Höhenmeter sind zu bewältigen, und der Höhenunterschied ist in Relation zur Gesamtlänge erheblich! Mit einer Übernachtung in einer der beiden Hütten im Gipfelbereich lässt sich die Tour aber auch auf zwei halbe Tage aufteilen.

Wer die Voraussetzungen erfüllt, kann auf dem Traunstein ein außergewöhnliches kleines Abenteuer erleben! Insgesamt führen drei Steige nach oben: Der Hans-Hernler-Steig und der Naturfreundesteig auf der Seeseite und der Maieralmsteig auf der Südseite. Der Natur-

Von der Gmundner Hütte hat man eine fantastische Aussicht auf den Traunsee.

freundesteig ist sicherlich der schönste, aber auch der Hernlersteig hat seinen Reiz! Dieser Tourenvorschlag empfiehlt den Aufstieg über den Hernlersteig, der den ganzen Vormittag über im Schatten liegt. Erfahrene Klettersteiggeher können mit dem Traunstein-Klettersteig noch eins draufsetzen: Dieser schwierige Steig (Kategorie D) zweigt im oberen Bereich vom Hernlerstein ab. Beide Steige enden an der Gmundner Hütte; zum Pyramidenkogel, dem Hauptgipfel, ist es von hier aus nur noch ein kurzer Spaziergang.

Vorbei am etwas weiter unten gelegenen Traunsteinhaus geht es über den großartigen Naturfreundesteig nach unten. Wie schon beim Aufstieg wechseln sich auch jetzt steile Gehpassagen mit sehr schönen Kletterstellen ab. Immer wieder ergeben sich auf dem exponierten Steig atemberaubende Tiefblicke auf den Traunsee sowie Aussichten auf die umgebende Landschaft und die Felswildnis der Traunstein-Westflanke, die diese Tour zu einer der großartigsten des Salzkammerguts machen! Als letztes Sahnehäubchen kann man nach dem Abstieg noch den Miesweg draufsetzen, der als verwegen angelegte, aber sehr einfache Steiganlage am felsigen Ufer des Traunsees entlangführt.

Der Naturfreundesteig führt durch die felsige Südwestflanke.

Eckdaten

Anspruch Technik: ●●●●● *sehr schwierig*

Anspruch Kondition: ●●●●○ *schwierig*

Länge: *ab Parkplatz 9,1 km, ab Schiff 10,0 km*

Höhenunterschied: *Auf- und Abstieg jeweils 1310 m, Durchschnitt Steigung/Gefälle jeweils 14,3 %*

Gehzeit: *6:30-8:00 Stunden (ohne Pausen)*

Anforderungen: *Eine technisch sehr anspruchsvolle Wanderung über extrem steile Alpinpfade mit längeren seilgesicherten Passagen und kurzen, einfachen Kletterstellen. Gehen Sie diese Wanderung nur, wenn Sie absolut trittsicher sind und Erfahrung mit anspruchsvollen Hochgebirgswegen haben! Sowohl Auf- als auch Abstiegsweg sind Klettersteige der Kategorie A bis B und über lange Strecken fordernd. Eine Klettersteigsicherung ist für Unsichere sinnvoll, für Erfahrene nicht unbedingt nötig. Für den Naturfreundesteig wird aber ein Helm empfohlen, Klettersteighandschuhe und Wanderstöcke sind in jedem Fall angenehm.*

Variationsmöglichkeiten: *Der nicht ganz so interessante, aber einfachere Maieralmsteig bietet sich als alternative Abstiegsmöglichkeit an, falls man sich mit dem Abstieg über den Naturfreundesteig (der mit dem Hernlersteig vergleichbar ist) überfordert fühlt. Der Steig trifft an der Maieralm auf eine Forststraße, die einen einfachen Weiterweg zum Ausgangspunkt ermöglicht.*

Wegmarkierungen: *Der Weg ist durchgehend gut markiert.*

Einkehrmöglichkeiten: *Gmundner Hütte (www.gmundnerhuette.at, Tel. 0043 699 1264 3190) und Traunsteinhaus (www.traunsteinhaus.at, Tel. 0043 7612 65010) im Gipfelbereich, beide mit Übernachtungsmöglichkeit. Außerdem Gasthäuser am Seeufer.*

Anfahrt mit dem Auto: *Ab Gmunden auf der Traunsteinstraße bis zum Parkplatz an deren Ende (w11-01, gebührenpflichtig). Der Parkplatz ist klein und vor allem an Wochenenden oft überfüllt.*

Anfahrt mit öffentlichen Verkehrsmitteln: *Nur mit dem Schiff bis Gasthof Hoisn. Achtung: Die aushängenden Schiffsfahrpläne sind nicht verbindlich, gelegentlich fallen Fahrten aus! Informieren Sie sich unter www.traunseeschifffahrt.at („Heute für Sie unterwegs") oder unter Tel. 0043 7612 66700 über die tagesaktuellen Fahrzeiten. Im Notfall funktioniert Autostopp recht gut.*

Wegbeschreibung

Vom Parkplatz zunächst die steile, mit einer Schranke versperrte Asphaltstraße hinauf, kurz danach wieder links auf eine Schotterpiste Richtung Kaltenbachwildnis/Hernlersteig (w11-02). Nach etwa 500 m verlassen wir die Fahrpiste nach rechts auf einen kleinen Pfad, weiterhin Richtung Kaltenbachwildnis/Hernlersteig (w11-03). *Von der Schiffsanlegestelle geht es knapp 600 m die Straße entlang Richtung Süden und hinter einem gelben Elektrohäuschen links Richtung Kaltenbachwildnis/Hernlersteig zu w11-03.* Der Weg steigt nun etwas steiler an und erreicht nach weiteren 400 m eine Gabelung (w11-04): links geht es zur Kaltenbachwildnis (Wanderung 10), wir halten uns hier rechts und beginnen den Anstieg auf dem Hernlersteig. Von nun an ist der Weg lange Zeit nicht mehr zu verfehlen. Weit oben, schon fast unter dem Gipfel, zweigt der Traunstein-Klettersteig rechts ab (w11-05). Für den einfacheren Hernlersteig bleiben wir links; beide Steige enden kurz danach auf dem Gipfelplateau bei der Gmundner Hütte (w11-06).

Das Gipfelkreuz des Pyramidenkogels (w11-07) ist von hier aus deutlich zu sehen, der Hauptgipfel ist nach einfachen 450 m erreicht. Vom Gipfel zurück zur Gmundner Hütte und hinunter zum unten sichtbaren Traunsteinhaus. Zwischen den beiden Hütten zweigt der Maieralm-Steig ab (w11-08, alternativer einfacher Abstiegsweg). Für den Naturfreundesteig gehen wir direkt am Traunsteinhaus (w11-09) vorbei, der weitere Abstiegsweg ist jetzt nicht mehr zu verfehlen. Knapp über dem See trifft der

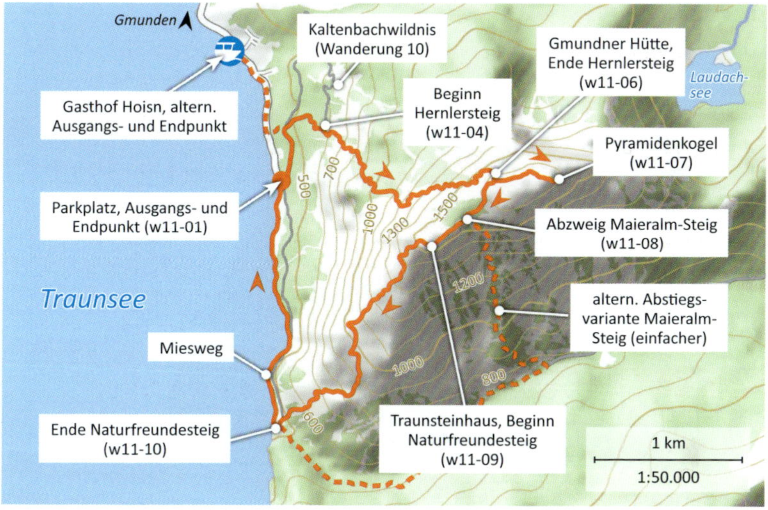

Naturfreundesteig bei einer Brücke auf eine Fahrpiste (w11-10). Der direkte Weg zum Ausgangspunkt führt über diese Piste durch einige Tunnels. Für die Variante über den Miesweg überqueren wir die Brücke und biegen direkt dahinter nach rechts auf den Miesweg ab. Die Steiganlage führt außen um den Hang herum und trifft hinter dem letzten Tunnel wieder auf die Fahrpiste (w11-12). Kurz danach verläuft die Fahrstraße an einer Anlage zum Steinschlagschutz vorbei; hier geht es nach links zum Seeufer hinunter. Bei normalem Wasserstand kann man am Ufer entlang bis zum Parkplatz gehen, sonst muss man auf der Straße bleiben. Vom Parkplatz zum Schiffsanleger beim Gasthof Hoisn sind es weitere 950 m.

GPS		
w11-01:	*47,87300*	*13,81533*
w11-02:	*47,87217*	*13,81570*
w11-03:	*47,87660*	*13,81617*
w11-04:	*47,87653*	*13,81912*
w11-05:	*47,87292*	*13,83283*
w11-06:	*47,87308*	*13,83417*
w11-07:	*47,87315*	*13,83970*
w11-08:	*47,87093*	*13,83165*
w11-09:	*47,86953*	*13,82857*
w11-10:	*47,85888*	*13,81552*
w11-11:	*47,86310*	*13,81567*

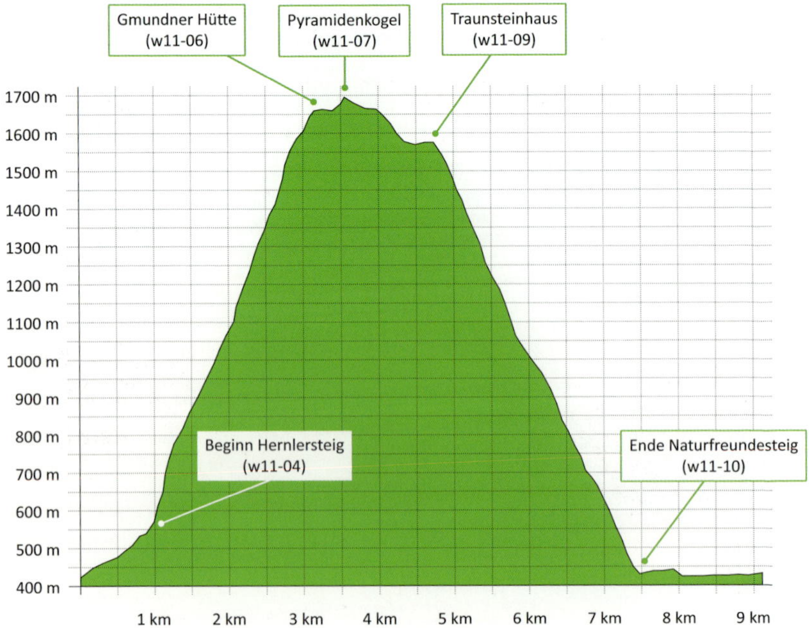

Wanderung 12:

Über die Sonnsteine

Der Große und der Kleine Sonnstein überragen die südwestliche Ecke des Traunsees. Wegen ihrer Nähe zu den beiden Seeorten werden sie auch Ebenseer und Traunkirchener Sonnstein genannt. Die beiden nicht allzu hohen Gipfel sind durch einen sehr schönen und interessanten Wanderweg miteinander verbunden, so dass sich eine Überschreitung von Ebensee nach Traunkirchen anbietet. Beide Berge bieten durch ihre exponierte Lage eine großartige Aussicht hinunter auf den südlichen Teil des Traunsees und auf den gegenüber liegenden Traunstein. Da die Tour recht kurz ist, bietet sie sich für einen entspannten Nachmittag an. Ein weiterer Pluspunkt: Beide Berge sind bis hinauf zu den Gipfeln mit lockerem Mischwald bestanden, sodass der Weg zum größten Teil im Schatten verläuft.

Trotz der bescheidenen Gipfelhöhen von 1037 und 923 Metern ist dies eine durchaus anspruchsvolle Tour: Der Aufstieg von Ebensee zum Großen Sonnstein (oder Ebenseer Sonnstein) ist noch recht harmlos, aber der weitere Weg zum Kleinen Sonnstein erfordert durchaus Tritt-

Vom Kleinen Sonnstein blickt man über den See zum Traunstein.

sicherheit und Schwindelfreiheit! Alle steilen Passagen sind aber mit Seilen gesichert. Der Abstieg vom Kleinen Sonnsteig hinunter nach Traunkirchen verläuft dann wieder recht einfach über hölzerne Stufen durch schönen Mischwald. Dann passieren wir noch eine Serie schöner kleiner Wasserkaskaden im Schindlgraben, bevor wir Traunkirchen erreichen (➤ Seite 70). Im reizvollen Ortszentrum kann man die Wanderung bei einem Kaffee ausklingen lassen, bevor es mit Zug oder Schiff wieder zurück geht.

Eckdaten

Anspruch Technik:	●●●●● *schwierig*
Anspruch Kondition:	●●●●● *mittel*
Länge:	*6,7 km*
Höhenunterschied:	*Aufstieg 725 m, Abstieg 685 m, Durchschnitt Steigung 10,8 %, Gefälle 10,2 %*
Gehzeit:	*2:50-3:40 Stunden (ohne Pausen)*

Anforderungen: *Der Weg zwischen den beiden Gipfeln ist ein teilweise steiler und anspruchsvoller Alpinpfad, der Trittsicherheit verlangt. Einige Passagen sind mit Drahtseilen gesichert. Der Aufstieg auf den Großen Sonnstein und der Abstieg vom Kleinen Sonnstein nach Traunkirchen sind dagegen recht einfach.*

Variationsmöglichkeiten: *Bei Rückfahrt mit dem Bus (Haltestelle an der B145) verkürzt sich die Strecke um 1,2 km.*

Wegmarkierungen: *Der Weg ist durchgehend gut markiert.*

Einkehrmöglichkeiten: *Sonnsteinhütte am Kleinen Sonnstein, während der Sommerferien (Anfang Juli bis Anfang September) täglich geöffnet, sonst nur an Wochenenden, im Winter geschlossen. Außerdem Gastronomie in Ebensee und Traunkirchen.*

Anfahrt mit dem Auto: *Die Wanderung beginnt bei der Bahnstation Ebensee Landungsplatz (w12-01). Parkplätze an der Straße oder beim Einkaufszentrum zwischen Bahnstation und Traun. Zurück mit Zug oder Schiff.*

Anfahrt mit öffentlichen Verkehrsmitteln: *Zug bis Ebensee Landungsplatz. Zurück mit dem Zug (ab Traunkirchen Ort, nur alle 2 Std.), mit dem Schiff (www.traunseeschifffahrt.at) oder ab Traunkirchen-Siegesbach mit Buslinie 505 (nur 3 Fahrten am Nachmittag, nicht an Sa, So und Feiertagen).*

Wegbeschreibung

Wir gehen von der Bahnstation vorbei an der kleinen Parkanlage zur Kirche hinauf. Hinter der Kirche folgen wir einer steilen Straße Richtung Großer Sonnstein. Die Straße führt in den Wald hinein und macht eine Kurve nach links. An der Straßengabelung bei einer Hauseinfahrt rechts und kurz danach wieder rechts auf einen schmalen Pfad (Wegweiser zum Großen Sonnstein, w12-02). Nach einem steilen Aufstieg, schon fast unter dem Gipfel, erreichen wir eine Weggabelung. Hier rechts Richtung Großer Sonnstein/Übergang Kleiner Sonnstein (w12-03). Kurz danach ist der Gipfel des Großen Sonnsteins erreicht (w12-04).

Von dort ein kleines Stück zurück, dann rechts Richtung Kleiner Sonnstein. Der Weg führt zunächst steil

GPS

w12-01:	47,81258	13,77468
w12-02:	47,81542	13,77185
w12-03:	47,82293	13,77170
w12-04:	47,82378	13,77445
w12-05:	47,82750	13,78188
w12-06:	47,82922	13,78542
w12-07:	47,83293	13,77952
w12-08:	47,83625	13,78475
w12-09:	47,84280	13,78712

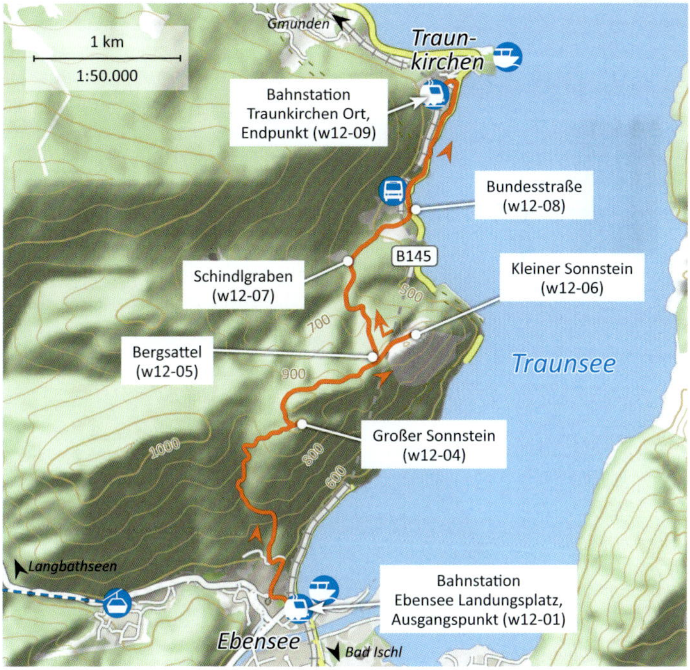

Der Abstieg führt an den Kaskaden des Schindlgrabens vorbei.

abwärts, dann geht es durch lockeren Wald und an einer Felswand entlang. Der Weg steigt zu einem flachen Bergsattel mit einer einfachen Holzbank an (w12-05). Links geht es nach Traunkirchen hinunter, wir gehen aber zunächst geradeaus über einen felsigen Anstieg zum Gipfel des Kleinen Sonnsteins hinauf (w12-06). Kurz vor dem Gipfel befindet sich die Sonnsteinhütte.

Vom Kleinen Sonnstein gehen wir wieder bis zum Bergsattel mit der Holzbank und dort rechts auf dem etwas breiteren Weg mit rot-weiß-roten Markierungen mit leichtem Gefälle Richtung Traunkirchen hinunter. Vor dem Bach im Schindlgraben rechts (w12-07). Schließlich treffen wir auf die B145 (w12-08, Bushaltestelle). Nach Traunkirchen geht es vor dem Tunnel rechts Richtung „historisches Zentrum". Zum Ortsplatz und Schiffsanleger geradeaus; zum Bahnhof Traunkirchen Ort (w12-09) beim Antiquitätenladen links in die Straße Alte Post, nach rund 100 m noch einmal links, dann den Schildern folgen.

Rundwanderung am Feuerkogel

Der 1592 Meter hohe Feuerkogel (➤ Seite 80) ist der nordöstlichste Gipfel des Höllengebirges, das sich bis zum Attersee hinüberzieht. Als einer der leicht erreichbaren „Seilbahnberge“ ist er ein beliebtes Ausflugsziel, obwohl er mit einem ganzen „Almdorf“ zugebaut und ziemlich unattraktiv ist. Lohnend ist aber diese kurze, einfache Rundwanderung zu einigen Gipfeln in der näheren Umgebung: Der Alberfeldkogel (1707 Meter) beeindruckt durch seine nahezu senkrecht abfallende Nordflanke. Vom Gipfel, der durch das pompöse Europakreuz geziert wird, hat man einen schönen Blick auf die tief unten liegenden Langbathseen (➤ Seite 81). Abenteuerlustige können den Gipfel auch über den HTL-Klettersteig (Schwierigkeitsgrad C) besteigen.

Die meisten Ausflügler gehen vom Alberfeldkogel aus direkt zur Seilbahnstation zurück. Es lohnt sich aber, noch eine kleine Runde anzuschließen, die oberhalb an den eindrucksvollen Nordhängen des Höllengebirges entlang zum südseitig gelegenen Helmeskogel führt. Von hier aus gibt es noch einmal eine großartige Aussicht zur anderen Seite, hinunter ins Trauntal um Ebensee.

Vom Alberfeldkogel reicht der Blick weit ins Alpenvorland.

Eckdaten

Anspruch Technik: ●●●●● *mittel*
Anspruch Kondition: ●●●●● *leicht*
Länge: *8,1 km*
Höhenunterschied: *Auf- und Abstieg jeweils 330 m, Durchschnitt Steigung/Gefälle jeweils 4,0 %*
Gehzeit: *2:30-3:00 Stunden (ohne Pausen)*

Anforderungen: *Einfache und kurze Rundwanderung, teilweise auf breiten Wegen, teilweise auf schmalen, jedoch unproblematischen Pfaden.*

Wegmarkierungen: *Der Weg ist durchgehend gut markiert, allerdings können die zahlreichen Abzweigungen verwirren.*

Einkehrmöglichkeiten: *Feuerkogelhaus und Berggasthof Edelweiß (beide mit Übernachtungsmöglichkeiten) bei der Bergstation, Kranabeth-Hütte etwas südlich davon.*

Anfahrt: *Mit der Feuerkogel-Seilbahn ab Ebensee (Details S. 81).*

Wegbeschreibung

Wir gehen von der Seilbahnstation (w13-01) zunächst Richtung Europakreuz/Helmeskogel. Nach 300 m lohnt ein kleiner Umweg über den Pledigupf: Der Weg zweigt beim Gasthof Edelweiß nach rechts ab (w13-02) und trifft kurz danach wieder auf den breiten Hauptweg, dem wir nach rechts folgen. Nach nur 50 m gabelt sich der Weg (w13-03); hier gehen wir rechts Richtung Europakreuz (links geht es zum Höllkogel). 1,4 km nach der Abzweigung erreichen wir den Gipfel des Alberfeldkogels mit dem Europakreuz (w13-04). Vom Gipfel aus steigen wir ein Stück auf dem Hauptweg ab, biegen aber schon nach gut 200 m bei einem Hochstand nach rechts in einen unauffälligen Weg Richtung Riederhütte ein (w13-05).

Der Weg führt am Hang entlang und erreicht etwa 800 m nach der letzten Abzweigung eine Gabelung (w13-06). Hier gehen wir links Richtung Feuerkogel/Bergstation (rechts geht es zur Riederhütte). Wir befinden uns jetzt wieder auf dem Rückweg, gehen aber nicht direkt zur Bergstation, sondern zweigen 1,2 km nach der letzten Gabelung nach rechts Richtung Helmeskogel ab (w13-07). Der Gipfel

GPS

w13-01:	*47,81567*	*13,72215*
w13-02:	*47,81593*	*13,71827*
w13-03:	*47,81533*	*13,71537*
w13-04:	*47,81732*	*13,70468*
w13-05:	*47,81568*	*13,70555*
w13-06:	*47,81243*	*13,69930*
w13-07:	*47,81258*	*13,71323*
w13-08:	*47,80285*	*13,71660*
w13-09:	*47,80717*	*13,71522*
w13-10:	*47,81320*	*13,71908*

Die Aussichtskanzel am Helmeskogel lohnt einen Umweg.

ist nach weiteren 1,5 km erreicht (w13-08). Von dort aus können wir noch eine kleine Extrarunde anschließen: Wir gehen vom Helmeskogelgipfel aus rund 700 m zurück, vorbei an der Abzweigung des Kaiserwegs, der ins Tal hinunter führt (Nummer 837). Etwa 100 m weiter biegen wir, kurz vor einer Bank und einem kleinen Hügel, nach rechts in einen unauffälligen, unmarkierten Pfad ein (w13-09). Dieser umgeht die niedrige Kuppe des Steinkogels, passiert die Station eines Schleppliftes und trifft etwa 100 m weiter auf den Hauptweg, dem wir nach rechts zu den Almhütten folgen (w13-10). Wir umrunden die Almhütten auf dem jetzt wieder gut markierten Weg und erreichen kurz danach die Seilbahnstation.

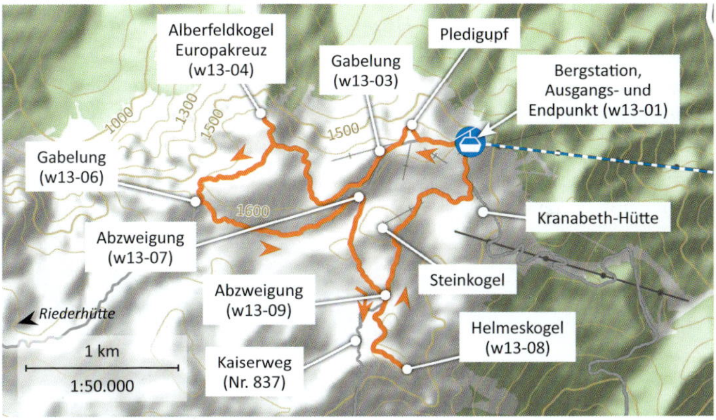

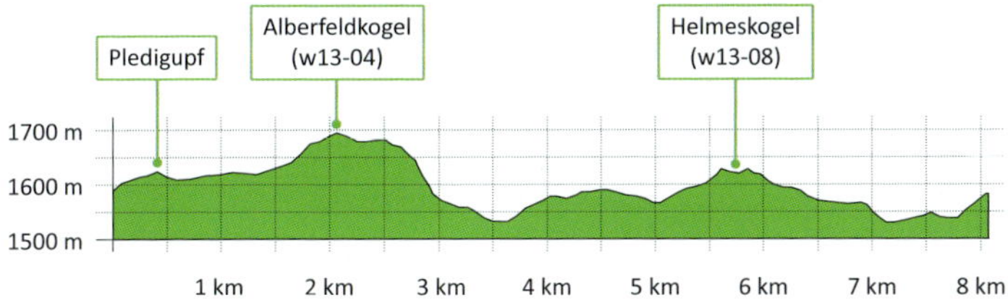

Wanderung 14:

Um die Langbathseen

Die beiden Langbathseen am Ende des Langbathtales oberhalb von Ebensee (➤ Seite 81) gehören sicherlich zu den schönsten der kleineren Seen im Salzkammergut! Das wusste auch Kaiser Franz Josef, der das Gebiet als Revier für seine exzessive Jagdleidenschaft schätzte und sich hier ein kleines Jagdschloss bauen ließ. Der Vordere Langbathsee ist der größere der beiden und von sanften, bewaldeten Hängen umgeben. Der rund 1,3 Kilometer entfernte und ein wenig höher gelegene Hintere Langbathsee grenzt dagegen direkt an die steilen Hänge des Höllengebirges an, die ihm eine eindrucksvolle Kulisse verleihen.

Da man mit dem Auto bis zum Vorderen Langbathsee fahren kann, ist das Gebiet ein beliebtes Ausflugs- und Badeziel. Bis vor wenigen Jahren gab es hier sogar ein Hotel, inzwischen ist immerhin noch ein Gasthof geöffnet. Die Umrundung der beiden Seen auf breiten Schotterwegen ist ein schöner, familienfreundlicher Spaziergang, bietet sich aber auch für eine Runde mit dem Fahrrad an: Mit etwas Vorsicht und Geschick ist der Weg auch mit einem Straßenrad befahrbar.

Der Hintere Langbathsee wird von den Steilhängen des Höllengebirges überragt.

Eckdaten

Anspruch Technik:	● ● ● ● ● leicht
Anspruch Kondition:	● ● ● ● ● leicht
Länge:	7,3 km
Höhenunterschied:	Auf- und Abstieg jeweils 80 m, Durchschnitt Steigung/Gefälle jeweils 1,0 %
Gehzeit:	1:40-2:00 Stunden (ohne Pausen)

Anforderungen: *Leichte Wanderung auf breiten Schotterwegen.*

Wegmarkierungen: *Der Weg ist durchgehend sehr gut markiert.*

Einkehrmöglichkeiten: *Langbathsee Stüberl am Parkplatz.*

Anfahrt mit dem Auto: *In Ebensee durch den Ortsteil Unterlangbath (Abzweigung von der Bundesstraße bei der Traunmündung) bis zum Parkplatz am Vorderen Langbathsee (w14-01).*

Anfahrt mit öffentlichen Verkehrsmitteln: *Keine Verbindung zum Ausgangspunkt.*

Wegbeschreibung

Wir gehen vom Parkplatz aus zunächst auf der rechten Seite um den Vorderen Langbathsee herum. Nach etwa 1 km ist das Ende des Sees erreicht, der Weg steigt jetzt ein wenig an. Bei einer Gabelung (w14- 02) links Richtung Hinterer Langbathsee/Brunnkogel. Wir erreichen den hinteren See und umrunden ihn entgegen dem Uhrzeigersinn. Nach der Umrundung erreichen wir eine Weggabelung (w14-03); links ist eine Brücke sichtbar, die die Verbindung zu dem Weg herstellt, auf dem wir gekommen sind. Hier bietet es sich an, rechts auf den parallel verlaufenden Weg zu gehen. Bei einer weiteren Gabelung nach 1 km rechts Richtung Langlaufloipe Langbathsee (w14-04). Kurz darauf kommen wir am Jagdschloss

Direkt am Parkplatz befindet sich ein kleines Strandbad.

GPS		
w14-01:	47,83478	13,68930
w14-02:	47,83490	13,66085
w14-03:	47,83245	13,65717
w14-04:	47,83377	13,66832
w14-05:	47,83302	13,68580

vorbei zum Südufer des vorderen Sees. Schon fast an dessen Ende geht es nach links auf einen kleineren Weg Richtung Parkplatz/Hotel Langbathseen (w14-05).

Der Weg führt immer direkt am Ufer entlang.

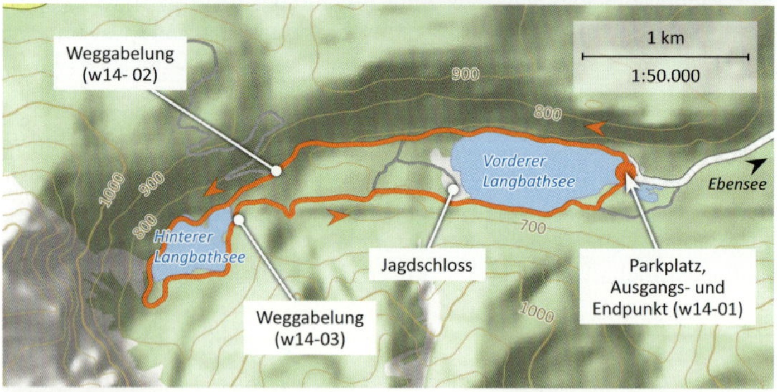

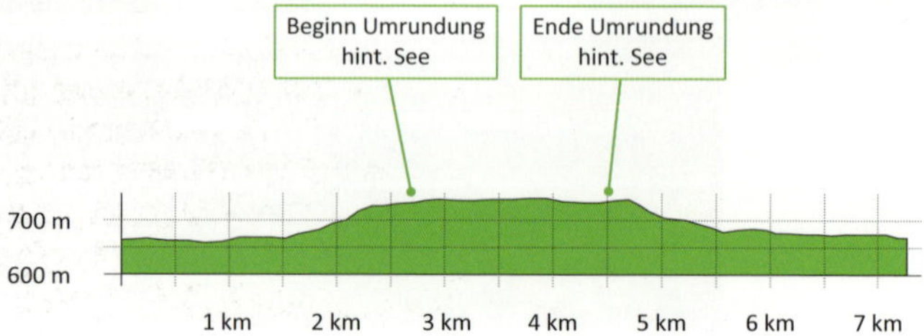

Almsee-Umrundung

Im Talschluss des Almtals befindet sich in einer Höhe von knapp 600 Metern der kleine Almsee (➤ Seite 48). Das kristallklare Wasser, die liebliche Umgebung aus lichtem Laubwald und der Hintergrund aus den felsigen Gipfeln des Toten Gebirges machen ihn zu einem der schönsten Salzkammergutseen. Seine mittlere Tiefe von nur 2,3 Metern ist für einen Bergsee umgewöhnlich gering, und auch der Uferbereich ist überall sehr flach. Am Westufer säumt eine Schilfzone den See, das Ostufer ist jedoch auf der ganzen Länge zugänglich. Hier findet man immer wieder schöne Badegelegenheiten direkt am Weg sowie zahlreiche reizvolle Rastplätze, die eine Umrundung zu einem schönen, familiengerechten Erlebnis machen.

Der Rundweg beginnt beim Seehaus, das auch eine Einkehrmöglichkeit bietet. Zunächst geht es am idyllischen Ostufer durch lichten Wald stets am Wasser entlang bis zum Nordende. Den zweiten Teil des Weges muss man neben der Straße zurücklegen, das Ufer ist hier nicht zugänglich. Immerhin gibt es aber einen Fußweg, und ein kleiner Aussichtspunkt kurz vor dem Ende entschädigt für diesen Nachteil!

Unter den kleineren Salzkammergutseen ist der Almsee einer der schönsten.

Eckdaten

Anspruch Technik: ● ● ● ● ● *sehr leicht*
Anspruch Kondition: ● ● ● ● ● *sehr leicht*
Länge: *6,1 km*
Höhenunterschied: *Auf- und Abstieg jeweils 40 m, Durchschnitt Steigung/Gefälle jeweils 0,6 %*
Gehzeit: *1:20-1:30 Stunden (ohne Pausen)*
Anforderungen: *Sehr einfache Wanderung auf flachen Wegen.*
Wegmarkierungen: *Der Weg ist gut markiert und nicht zu verfehlen.*
Einkehrmöglichkeiten: *Seehaus am Parkplatz.*
Anfahrt mit dem Auto: *Ab Grünau auf der Almtalstraße bis zum Parkplatz am hinteren Ende des Sees (w15-01).*
Anfahrt mit öffentlichen Verkehrsmitteln: *Buslinie 535 ab Grünau (S. 86).*

Wegbeschreibung

Direkt beim großen Parkplatz am Ende des Sees beginnt der Rundweg, der uns am östlichen Ufer entlang führt. Nach 3,3 km erreichen wir die Straße (w15-02) und gehen nun auf dem neben der Straße verlaufenden Fußweg zurück. Nach 1,6 km auf der Straße zweigt kurz nach einem Parkplatz rechts ein Weg ab, der „Zur schönen Aussicht“ beschildert ist (w15-03). Er steigt kurz an, verläuft dann aber wieder eben und erreicht einen Aussichtspunkt oberhalb der Straße (w15-04). Kurz danach trifft der Weg wieder auf die Straße, die uns zum Parkplatz zurück bringt.

GPS

w15-01:	*47,74423*	*13,95213*
w15-02:	*47,76603*	*13,95593*
w15-03:	*47,75223*	*13,95137*
w15-04:	*47,75040*	*13,95210*

Am Ostuferweg liegen zahlreiche Bade- und Rastplätze.

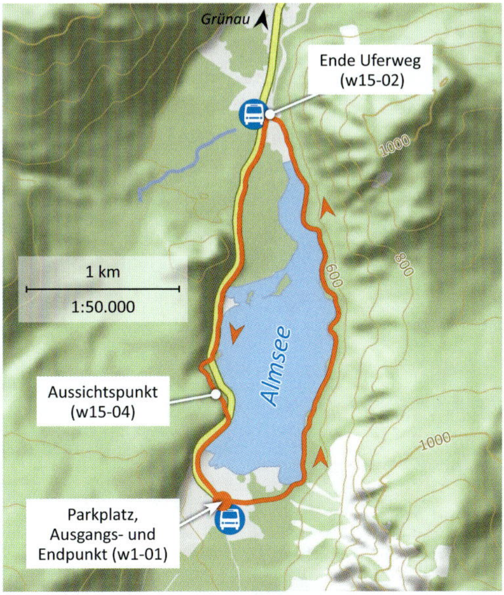

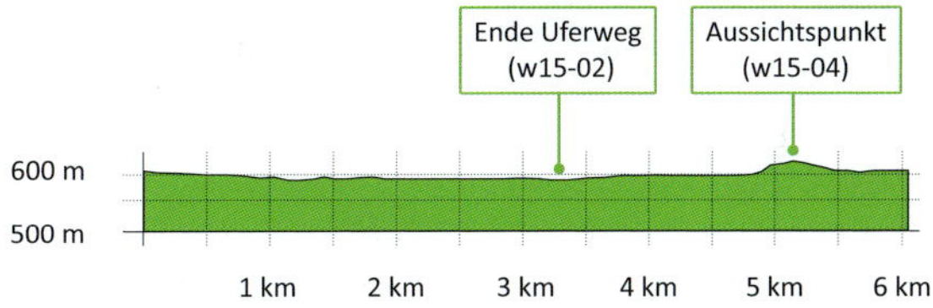

Tipp: Karten und GPS

Die in diesem Buch abgebildeten Kartenausschnitte können eine vollständige topografische Wanderkarte nicht ersetzen. Derzeit ist die Ausgabe des Kompass-Verlags im Maßstab 1:50.000 zu empfehlen, die das gesamte Salzkammergut mit zwei Blättern (im Set erhältlich) abdeckt:

Kompass Wanderkarte: Salzkammergut *(WK 229)*
ISBN 978-3850261050

Zu den Ödseen

Der Große und der Kleine Ödsee im oberen Hetzautal sind ein schönes Ziel für eine kurze und sehr einfache Rundwanderung. Im Gegensatz zum nahegelegenen Almsee (➤ Seiten 84 und 241), der in offenem Gelände liegt, verstecken sich die beiden Ödseen nebeneinander in dichtem Bergwald – die Szenerie ist von fast schon kitschiger Schönheit, der oft gebrauchte Begriff „wildromantisch" trifft es hier auf den Punkt!

Vom idyllisch gelegenen Almtalerhaus geht es in den Wald hinein, den Kleinen Ödsee sieht man erst, wenn man schon kurz davor steht. Ein kleines Stück kann man am Ufer entlanggehen, für eine komplette Umrundung ist das Gelände aber doch zu unwegsam. Daher geht es ein Stück zurück und weiter zum Großen Ödsee, in dessen tiefdunklem Wasser sich das Tote Gebirge spiegelt. Auch hier ist das Ufer nur an wenigen Stellen zugänglich.

Die Ödseen sind in dichtem Wald versteckt.

Eckdaten

Anspruch Technik: ● ● ● ● ● *leicht*
Anspruch Kondition: ● ● ● ● ● *sehr leicht*
Länge: *4,7 km*
Höhenunterschied: *Auf- und Abstieg jeweils 90 m, Durchschnitt Steigung/Gefälle jeweils 1,9 %*
Gehzeit: *1:00-1:10 Stunde (ohne Pausen)*

Anforderungen: *Leichte Wanderung auf flachen Waldwegen.*

Wegmarkierungen: *Der Weg ist durchgehend gut markiert.*

Einkehrmöglichkeiten: *Almtalerhaus am Ausgangspunkt, nur 1.5.-15.9.*

Anfahrt mit dem Auto: *Über Grünau ins Almtal, dann gut 9 km hinter dem Ort beim Gasthof Jagersimmerl links auf eine kleine, teilweise geschotterte Straße ins Hetzautal (S. 86). Parkplätze beim Gasthof Almtalerhaus (w16-01). Die Zufahrt ist vom 15.9.-15.10. und vom 1.11.-30.4. gesperrt!*

Anfahrt mit öffentlichen Verkehrsmitteln: *Keine Verbindung zum Ausgangspunkt.*

Wegbeschreibung

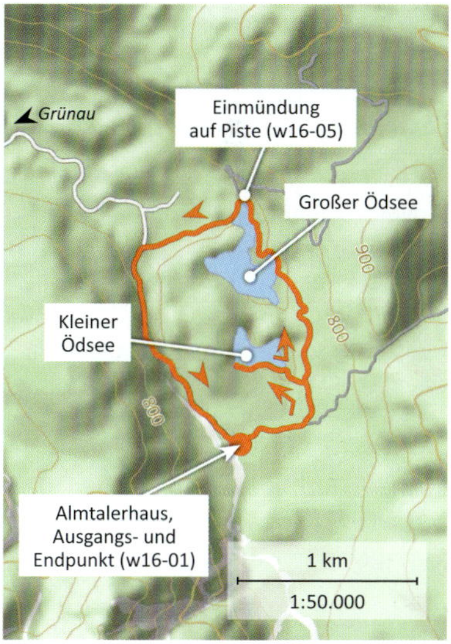

Zwischen Parkplatz und Almtalerhaus beginnt der Weg, der Richtung Großer Ödsee/Kleiner Ödsee beschildert ist. An der Gabelung der Piste links. Nach knapp 700 m führt ein kleiner Abstecher nach links zum Kleinen Ödsee (w16-02). Die Hütte und der Steg auf der rechten Seite des Sees sind privat; auf der linken Seite kann man auf einem Pfad ein Stück um den See herumgehen, eine komplette Umrundung ist jedoch nicht möglich.

Zurück auf dem Hauptweg gehen wir jetzt nach links Richtung Großer Ödsee. An der Gabelung kurz danach (w16-03) bleiben wir rechts auf der breiten Piste und erreichen so das Ufer des Großen Ödsees (w16-04). Auf dem Weg geradeaus weiter, bei einem einzelnen Haus links auf die Piste (w16-05), die uns zur Straße bringt. Schließlich geht es auf der Straße in 1,3 km zum Ausgangspunkt zurück.

GPS		
w16-01:	*47,75517*	*14,01823*
w16-02:	*47,75885*	*14,02157*
w16-03:	*47,75962*	*14,02293*
w16-04:	*47,76432*	*14,02097*
w16-05:	*47,76700*	*14,01813*

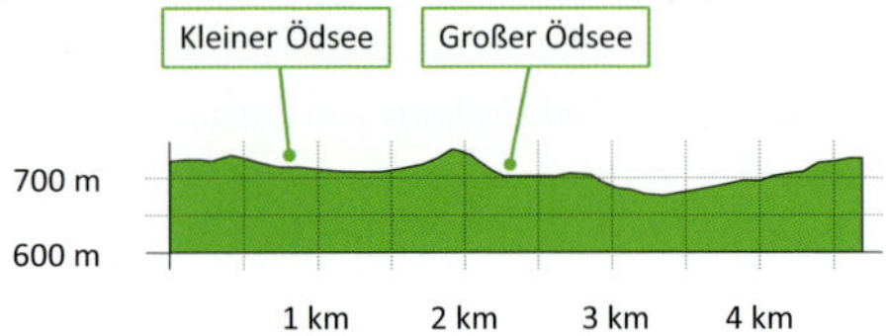

Tipp: GPS und digitale Karten

Nicht alle Wanderwege im Salzkammergut sind so gut markiert, wie man es sich wünscht. Ein **GPS-Gerät** (z.B. von Garmin) oder auch ein Smartphone mit digitaler Karte vereinfacht die Orientierung erheblich – mit etwas Übung ist damit ein Verlaufen auch bei komplizierten Touren fast ausgeschlossen.

Unsere Empfehlung für digitale Kartendaten ist die **Open MTB Map**, von der es auch eine Ausgabe für Österreich gibt. Eigentlich fürs Mountainbiking gedacht, ist diese Karte auch zum Wandern perfekt und an Vollständigkeit und Genauigkeit kaum zu übertreffen. Darüber hinaus sind Download und Verwendung kostenlos, es wird um eine Spende gebeten:

www.openmtbmap.com

Die Wegpunkte der Wanderungen sind in diesem Buch im Format Grad/Dezimalgrad angegeben. **Datenpakete** mit Wegpunkten und Tracks können in verschiedenen Dateiformaten kostenlos heruntergeladen werden:

www.maremonto.com/gps/salzkammergut.zip

Wanderung 17:

Von der Katrin zum Hainzen

Die Wanderung von der Bergstation der Katrinseilbahn bis zum Gipfel des Hainzen wird in den Faltblättern, die einem im Salzkammergut überall in die Hände fallen, als „7-Seenblick-Wanderung" angepriesen, weil man auf dem Weg sieben der Salzkammergutseen zu sehen bekommt. Soviel Marketing wäre aber gar nicht nötig: Es ist eine sehr schöne und nicht besonders schwierige Wanderung, die mit begrenztem Höhenunterschied über drei (wenn auch bescheidene) Gipfel führt und fast die ganze Zeit über großartige Ausblicke in alle Richtungen bietet.

Mit einer Verlängerung zum Roßkopf kann man sogar noch einen vierten Gipfel draufsetzen, allerdings ist der Exkurs nicht ganz ohne: Dieser Weg ist ein sehr anspruchsvoller Alpinpfad, schmal, ausgesetzt und teilweise mit einem Drahtseil gesichert (das auch nötig ist). Es gibt eine kurze, luftige Gratüberschreitung und einige kleine Kletterstellen. Die Verlängerung ist eine schöne Option für geübte, abenteuerlustige Bergwanderer, alle anderen sollten nur bis zum Hainzen gehen.

Die Katrinseilbahn ermöglicht eine einfache, kurze Bergwanderung.

Eckdaten

Anspruch Technik: *● ● ● ● ● mittel (Roßkopf-Variante 4/schwierig)*

Anspruch Kondition: *● ● ● ● ● leicht (Roßkopf-Variante 3/mittel)*

Länge: *4,2 km (bis Hainzen)*

Höhenunterschied: *Auf- und Abstieg jeweils 270 m, Durchschnitt Steigung/Gefälle jeweils 6,4 %*

Gehzeit: *1:20-1:30 Stunden (bis Hainzen und zurück, ohne Pausen)*

Anforderungen: *Bis Hainzen kurze Wanderung auf mittelschweren Bergpfaden. Verlängerung von Hainzen bis Roßkopf anspruchsvoll und sehr ausgesetzt, teilweise seilgesichert.*

Variationsmöglichkeiten: *Die Wanderung kann vom Hainzen zum Roßkopf verlängert werden. Dann zusätzlich 2,6 km, 190 Höhenmeter, 1:20-1:40 Std., gesamt 6,8 km, 460 Hm, 2:40-3:10 Stunden. Am Anfang (Bergstation bis Katrinkreuz) kann der Katrin-Klettersteig (Schwierigkeitsgrad B/C, nur mit Sicherungsausrüstung) in die Tour eingebaut werden.*

Wegmarkierungen: *Der Weg ist durchgehend gut markiert.*

Einkehrmöglichkeiten: *Berggasthaus Naturkuchl und Katrin Almhütte an der Bergstation (keine Übernachtungsmöglichkeit).*

Anfahrt: *Mit der Katrin-Seilbahn ab Bad Ischl, S. 98.*

Wegbeschreibung

Wir gehen von der Bergstation der Seilbahn (w17-01) zunächst rechts und nach 130 m bei einem lila Herz wieder rechts Richtung Katrinkreuz (w17-02). Der Weg steigt in steilen Serpentinen an und erreicht nach 600 m eine Abzweigung (w17-03). Rechts ist schon das Katrinkreuz neben einer großen Antennenanlage zu sehen, ein kurzer Abstecher führt zu einem Aussichtspunkt am Kreuz (w17-04).

Für die Klettersteig-Begehung muss man von der Bergstation zunächst ein Stück zur Katrin-Almhütte absteigen und dann den roten Schildern folgen. Es geht unter der Seilbahn bergab und nach links hinüber. Der Zustiegspfad ist steil und erdig und kann bei Nässe rutschig sein!

Wir gehen vom Katrinkreuz zurück zur letzten Abzweigung (w17-03) und an allen Abzweigungen geradeaus Richtung Hainzen/Roßkopf. Der Weg ist von nun an bis zum Hainzen auch als „7-Seenblick-Wanderung – Bis zum höchsten Punkt“ beschildert. Zwischendurch überschreiten wir den

Elferkogel als zweiten Gipfel (w17-05), ehe wir, 1,5 km nach dem Katrinkreuz, den Hainzen erreichen (w17-06). Dies ist der Endpunkt der blau markierten „7-Seenblick-Wanderung".

Hier beginnt die anspruchsvolle Verlängerung zum Roßkopf: Zunächst geradeaus weiter. 500 m nach dem Gipfel des Hainzen teilt sich der Weg (w17-07): Beide Wege führen zum Roßkopf, der linke ist mit einem schwarzen Punkt markiert, der rechte mit einem roten. Der schwarze Weg ist der schönere, aber auch schwieriger als der rote (Klettersteig Kategorie A/B). Allerdings ist auch die rote Variante nicht zu unterschätzen! Nach rund 400 m, kurz vor dem Roßkopf (w17-08), treffen die beiden Wege wieder zusammen.

Das pompöse Katrinkreuz überragt das Trauntal.

Deutlich bescheidener gibt sich der Hainzen.

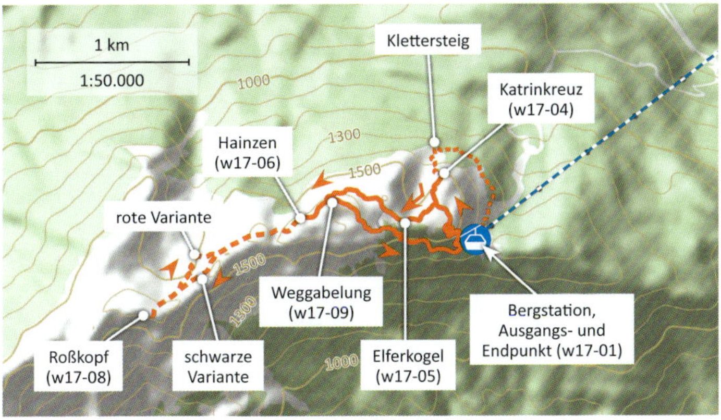

Für den Rückweg gehen wir zunächst auf demselben Weg zurück und biegen 400 m nach dem Hainzen-Gipfel rechts ab (w17-09, Wegweiser „Katrinalm-Bergstation 50 min“). Dieser Weg führt zunächst in steilen Serpentinen abwärts und dann weitgehend höhehaltend zur Bergstation zurück.

GPS		
w17-01:	47,68613	13,58302
w17-02:	47,68573	13,58152
w17-03:	47,68847	13,57962
w17-04:	47,68992	13,58012
w17-05:	47,68747	13,57705
w17-06:	47,68685	13,56693
w17-07:	47,68570	13,56095
w17-08:	47,68257	13,55338
w17-09:	47,68887	13,57072

Mit der Verlängerung zum Roßkopf lässt sich noch ein kleines Abenteuer draufsetzen.

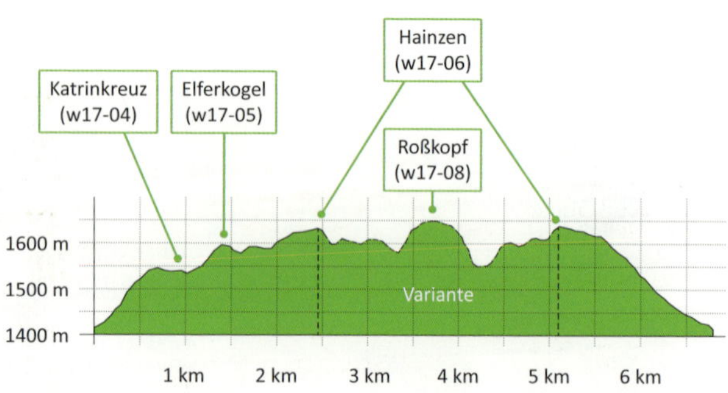

Wanderung 18:

Durch die Ewige Wand zum Predigstuhl

Der nackte Fels der Ewigen Wand überragt weithin sichtbar das Trauntal bei Bad Goisern. Mitten hindurch führt einer der spektakulärsten Wege des Salzkammerguts: Der „Goiserer Höhenweg“ wurde Mitte der Fünfzigerjahre in die Wand gesprengt und führt als horizontale Ritze durch sie hindurch, ergänzt durch zwei kurze Tunnels – und mit einem stabilen Geländer gesichert und daher ungefährlich. Neben der großartigen Aussicht ist der Weg selbst ein Erlebnis, das man nicht auslassen sollte! Nach dem leider ziemlich kurzen Felsweg setzen wir die Wanderung auf dem oberen Rand der Ewigen Wand fort, wo wir nochmal eine schöne Aussicht haben. Erfahrene Klettersteiggeher können die Tour mit einer Begehung des extrem exponierten Höhenweg-Klettersteigs (C/D) aufpeppen.

Der Besuch der Ewigen Wand alleine ist allerdings eine ziemlich kurze Wanderung. Daher bietet es sich an, noch die unkomplizierte Überschreitung des nahegelegenen Predigstuhls mit einzubauen. Auch wenn seine Höhe von 1278 Metern nicht allzu imposant erscheint, ist es doch der höchste Gipfel in dieser Gegend, so dass sich eine schöne Aussicht in alle Richtungen bietet.

Der Höhenweg ist spektakulär in den Fels gebaut.

Eckdaten

Anspruch Technik:	●●●●● *mittel*
Anspruch Kondition:	●●●●● *leicht*
Länge:	*6,2 km*
Höhenunterschied:	*Auf- und Abstieg jeweils 500 m, Durchschnitt Steigung/Gefälle jeweils 8,0 %*
Gehzeit:	*1:50-2:10 Stunden (ohne Pausen)*

Anforderungen: *Die Wanderung verläuft überwiegend auf einfachen Wegen, nur im Gipfelbereich des Predigstuhls kurzzeitig auf einem mittelschweren Bergpfad.*

Variationsmöglichkeiten: *Mit einem Abstieg auf dem Radsteig und dem Verzicht auf die Predigstuhl-Überschreitung kann die Tour um etwa 1,3 km verkürzt werden.*

Wegmarkierungen: *Der Weg ist durchgehend gut markiert, die zahlreichen Abzweigungen können allerdings verwirren.*

Einkehrmöglichkeiten: *Berggasthof Predigstuhl am Ausgangspunkt, unterwegs keine.*

Anfahrt mit dem Auto: *Von der B145 in Bad Goisern beim Kreisverkehr am Hofer-Markt Richtung Osten zur „Höhenloipe Predigstuhl" abbiegen, dann bis zum Parkplatz am Berggasthof Predigstuhl (w18-01).*

Anfahrt mit öffentlichen Verkehrsmitteln: *Keine Verbindung zum Ausgangspunkt.*

Wegbeschreibung

Wir gehen unmittelbar vor dem Gasthof Predigstuhl einen kleinen Weg bergauf Richtung Hütteneck/Höhenweg. Gleich danach treffen wir auf eine Piste (w18-02); hier wieder links Richtung Höhenweg. Bei einer Gabelung knapp 300 m weiter verlassen wir die Piste nach links auf einen kleineren Weg Richtung Höhenweg/Rathluck'n Hütte (w18-03). Der Weg führt jetzt mit leichtem Gefälle abwärts und macht eine Kehre. 1,3 km nach der Abzweigung von der Piste biegen wir scharf rechts ab Richtung Höhenweg/Ewige Wand (w18-04). Kurz danach beginnt schon der Wegabschnitt durch die Felswand. *Der Klettersteig verlässt den Felsweg beim 2. Tunnel und trifft am oberen Ende der Wand auf den weiteren Wegverlauf.*

Unmittelbar am Ende des Felswegs zweigt ein schmaler, unauffälliger Pfad nach rechts oben ab, beschildert mit „Ewinger Weg/Predigstuhl" (w18-05). Wir folgen diesem Pfad nun lange bergauf und bewegen uns dabei am oberen Rand der Ewigen Wand wieder zurück. Nach 250 m sehen wir links die Kurve einer Forstpiste (w18-06); wir gehen jedoch nicht zur Piste, sondern auf dem Pfad weiter geradeaus und passieren wenig später die Schutzhütte der Blaschekwarte (w18-07). Von hier aus führen uns die Wegweiser weiter Richtung Radsteig/Predigstuhl.

Nach einem weiteren Aufstieg und einem kurzen, seilgesicherten Abstieg zweigt die Steiganlage des Radsteigs nach rechts ab (w18-08, Abkürzungsmöglichkeit); wir gehen hier geradeaus weiter Richtung Predigstuhl, jetzt wieder bergauf. Knapp unterhalb des Gipfels erreichen wir einen Sattel (w18-09); der Weg, auf dem wir gekommen sind, ist gekennzeichnet mit „Abstieg Radsteig Bad Goisern". Auf dem geradeaus Richtung Roß-

Von der Blaschekwarte hat man eine schöne Aussicht auf das Trauntal.

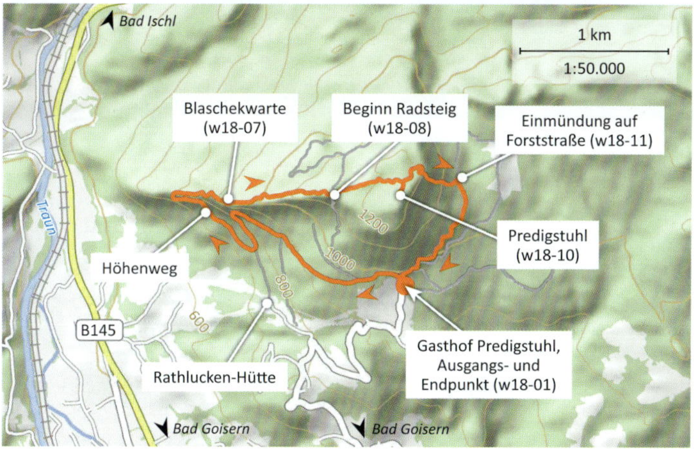

moos führenden Weg werden wir später weitergehen. Vorher führt uns ein nicht gekennzeichneter Pfad nach rechts in wenigen Minuten zum Gipfel des Predigstuhls hinauf (w18-10). Zurück am Sattel, beginnen wir den Abstieg auf dem Obermoossteig. Der steile Weg trifft nach 550 m auf eine Forststraße (w18-11). Wir folgen ihr nach rechts und erreichen so nach nur 1 km unseren Ausgangspunkt.

GPS		
w18-01:	*47,65423*	*13,63903*
w18-02:	*47,65465*	*13,63853*
w18-03:	*47,65430*	*13,63492*
w18-04:	*47,65647*	*13,62572*
w18-05:	*47,65947*	*13,61868*
w18-06:	*47,65948*	*13,62138*
w18-07:	*47,65875*	*13,62342*
w18-08:	*47,65933*	*13,63255*
w18-09:	*47,66033*	*13,63920*
w18-10:	*47,65977*	*13,63902*
w18-11:	*47,66040*	*13,64377*

Für den Abschluss bietet sich die Überschreitung des Predigstuhls an.

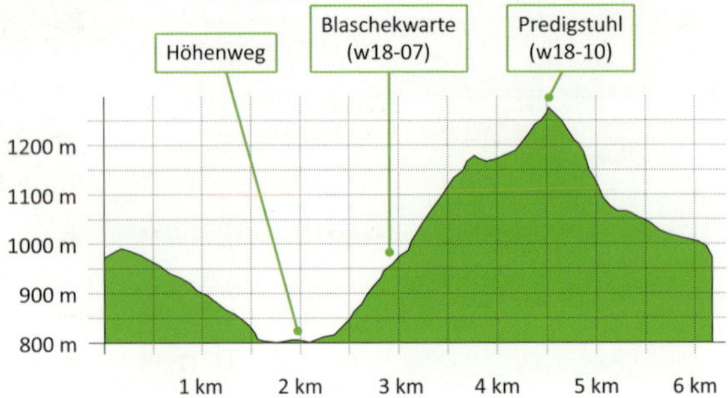

Zu den Gosauseen

Die Wanderung an den beiden Gosauseen entlang bis zum Talschluss des Gosautals ist eine echte Traumtour – und gleichzeitig so einfach, dass sie für jeden machbar ist! Zunächst wird der größere Vordere Gosausee (➤ Seite 106) an seinem Nordufer umgangen. Dann geht es weiter hinauf ins Tal, stets mit einem großartigen Blick auf die vergletscherte Gipfelzone des Dachstein-Massivs. Auf der rechten Seite ragen die bizarren Felszacken des Gosaukamms hoch über unserem Weg auf, kleine Bäche stürzen mit Kaskaden und Wasserfällen über die steilen Hänge.

Zwischen den beiden Gosauseen führt ein kleiner Abstecher zur romantisch mitten im Wald gelegenen kleinen Gosaulacke. Schließlich erreichen wir den Hinteren Gosausee, an dessen gegenüberliegendem Ende die Hohe Holzmeisteralm zu einer Rast einlädt. Zurück geht es bis zum Vorderen Gosausee auf demselben Weg, dann an dessen Südufer entlang zurück. Der ausgehöhlte Wegabschnitt unter einer Felswand ist ein letzter Höhepunkt – Abenteuerlustige können hier noch den kleinen Parcours des Laserer Alpin Klettersteigs (B/C) mitnehmen.

Am vorderen See führt der Weg unter einer Felswand entlang.

Eckdaten

Anspruch Technik: ●●○○○ *leicht*

Anspruch Kondition: ●●●○○ *mittel*

Länge: *13,8 km*

Höhenunterschied: *Auf- und Abstieg jeweils 250 m, Durchschnitt Steigung/Gefälle jeweils 1,8 %*

Gehzeit: *2:50-3:10 Stunden (ohne Pausen)*

Anforderungen: *Leichte Wanderung auf breiten Schotterwegen.*

Wegmarkierungen: *Der Weg ist durchgehend sehr gut markiert.*

Einkehrmöglichkeiten: *Gasthof Gosausee am Parkplatz und Hohe Holzmeisteralm am Umkehrpunkt (nur bei gutem Wetter).*

Anfahrt mit dem Auto: *Ab Gosau bis zum Parkplatz am Vorderen Gosausee (w19-01).*

Anfahrt mit öffentlichen Verkehrsmitteln: *Buslinie Linie 542 ab Bahnhof Bad Ischl über Bad Goisern (S. 107).*

Wegbeschreibung

Wir gehen zunächst rechts um den Vorderen Gosausee herum. An dessen gegenüberliegendem Ende treffen wir auf den vom anderen Seeufer heraufkommenden Weg (w19-02). Dort rechts Richtung Hinterer Gosausee. 1,2 km nach dieser Abzweigung führt ein kleiner Pfad nach rechts zur Gosaulacke (w19-03).

Nach insgesamt knapp 6 km ist der Hintere Gosausee erreicht. Bis zur bewirtschafteten Hohen Holzmeisteralm am gegenüberliegenden Ende (w19-04) sind es noch einmal rund 1,2 km. Zurück auf demselben Weg bis zur Abzweigung beim Vorderen Gosausee (w19-02), dort jetzt geradeaus am rechten Ufer entlang zum Parkplatz.

GPS		
w19-01:	*47,53283*	*13,49770*
w19-02:	*47,52378*	*13,51815*
w19-03:	*47,51692*	*13,52862*
w19-04:	*47,49997*	*13,55243*

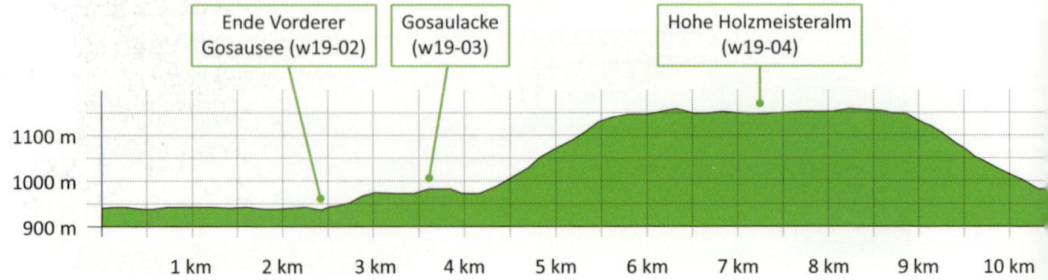

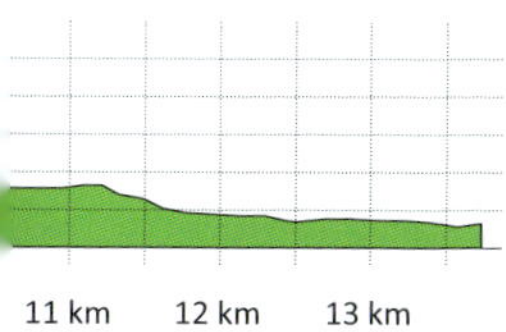

Ein Abstecher führt zur idyllischen Gosaulacke.

Über den Linzersteig zur Adamekhütte

Diese großartige zweitägige Tour ist in jeder Hinsicht ein Superlativ! Der Erlebnisfaktor ist mit keiner anderen Wanderung im Salzkammergut zu vergleichen, vom ersten bis zum letzten Meter gibt es immer wieder neue, abwechslungsreiche Eindrücke. Dass auf der ganzen Strecke kein einziger Gipfel bestiegen wird, fällt angesichts der großartigen Aussichten von Pässen und Scharten nicht wirklich ins Gewicht. Doch Vorsicht: Die erste Tagesetappe verlangt neben Ausdauer und Sportlichkeit auch Erfahrung mit hochalpinen Steiganlagen und ist nicht zu unterschätzen, weil ausgerechnet das letzte Teilstück das anspruchsvollste ist. Nicht ohne Grund ist dies die einzige „Doppelfünf" des ganzen Buches!

Abenteuerlustige Bergwanderer kommen aber in jedem Fall auf ihre Kosten: Vom Vorderen Gosausee geht es gleich steil bergauf, dann aussichtsreich über den Steiglpass. Auf der Salzburger Seite folgt ein sehr gemütliches Stück über malerische Almwiesen, über denen die Felswildnis des Dachstein-Massivs aufragt. Doch zum entspannten Bummeln bleibt wenig Zeit, denn die größte Herausforderung kommt

Die Adamekhütte thront hoch über dem Gosautal.

erst noch: Auf dem verwegenen Linzersteig steigen wir wieder steil hinauf bis zur Reißgangscharte mit atemberaubendem Tiefblick auf den Hinteren Gosausee. Schwindelfrei muss man in jedem Fall sein, auch Klettersteigerfahrung ist kein Nachteil: An einigen Stellen geht der mit Drahtseilen und Trittbügeln gesicherte Steig durchaus in den Schwierigkeitsgrad B.

Am Hochkesseleck erreicht die Tour mit 2283 Metern ihren höchsten Punkt. Die Adamekhütte scheint von hier aus schon recht nah, aber das letzte Stück zieht sich noch einmal ordentlich! Doch wird es auch jetzt nicht langweilig: Der Weg führt erlebnisreich durch die Hochlagen des Dachstein-Massivs knapp unterhalb der Gletscherzone. Kaum irgendwo sonst wird der geologische Ursprung dieses Gebirgsstocks so deutlich wie hier: Die Felsrücken sind von den Gletschern zu sanft gerundeten Buckeln geschliffen worden, immer wieder trifft man auf deutlich sichtbare versteinerte Muscheln.

Die aussichtsreich gelegene Adamekhütte ist dann schließlich das wohlverdiente Nachtquartier mit unvergleichlichem Blick auf die rund 1200 Meter tiefer gelegenen Gosauseen, ehe es am zweiten Tag an den vergleichsweise unkomplizierten Abstieg geht. Der viel begangene Normalweg trifft unterhalb des Gosaukamms auf den Hinteren Gosausee, so dass man den malerischen Weg an den beiden Seen entlang noch als Sahnehäubchen dieser Tour mitnehmen kann.

Steil und ausgesetzt führt der Linzersteig hinauf.

Eckdaten

Anspruch Technik:	• • • • • *sehr schwierig*
Anspruch Kondition:	• • • • • *sehr schwierig*
Länge:	*1. Etappe 13,9 km, 2. Etappe 11,5 km*
Höhenunterschied:	*1. Etappe Aufstieg 1780 m, Abstieg 510 m, Durchschnitt Steigung 12,8 %, Gefälle 3,6 %* *2. Etappe Aufstieg 30 m, Abstieg 1280 m, Durchschnitt Steigung 0,2 %, Gefälle 11,1 %*
Gehzeit:	*1. Etappe 7:30-9:30 Stunden, 2. Etappe 3:50-4:30 Stunden (ohne Pausen)*

Anforderungen: *Diese Wanderung sollte nur von erfahrenen und ausdauernden Bergwanderern unternommen werden! Die erste Tagesetappe ist lang und in jeder Hinsicht fordernd; brechen Sie früh auf, denn selbst mit guter Kondition und knappen Pausen brauchen Sie 9-10 Stunden zur Adamekhütte!*

Der Linzersteig ist eine gesicherte Steiganlage (Schwierigkeitsgrad A/B, einige kurze Stellen B). Eine Sicherung ist nicht unbedingt nötig, Erfahrung mit leichten Klettersteigen sollte aber vorhanden sein. Am letzten Wegstück zwischen Hochkesseleck und Adamekhütte kann es bis weit in den Sommer hinein Altschneefelder geben; erkundigen Sie sich bei der Adamekhütte nach der Begehbarkeit!

Die zweite Tagesetappe ist vergleichsweise unproblematisch, verläuft aber über steile und geröllige Wege. Wanderstöcke sind in jedem Fall ratsam.

Variationsmöglichkeiten: *Mit einer zusätzlichen Übernachtung in der Hofpürglhütte (Tel. 0043 6453 8304) kann man die erste Tagesetappe in zwei etwa gleich lange Strecken unterteilen.*

Wegmarkierungen: *Der Weg ist durchgehend sehr gut markiert und nicht zu verfehlen.*

Einkehrmöglichkeiten: *Die Wanderung kann nur mit einer Übernachtung in der Adamekhütte unternommen werden (Anfang Juni bis Ende September geöffnet). Da die Hütte stets gut besucht ist, wird eine Reservierung empfohlen: www.adamek.at, 0043 664 547 3481. Weitere Einkehrmöglichkeit am Hinteren Gosausee (2. Tagesetappe).*

Anfahrt: *Wie bei Wanderung 20, Seite 256.*

Wegbeschreibung

Wir gehen vom Gasthof Gosausee (w20-01) zunächst rechts am Vorderen Gosausee entlang, verlassen den Uferweg aber schon nach rund 150 m auf einem steilen Pfad Richtung Steiglpass/Hofpürglhütte (w20-02). Von nun an ist unser Weg (Nr. 612) lange Zeit nicht zu verfehlen, eine Abzweigung zur Gablonzerhütte (w20-03) bleibt unbeachtet. Schließlich, nach etwa drei Stunden Gehzeit und mehr als 1000 Höhenmetern, erreichen wir den Steiglpass (w20-04). Der Weg führt steil bergab, rechts ist die nahe Hofpürglhütte zu sehen. Wir gehen jedoch nicht zur Hütte, sondern biegen an einer Abzweigung am Ende der Gefällstrecke links ab Richtung Adamekhütte/Südwandhütte (w20-05). Die hier angegebene Restgehzeit von 5 ½ Stunden kann bei entsprechender Fitness deutlich unterschritten werden.

Nun geht es eine Weile gemütlich geradeaus, bis wir 2,6 km nach der Abzweigung unterhalb des Steiglpasses links zum Linzersteig abbiegen

Im mittleren Abschnitt geht es an der Südseite des Dachstein-Massivs entlang.

(w20-06, geradeaus führt Weg 617 zum Sulzenhals). Unser Weg steigt nun steil und teilweise mit Drahtseilen gesichert zur Reißgangscharte (w20-07) auf und weiter zum Oberen Hochkesseleck (w20-08). Dies ist der höchste Punkt der Tour, der Weg führt nun wieder leicht abwärts und in weitem Bogen auf die Adamekhütte zu. Gut 1 km nach dem Hochkesseleck halten wir uns an einer Abzweigung links (w20-09, rechts geht es zur Windlegerscharte) – die Wegweiser sind etwas versteckt hinter einem Felsen angebracht. Der hier fast übertrieben sorgfältig markierte Weg führt uns schließlich zur Adamekhütte (w20-10), dem Etappenziel. Am zweiten Tag von der Hütte auf dem Normalweg Nr. 614 zum Hinteren Gosausee (w20-11) und geradeaus am Vorderen Gosausee entlang zum Ausgangspunkt.

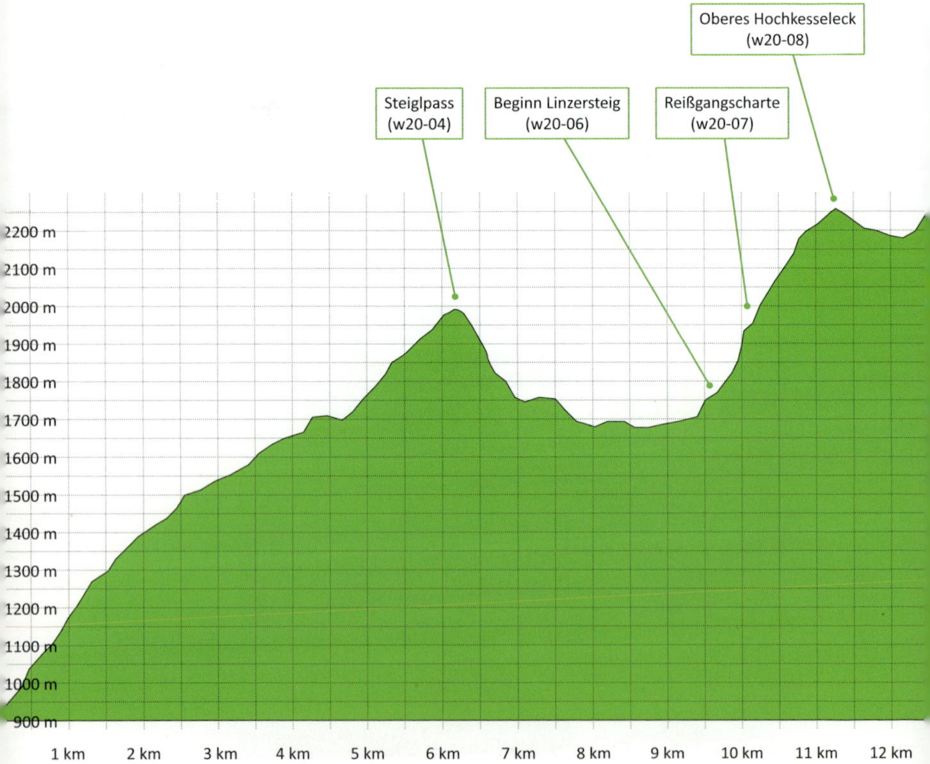

Vom Gletscher abgeschliffene Felsen und fossile Muscheln kurz vor der Adamekhütte.

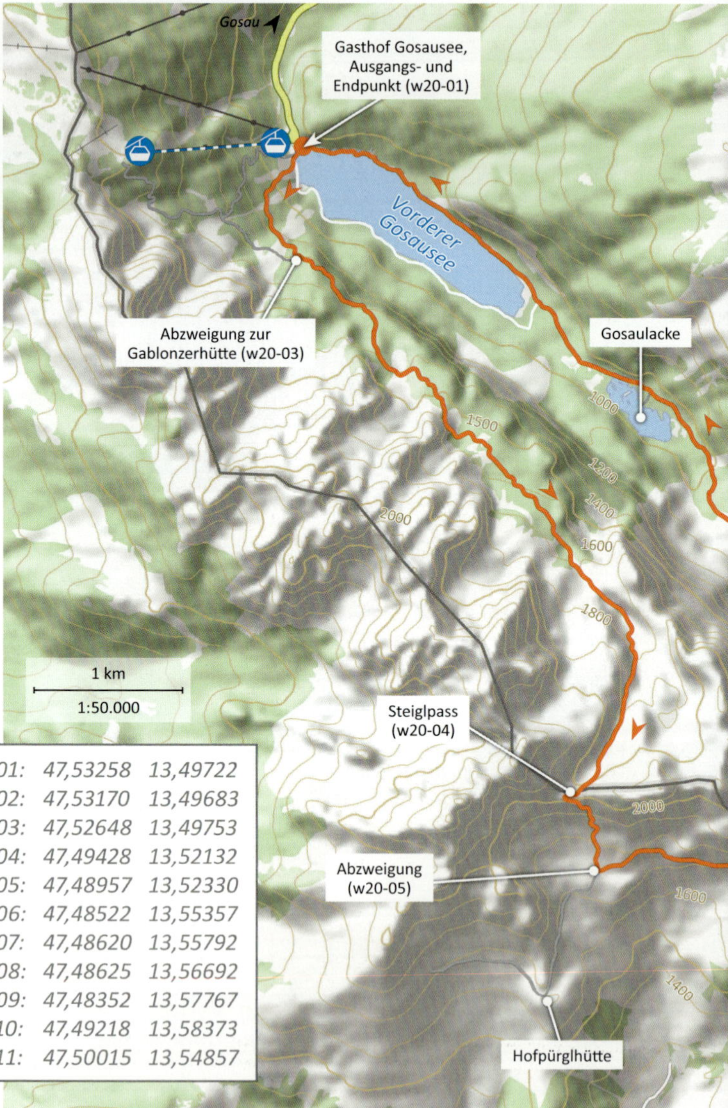

GPS

w20-01:	*47,53258*	*13,49722*
w20-02:	*47,53170*	*13,49683*
w20-03:	*47,52648*	*13,49753*
w20-04:	*47,49428*	*13,52132*
w20-05:	*47,48957*	*13,52330*
w20-06:	*47,48522*	*13,55357*
w20-07:	*47,48620*	*13,55792*
w20-08:	*47,48625*	*13,56692*
w20-09:	*47,48352*	*13,57767*
w20-10:	*47,49218*	*13,58373*
w20-11:	*47,50015*	*13,54857*

Der Abstieg führt am Hinteren Gosausee vorbei.

Auf dem Soleweg nach Hallstatt

Diese leichte Wanderung ist sicherlich eine der schönsten Arten, den Hallstätter See zu erleben – und nebenbei begibt man sich dabei auf die Spuren eines der außergewöhnlichsten technischen Denkmäler Österreichs: Auf kaiserlichen Erlass wurde um 1600 eine zentrale Saline in Ebensee errichtet (➤ Seite 72). Um die im Hallstätter Bergwerk gewonnene Salzlösung dorthin zu bekommen, baute man zwischen 1595 und 1607 die 42 Kilometer lange Soleleitung: Durch diese Pipeline aus ausgebohrten und ineinander gesteckten Baumstämmen floss die Sole mit leichtem, gleichmäßigem Gefälle. Rund 13.000 dieser Röhren wurden für die Strecke von Hallstatt nach Ebensee benötigt! Die Soleleitung ist heute noch in Betrieb und gilt damit als älteste Pipeline der Welt, die Holzrohre wurden freilich längst durch Kunststoffröhren ersetzt.

Die Leitung musste natürlich ständig kontrolliert und in Schuss gehalten werden und wird daher auf ihrer gesamten Länge von einem Weg begleitet. Ursprünglich nur ein Wartungszugang, ist der Soleweg heute eine großartige Wandermöglichkeit! Dieser Tourenvorschlag beschränkt sich auf den schönsten Abschnitt oberhalb des Hallstätter

Teilweise führt der Weg an Felswänden entlang.

Sees: Vom Bahnhof Steeg-Gosau geht es ein kleines Stück bergauf. Ist der Soleweg erst einmal erreicht, bewegen wir uns längere Zeit mit ganz leichter Steigung am steilen Hang oberhalb des Sees entlang, teilweise unter überhängenden Felswänden. Immer wieder öffnen sich schöne Blicke auf den See. In den ehemaligen Wärterhäuschen, den Solestuben, sind heute kleine Ausstellungen eingerichtet, die interessante Details über die Anlage verraten.

Das größte Hindernis der Soleleitung war das tiefe Gosautal. Ursprünglich wurde es durch den „Gosauzwang" überwunden: Man legte die Rohre einfach ins Tal hinunter und auf der gegenüber liegenden Seite wieder nach oben. Durch den Druck wurde die Sole wie in einem Siphon durch das Tal „gezwungen". Dieses einfache Prinzip war allerdings anfällig, und schließlich machte eine Produktionssteigerung eine neue Lösung nötig, weil die Rohre dem Druck nicht mehr standhielten. Daher wurde 1755-58 die heute noch existierende Gosauzwangbrücke gebaut, die die Soleleitung über das Tal führt. Bevor wir die elegante, knapp 40 Meter hohe und etwa 130 Meter lange Brücke überqueren, lohnt ein Besuch der kleinen Ausstellung im Wegmacherhaus. Kurz vor Hallstatt verlassen wir den Soleweg schließlich und steigen in den Ort hinunter (➤ Seite 112).

Die Gosauzwangbrücke überwindet das Gosautal.

Eine schöne Ergänzung zum Soleweg ist der Ostuferweg, der am gegenüberliegenden Ufer unterhalb der Bahnlinie verläuft und mit dem Bahnhofsboot leicht erreichbar ist. Erst 1985/86 wurde dieser bis dahin unzugängliche Steiluferbereich mit einer verwegenen Anlage aus Stahlstegen erschlossen. Später geht es am flachen Ufer entlang, bis nach gut drei Kilometern die Bahnstation Obersee erreicht ist, wo es auch einen Haltepunkt der Schiffe gibt. Da der weitere Weg zum Ausgangspunkt am Bahnhof Steeg-Gosau noch einmal gut 4,5 Kilometer lang und nicht sehr interessant ist, bietet es sich an, die Wanderung hier zu beenden. Die Wartezeit auf den nächsten Zug kann man an den schönen Naturbadeplätzen oder im Gasthaus Seeraunzn verbummeln.

Eckdaten

Anspruch Technik:	● ● ● ● ●	*leicht*
Anspruch Kondition:	● ● ● ● ●	*leicht*
Länge:	*10,4 km*	
Höhenunterschied:	*Aufstieg 150 m, Abstieg 140 m, Durchschnitt Steigung 1,4 %, Gefälle 1,3 %*	
Gehzeit:	*2:10-2:30 Stunden (ohne Pausen)*	

Anforderungen: *Leichte Wanderung, überwiegend auf flachen Wegen.*

Variationsmöglichkeiten: *Die Wanderung kann in Hallstatt beendet werden, Gesamtlänge dann 7,2 km.*

Wegmarkierungen: *Der Weg ist durchgehend sehr gut markiert und auch mangels Alternativen nicht zu verfehlen.*

Einkehrmöglichkeiten: *In Hallstatt und am Endpunkt (Gasthof Seeraunzn).*

Anfahrt mit dem Auto: *Parkplatz am Bahnhof Steeg-Gosau (w21-01). Zurück mit Zug oder Schiff ab Obersee.*

Anfahrt mit öffentlichen Verkehrsmitteln: *Mit dem Zug bis Steeg-Gosau, zurück ab Station Obersee (nur alle 2 Std.).*

Wegbeschreibung

Wir gehen vom Bahnhof Steeg-Gosau Richtung See, rechts über die Brücke und knapp 300 m an der Straße entlang. Direkt hinter dem Kraftwerk Steeg auf eine kleine Straße nach rechts (w21-02) und an einer Weggabelung nach rund 50 m links (unauffälliger Wegweiser an einer Holzhütte). Knapp 300 m nach der Abzweigung beim Kraftwerk stoßen wir auf den recht breiten, eben verlaufenden Soleweg, dem wir nach links folgen

Immer wieder öffnet sich der Blick auf den See.

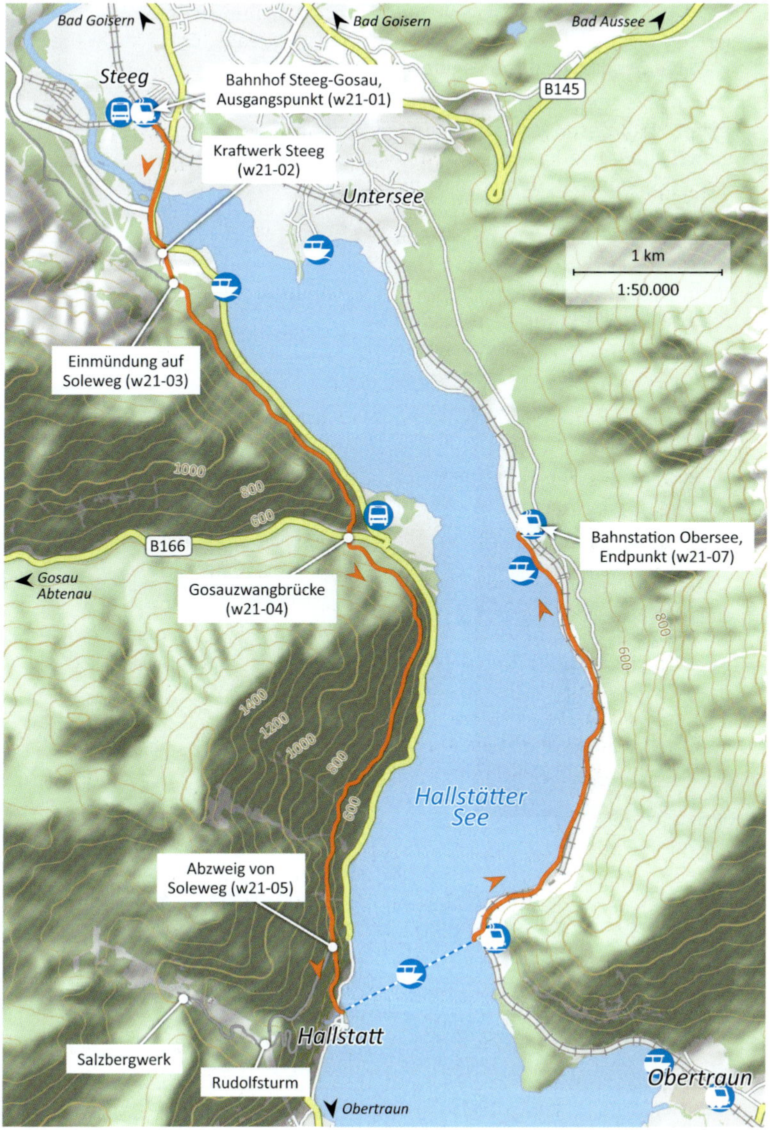
Bad Goisern
Bad Goisern
Bad Aussee
Steeg
Bahnhof Steeg-Gosau, Ausgangspunkt (w21-01)
B145
Kraftwerk Steeg (w21-02)
Untersee
1 km
1:50.000
Einmündung auf Soleweg (w21-03)
1000
800
600
B166
Gosau
Abtenau
Gosauzwangbrücke (w21-04)
Bahnstation Obersee, Endpunkt (w21-07)
800
600
1400
1200
1000
800
600
Hallstätter See
Abzweig von Soleweg (w21-05)
Hallstatt
Salzbergwerk
Rudolfsturm
Obertraun
Obertraun

(w21-03, Schild „Privatweg Salinen Austria“). Von nun an ist der Weg lange Zeit nicht zu verfehlen, es geht immer geradeaus. Gut 2 km weiter wird die Gosauzwangbrücke überquert (w21-04).

Oberhalb der ersten Häuser von Hallstatt verlassen wir den Soleweg auf einen Pfad, der in den Ort hinunter führt (w21-05, geradeaus geht es zum Salzbergwerk). Von Hallstatt (w21-06) aus mit dem Schiff zur Bahnstation am gegenüberliegenden Ufer. Der weitere Weg verläuft nach links über den Bahnsteig und dann direkt am Ufer entlang. Nach 3,1 km erreichen wir den Gasthof Seeraunzn mit dem Schiffsanleger, etwa 200 m weiter zweigt ein Pfad zur Bahnstation ab (w21-07).

GPS		
w21-01:	47,61577	13,63208
w21-02:	47,60848	13,63328
w21-03:	47,60622	13,63498
w21-04:	47,59143	13,65012
w21-05:	47,56670	13,64860
w21-06:	47,56313	13,64963
w21-07:	47,59152	13,66575

Nach dem Abstieg in Hallstatt...

...geht es auf dem Ostuferweg weiter.

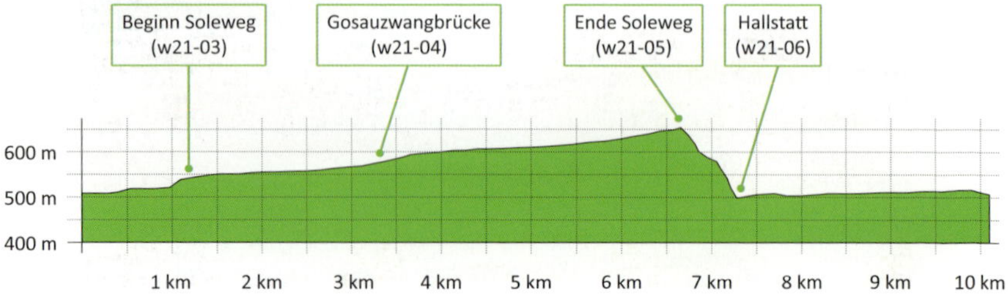

Wanderung 22:

Sarstein-Überschreitung

Der steile Westhang des Sarsteins zieht sich fast die gesamte Länge des Hallstätter Sees entlang und gibt dem Berg, vom Tal aus betrachtet, eine eindrucksvolle Erscheinung. Mit einer Höhe von 1975 Metern zählt der Hauptgipfel, der Hohe Sarstein, immerhin auch zu den höchsten im Salzkammergut. Dennoch kann man mit einer verhältnismäßig einfachen Wanderung den langgestreckten Bergrücken komplett überschreiten! Durch den bereits fast 1000 Meter hoch gelegenen Ausgangspunkt an der Pötschenpass-Straße halten sich die Höhenmeter in freundlichen Grenzen. Allerdings wird es gleich am Anfang hakelig: Ein steiler Pfad steigt, teilweise mit Drahtseilen gesichert, einen ungemütlichen Geröllhang hinauf. Sobald dieser mühsame Abschnitt bewältigt ist, bietet sich die bewirtschaftete Sarsteinalm für eine erste Rast an. Das weiträumige Gipfelplateau ist hier bereits erreicht, so dass der restliche Weg zum Gipfel ziemlich einfach ist.

Von dort haben wir eine prachtvolle Aussicht über fast das gesamte Ausseer Land. Dahinter breiten sich die kahlen Gipfel des Toten Gebirges aus, in der anderen Richtung erscheint der Dachstein fast auf

Vom Hohen Sarstein überblickt man fast das gesamte Ausseer Land.

Augenhöhe. Auch die Ostflanke des Sarsteins selbst, die dramatisch zum Koppental abfällt, macht von hier aus einen imposanten Eindruck. Beim Abstieg gehen wir zunächst eine Weile sehr entspannt den mit Latschenbeständen bedeckten Bergrücken des Sarsteins entlang, ehe wir bei der idyllisch gelegenen Sarsteinhütte den Abstieg beginnen. Bald tut sich endlich auch eine Aussicht auf den Hallstätter See auf, der bisher nicht zu sehen war. Die großen Eindrücke sind damit allerdings vorbei, von nun an geht es langwierig und etwas zäh durch die Waldzone nach Obertraun hinunter.

Eckdaten

Anspruch Technik: ●●●●● *schwierig*

Anspruch Kondition: ●●●●● *schwierig*

Länge: *12,4 km*

Höhenunterschied: *Aufstieg 970 m, Abstieg 1140 m, Durchschnitt Steigung 7,8 %, Gefälle 9,1 %*

Gehzeit: *4:40-5:40 Stunden (ohne Pausen)*

Anforderungen: *Beim Aufstieg zur Sarsteinalm sehr steiler, teilweise gerölliger Bergpfad. Einige Passagen sind mit einem Drahtseil gesichert. Trittsicherheit und Erfahrung mit schwierigen Hochgebirgswegen sind hier unbedingt nötig! Abgesehen von diesem Abschnitt verläuft die gesamte Wanderung auf einfachen bis mittelschweren Bergpfaden. Für den Abstieg von der Sarsteinhütte nach Obertraun sind Wanderstöcke zu empfehlen.*

Wegmarkierungen: *Der Weg ist durchgehend sehr gut markiert.*

Einkehrmöglichkeiten: *Auf der Sarsteinalm (www.sarstein.at) und in Obertraun. Die Sarsteinhütte ist nicht bewirtschaftet.*

Anfahrt mit dem Auto: *Ausgangspunkt ist der Pötschenpass (w22-01). Autofahrer parken am besten in Bad Goisern oder Bad Aussee und fahren mit dem Bus zum Ausgangspunkt und mit dem Zug zurück, da es von Obertraun zum Pass keine brauchbare Verbindung gibt.*

Anfahrt mit öffentlichen Verkehrsmitteln: *Buslinie 952 ab Bad Goisern (Mo-Fr 8:36 und 10:36 Uhr, Mitte Juli-Mitte Sept. auch So 9:48 Uhr, Sa keine Fahrt) oder ab Bad Aussee Post (7:50 und 9:20 Uhr, So im Sommer 8:25 Uhr) bis Pötschenpass. Notfalls per Autostopp. Zurück ab Obertraun-Dachsteinhöhlen mit dem Zug.*

Wegbeschreibung

Wir gehen von der Bushaltestelle an der Passhöhe auf das grüne Steiermark-Schild zu und verlassen die Straße direkt davor nach rechts Richtung Hoher Sarstein. Der Weg verläuft parallel zur Straße; nach gut 400 m zweigt bei einem Zaun ein schmaler Pfad nach rechts ab, wiederum zum Hohen Sarstein beschildert (w22-02) und als Nr. 691 markiert. Nach weiteren 1,3 km wieder rechts Richtung Hoher Sarstein (w22-03, geradeaus geht es nach Bad Aussee). Nun steigen wir längere Zeit auf einem steilen Steig einen gerölligen Hang hinauf, einige Stellen sind mit einem Drahtseil versehen. Am Ende des Steilhangs erreichen wir eine Weggabelung (w22-04): Rechts geht es in wenigen Minuten zur bewirtschafteten Sarsteinalm, unser weiterer Weg führt gut markiert nach links (Wegweiser zum Hohen Sarstein und nach Obertraun). Gut 1 km nach dieser Abzweigung ist der Gipfel erreicht (w22-05).

Von dort aus geht es in Richtung Dachstein auf den Mast einer Wetterstation zu und kurz davor hinun-

GPS

w22-01:	*47,62262*	*13,69402*
w22-02:	*47,62137*	*13,69903*
w22-03:	*47,61462*	*13,71173*
w22-04:	*47,60765*	*13,69740*
w22-05:	*47,60260*	*13,69908*
w22-06:	*47,57673*	*13,69110*
w22-07:	*47,57250*	*13,68265*
w22-08:	*47,55988*	*13,68380*
w22-09:	*47,55765*	*13,68393*

Nach dem Gipfelabstieg geht es auf dem langgestreckten Bergrücken weiter.

ter zu dem unten sichtbaren Bergrücken. Nun führt der Weg längere Zeit eindeutig erkennbar durch die Latschenbestände zur Sarsteinhütte (w22-06). Direkt davor geht es nach rechts, der Pfad wird steiler. 1,1 km nach der Hütte bietet die Goiserer Aussicht (w22-07) einen Blick auf den Hallstätter See. Danach geht es lange Zeit unverfehlbar nach Obertraun hinunter. Am Ortsrand stoßen wir auf eine kleine Straße (w22-08), der wir geradeaus (ein Stück vor der Kirche rechts) zum Bahnhof folgen (w22-09).

Erst beim Abstieg kommt der Hallstätter See in Sicht.

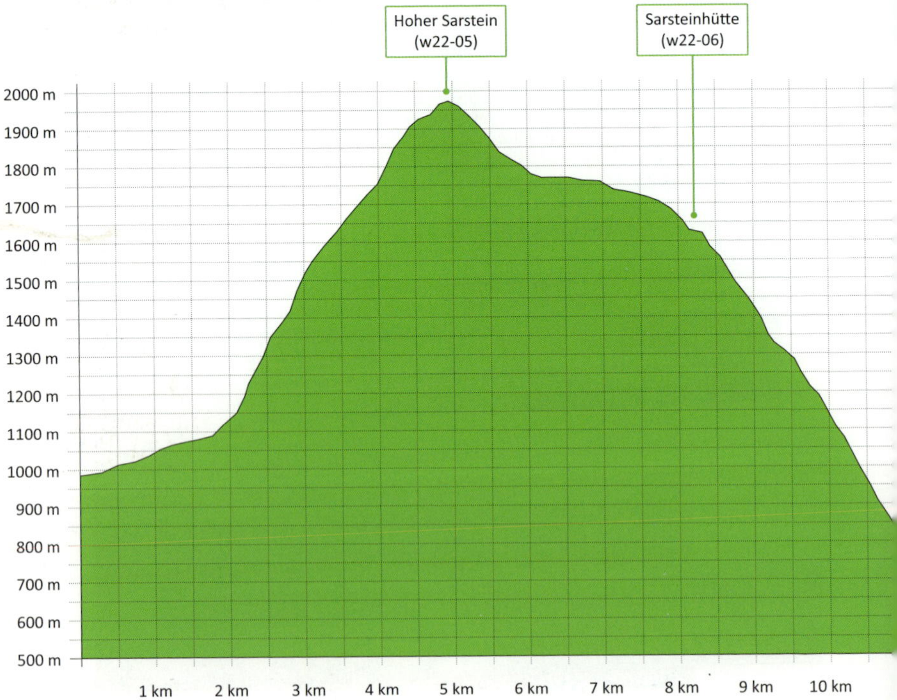

12 km

Bad Ausse
B145
Abzweigung
w22-03
1000
Pötschenpass,
Ausgangspunkt
(w22-01)
Bad Goisern
1200
1500
Sarsteinalm
1700
Hoher Sarstein
(w22-05)
1800
1500
1500
1000
1000
Bad Aussee
Sarsteinhütte
(w22-06)
1500
Goiserer Aussicht
(w22-07)
1200
1000
800
600
Bahnstation
Obertraun-Dachsteinhöhlen,
Endpunkt (w22-09)
Hallstätter
See
Obertraun
1 km
1:50.000
Hallstatt

Wanderung 23:

Über den Heilbronner Weg

Die kleine Runde über den Heilbronner Weg ist die einfachste Wanderung auf dem Dachstein-Plateau (➤ Seite 122) und daher auch für Familien und ältere Menschen geeignet. Da die Tour von der zweiten Station der Dachsteinseilbahn zur tiefer gelegenen dritten Station führt, geht es fast nur bergab. Dennoch ist es eine abwechslungsreiche Tour mit hohem Erlebniswert, auf der man einen schönen Eindruck von dieser Karstlandschaft bekommt: Die Umgebung des Weges ist durch scharfkantige Felsen mit sogenannten „Karren", durch Wasserausspülung entstandenen Rinnen, geprägt. Dazu gibt es eine kleine Eishöhle und die begehbare Skulptur des „Dachsteinhais" zu sehen. Der Weg ist als Naturlehrpfad eingerichtet, Tafeln erklären die Besonderheiten, die hier zu sehen sind.

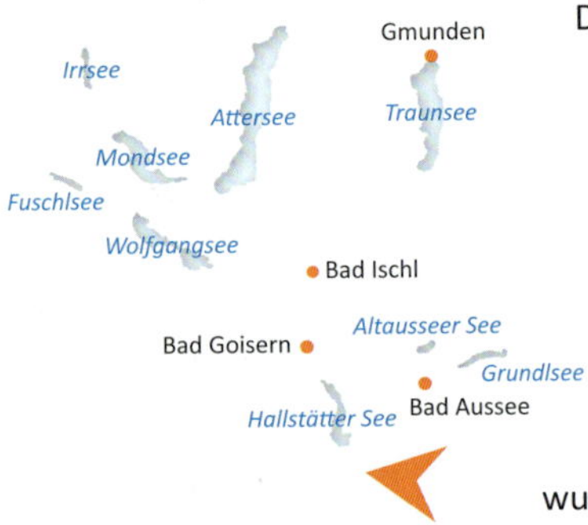

Der Weg führt am Heilbronner Kreuz vorbei, das an eine der größten Tragödien im Dachsteingebiet erinnert: Am 15. April 1954 wurde hier eine Gruppe von zehn Schülern und drei Lehrern aus Heilbronn von einem Schlechtwettereinbruch überrascht. Die unerfahrene und schlecht ausgerüstete Wandergruppe verirrte sich im Schneetreiben, alle Beteiligten erfroren.

Die Wanderung führt mitten durch die Karstlandschaft.

Eckdaten

Anspruch Technik: *●●○○○ leicht*
Anspruch Kondition: *●●○○○ leicht*
Länge: *8,0 km*
Höhenunterschied: *Aufstieg 100 m, Abstieg 400 m, Durchschnitt Steigung 1,2 %, Gefälle 5,0 %*
Gehzeit: *1:50-2:10 Stunden (ohne Pausen)*

Anforderungen: *Einfache Wanderung auf einem breiten, flachen Schotterweg, der nur an wenigen Stellen etwas steiler wird. Die Eishöhle ist wenige Meter tief und ohne Leuchte zugänglich.*

Variationsmöglichkeiten: *An der Gjaidalm kann man Tour 24 oder 25 anschließen.*

Wegmarkierungen: *Der Weg ist durchgehend sehr gut markiert.*

Einkehrmöglichkeiten: *Lodge am Krippenstein und Berggasthof Gjaidalm (beide mit Übernachtungsmöglichkeiten).*

Anfahrt: *Mit der Dachstein-Seilbahn ab Obertraun (S. 125) bis Station Krippenstein (w23-01).*

Wegbeschreibung

Von der Station Krippenstein auf dem linken Weg Richtung Lodge, vor der Lodge links Richtung Heilbronner Kreuz (Weg 661). An der Abzweigung 250 m weiter nach links Richtung Karstwanderweg/Heilbronnerkreuz (w23-02). Wir befinden uns jetzt auf dem breiten Heilbronner Weg, dem wir von nun an immer geradeaus folgen. Gut 500 m weiter kann man nach links einen kleinen Abstecher zur Krippenstein-Eishöhle machen (w23-03). Der Pfad führt an der Höhle vorbei und trifft kurz danach wieder auf den breiten Hauptweg, auf dem es nach links weitergeht. Von nun an immer geradeaus Richtung Heilbronner Kreuz. 3,5 km nach dem Start erreichen wir eine Weggabelung, nach links geht es in etwa 60 m zum Heilbronner Kreuz (w23-04). Vom Kreuz zurück bis zur Gabelung und dort links Richtung Karstwanderweg/Gjaidalm. Von nun an ist der Weg nicht mehr zu verfehlen; 4,5 km nach der Gabelung erreichen wir die Seilbahnstation Gjaidalm (w23-05). Zum Gasthof sind es etwa 8 min geradeaus.

Tafeln erklären die Besonderheiten am Weg.

Zwischendurch hat man immer wieder eine schöne Aussicht.

w23-01:	47,52293	13,69318	GPS
w23-02:	47,52072	13,69233	
w23-03:	47,51810	13,69877	
w23-04:	47,50995	13,72202	
w23-05:	47,51527	13,67452	

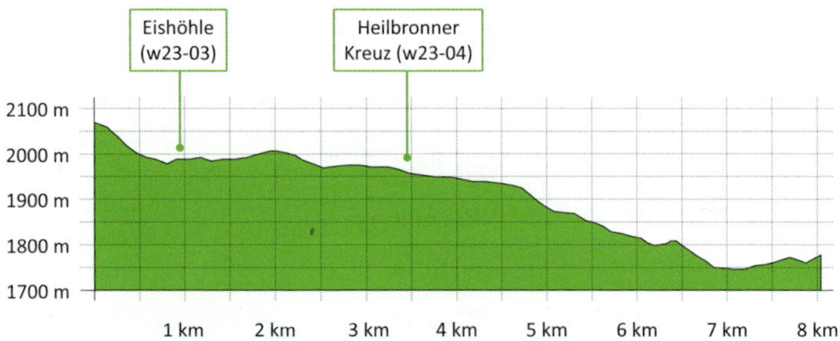

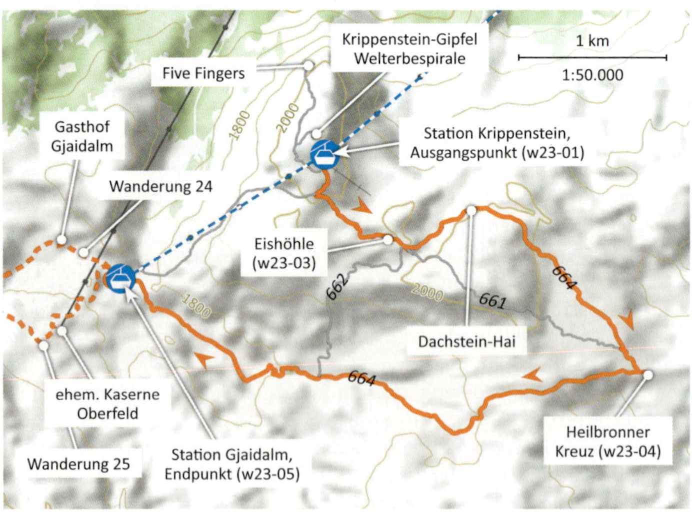

Wanderung 24:

Von der Gjaidalm zum Wiesberghaus

Diese mittelschwere Halbtagestour ist eine schöne Runde über das von Latschenkiefern und Bergwiesen bedeckte Dachstein-Plateau. Sie verläuft teilweise auf demselben Weg wie die Tour 25, steigt aber nicht in die hochgelegenen Felsregionen hinauf. Vom Erlebniswert her reicht sie nicht ganz an die Taubenkogelrunde heran; dafür bietet sie aber auch weniger konditionsstarken Wanderern und Familien ein großartiges Bergerlebnis in dieser einmaligen Landschaft!

Mit der Dachsteinseilbahn geht es bis zur Station Gjaidalm. Von dort führt der Weg an der 2009 verlassenen Bundesheerkaserne Oberfeld vorbei und dann längere Zeit durch die mit dichten Latschenbeständen bedeckte Karstlandschaft in Richtung der Simonyhütte. Der Weg zu dem populären Bergsteiger- und Kletterer-Stützpunkt ist viel begangen. Wir steigen jedoch nicht ganz bis zur Simonyhütte hinauf, sondern wenden uns kurz davor nach rechts zum weniger betriebsamen Wiesberghaus. Vorher lohnt noch der bescheidene Gipfel der Ochsenwieshöhe einen kurzen Abstecher: Die flache Kuppe erscheint nicht allzu imposant, auch die Höhe von 1990 Metern bedeutet am Dachstein nicht viel. Doch der Blick auf die

Von der Ochsenwieshöhe hat man eine schöne Aussicht auf die Dachsteingipfel.

Hauptgipfel und die unterhalb gelegenen Gletscher ist großartig und lohnt den kleinen Abstecher in jedem Fall! Gleich darauf bietet das Wiesberghaus die Möglichkeit zu einer Rast, ehe es durch das Tal der Bärengasse wieder in Richtung Seilbahnstation geht. Kurz vor dem Ziel gibt es mit dem Berggasthof Gjaidalm noch eine weitere Einkehrmöglichkeit.

Eckdaten

Anspruch Technik:	● ● ● ● ●	*mittel*
Anspruch Kondition:	● ● ● ● ●	*mittel*
Länge:	*12,4 km*	
Höhenunterschied:	*Auf- und Abstieg jeweils 610 m, Durchschnitt Steigung/Gefälle jeweils 4,9 %*	
Gehzeit:	*4:00-4:40 Stunden (ohne Pausen)*	

Anforderungen: *Die Wanderung verläuft größtenteils auf recht einfachen Wegen. Kurze Passagen führen über steile Felsstufen; Trittsicherheit und gute Wanderschuhe sind daher nötig.*

Variationsmöglichkeiten: *Diese Wanderung ist gut mit Tour 23 (Seite 276) kombinierbar.*

Wegmarkierungen: *Der Weg ist durchgehend sehr gut markiert und beschildert. Durch die zahlreichen Abzweigungen besteht im ersten Abschnitt dennoch die Gefahr, sich zu verlaufen.*

Einkehrmöglichkeiten: *Berggasthof Gjaidalm (www.gjaid.at, Tel. 0043 6131 596) und Wiesberghaus (www.wiesberghaus.com, Tel. 0043 676 520 3193 oder 0043 664 121 1370), beide mit Übernachtungsmöglichkeiten.*

Anfahrt: *Mit der Dachstein-Seilbahn ab Obertraun (S. 125) bis Station Gjaidalm (w24-01).*

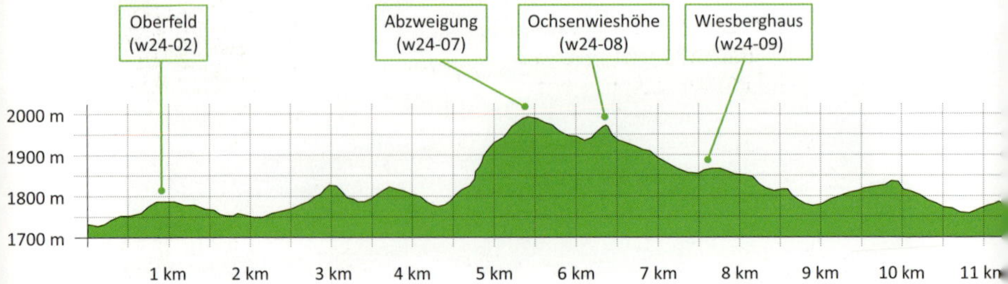

Wegbeschreibung

Wir gehen von der Seilbahnstation Gjaidalm ein Stück nach rechts Richtung Berggasthof Gjaidalm. Nach 150 m (noch vor dem Gasthof) gabelt sich die Fahrpiste; hier biegen wir nach links ab und erreichen so nach weiteren 700 m die verlassene Kaserne Oberfeld (w24-02). Dort folgen wir dem Wegweiser Richtung Wiesberghaus/Simonyhütte vorbei am Wasserbassin. Nur 200 m nach dem Passieren der Kaserne zweigt ein Weg zur Simonyhütte (über Trägerweg) nach links ab; wir halten uns aber weiter geradeaus auf Weg 654 Richtung Wiesberghaus (w24-03). Nach knapp 400 m ignorieren wir eine Abzweigung, die nach rechts zur Gjaidalm führt, und gehen geradeaus auf dem unbeschilderten Weg weiter (w24-04), gleich danach an einem Wegweiser rechts Richtung Wiesberghaus/Simonyhütte 654/650.

400 m weiter stoßen wir auf den von der Gjaidalm heraufkommenden Weg 650, dem wir nach links Richtung Simonyhütte folgen (w24-05). Nach weiteren 1,2 km folgen wir wiederum Weg 650 nach links zur Simonyhütte; der nach rechts zum Wiesberghaus und nach Hallstatt führende Weg 654 wird später unser Rückweg sein (w24-06). Nun folgt ein langer Anstieg, an dessen Ende wir auf den quer verlaufenden Weg 601 treffen; links geht es weiter hinauf zur Simonyhütte, wir wenden uns hier aber rechts Richtung Wiesberghaus (w24-07) und gehen von nun an wieder bergab. 800 m nach dieser Abzweigung lohnt ein kurzer Abstecher nach rechts auf die Ochsenwieshöhe (w24-08); der hölzerne Wegweiser ist unauffällig und aus unserer Richtung leicht zu übersehen. Zurück auf dem Hauptweg geht es hinunter zum Wiesberghaus, das von hier aus schon zu sehen ist. An der Hütte vorbei (w24-09) Richtung Gjaidalm.

GPS

w24-01:	47,51525	13,67448
w24-02:	47,51272	13,66890
w24-03:	47,51225	13,66707
w24-04:	47,51400	13,66323
w24-05:	47,51558	13,65960
w24-06:	47,51487	13,64732
w24-07:	47,50808	13,62860
w24-08:	47,51412	13,62932
w24-09:	47,52040	13,62603

Der Weg führt durch die Latschenbestände des Dachstein-Plateaus.

12 km

Der Weg führt jetzt leicht ansteigend durch das flache Tal der Bärengasse und trifft 2,2 km nach dem Wiesberghaus wieder auf den Weg 650, den wir vorhin heraufgekommen sind (w24-06). Hier gehen wir links Richtung Gjaidalm, ebenso bei einer weiteren Abzweigung nach 1,2 km (w24-05, vorhin sind wir den rechten Weg von Oberfeld heruntergekommen). Kurz danach ist der Gasthof schon zu sehen, am Haus vorbei geht es in weiteren 6-8 min zur Seilbahnstation.

Im Sommer kann man zahlreiche Alpenblumen am Weg sehen.

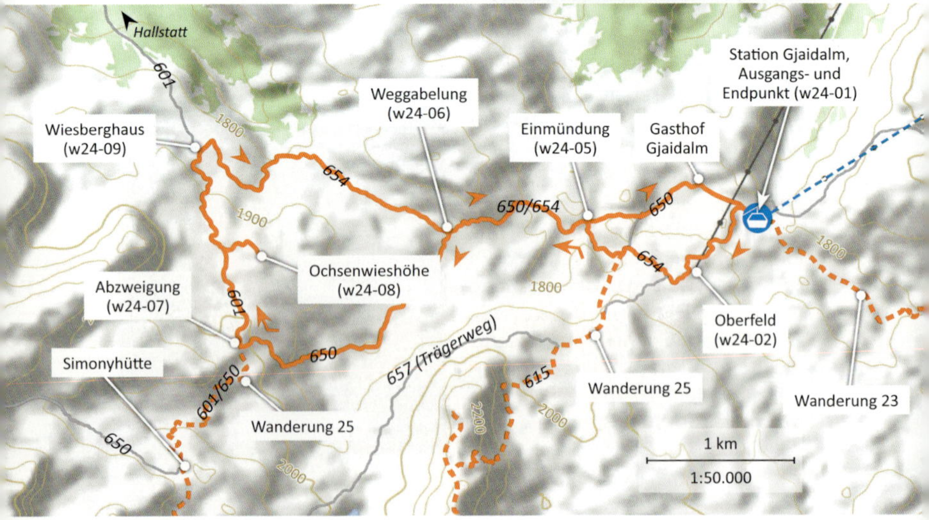

Über den Taubenkogel zur Simonyhütte

Der Aufstieg von der Gjaidalm zum Taubenkogel ist eine der anspruchsvolleren Wanderungen am Dachstein-Plateau. Die Mühe lohnt sich aber in jedem Fall: Der exakt 2300 Meter hohe Taubenkogel überragt das Dachstein-Plateau um einige hundert Meter und bietet eine grandiose Fernsicht. Auch der Blick auf den Dachstein-Hauptgipfel und den Hallstätter Gletscher ist von hier aus beeindruckend. Da der Aufstieg zum Taubenkogel zu den weniger populären Touren am Dachstein gehört, kann man die Stimmung hier oft in völliger Einsamkeit genießen.

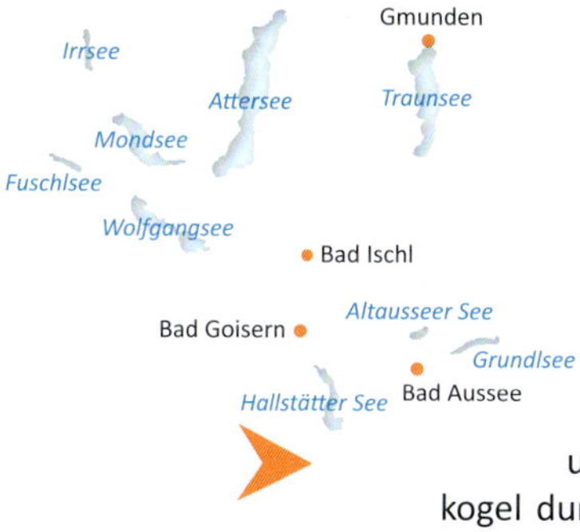

Das dichte Wegenetz dieser Gegend erlaubt es, der Besteigung eine Runde durch die hochalpine Landschaft unterhalb der Dachsteingletscher anzuschließen. Dazu geht es – abenteuerlich und etwas mühsam – vom Taubenkogel durch das Gjaidkar hinunter zum Oberen Eissee. In den kargen Schutthalden ist im Sommer eine überraschend vielfältige Flora zu finden. Wir setzen den Weg fort zur Simonyhütte, ein beliebter Stützpunkt von Bergsteigern und Kletterern. Von dort aus geht es schließlich vergleichsweise gemütlich auf dem Normalweg durch die ausgedehnte Latschenzone hinunter zur Seilbahnstation.

Der Taubenkogel überragt das Dachstein-Plateau um einige hundert Meter.

Eckdaten

Anspruch Technik:	●●●●● *schwierig*
Anspruch Kondition:	●●●●● *schwierig*
Länge:	*15,5 km*
Höhenunterschied:	*Auf- und Abstieg jeweils 1030 m, Durchschnitt Steigung/Gefälle jeweils 6,6 %*
Gehzeit:	*6:30-8:00 Stunden (ohne Pausen)*

Anforderungen: *Eine lange Wanderung, die auch technisch stellenweise hohe Ansprüche stellt: Der Abstieg vom Taubenkogel zum Oberen Eissee führt steil über grobes Geröll, Wanderstöcke sind hier sinnvoll. Alle anderen Wegteile entsprechen durchschnittlichen hochalpinen Pfaden.*

Variationsmöglichkeiten: *Diese Wanderung ist mit Tour 23 kombinierbar. Ab w25-14 kann man auch den mittleren Abschnitt von Tour 24 über das Wiesberghaus einbauen.*

Wegmarkierungen: *Der Weg ist im ersten Abschnitt (bis Taubenkogel) gut markiert, aufgrund der zahlreichen Abzweigungen ist aber trotzdem viel Aufmerksamkeit nötig. Der Abschnitt vom Taubenkogel zum Oberen Eissee ist ausgesprochen dürftig markiert und nur schlecht zu erkennen, hier kann man leicht den Weg verlieren! Erst ab dem Eissee ist die Markierung wieder sehr gut. Ein GPS-Gerät ist in jedem Fall sinnvoll und hilfreich.*

Einkehrmöglichkeiten: *Berggasthof Gjaidalm (www.gjaid.at, Tel. 0043 6131 596) und Simonyhütte (www.simonyhuette.com, Tel. 0043 680 219 6374), beide mit Übernachtungsmöglichkeiten.*

Anfahrt: *Mit der Dachstein-Seilbahn ab Obertraun (S. 125) bis Station Gjaidalm (w25-01).*

Wegbeschreibung

Von der Seilbahnstation (w25-01) geht es auf der breiten Fahrpiste nach rechts hinunter zum Gasthof Gjaidalm. Wir gehen am Haus vorbei und stoßen kurz danach auf eine Abzweigung, der wir nach links über die Almwiese folgen (w25-02, 650/654 Richtung Wiesberghaus/Simonyhütte). Bei einer Weggabelung nur etwa 400 m weiter links Richtung Hoher Gjaidstein/Oberfeld (w25-03; rechts führt Weg 650 zur Simonyhütte, auf diesem Weg werden wir später zurückkommen). Es folgen zwei Abzweigungen kurz hintereinander: Beim Hinweis „Oberfeld 15 min" (w25-04) bleiben wir auf dem geradeaus führenden Weg (ohne Wegweiser). Nach nur etwa 50 m bei einer zweiten Gabelung links Richtung Hoher Gjaidstein/Trägerweg. Nach weiteren 500 m führt ein Weg nach links, ein verblichener Wegweiser ist auf einen Stein gemalt (w25-05). Hier gehen wir geradeaus weiter. Nach 400 m erreichen wir wiederum eine beschilderte Abzweigung in einer gerölligen Gegend; der Taubenkogel ist jetzt vor uns schon deutlich sichtbar (w25-06). Hier halten wir uns links Richtung Hoher Gjaidstein (615), nach rechts geht es zur Simonyhütte (Trägerweg, 657). Der Weg führt nun links am Taubenkogel vorbei und steigt kurz danach steil an. Wir erreichen eine kleine Hochebene, nach vorne öffnet sich der Blick zum Hallstätter Gletscher (w25-07). Wir folgen einem auf einen Stein gemalten Hinweis nach rechts zum Gipfel des Taubenkogels, den wir nach gut 500 m erreichen (w25-08).

Vom Taubenkogel hat man einen schönen Blick auf die Gipfelregion.

Von nun an ist die Orientierung schwierig, weil der Weg kaum

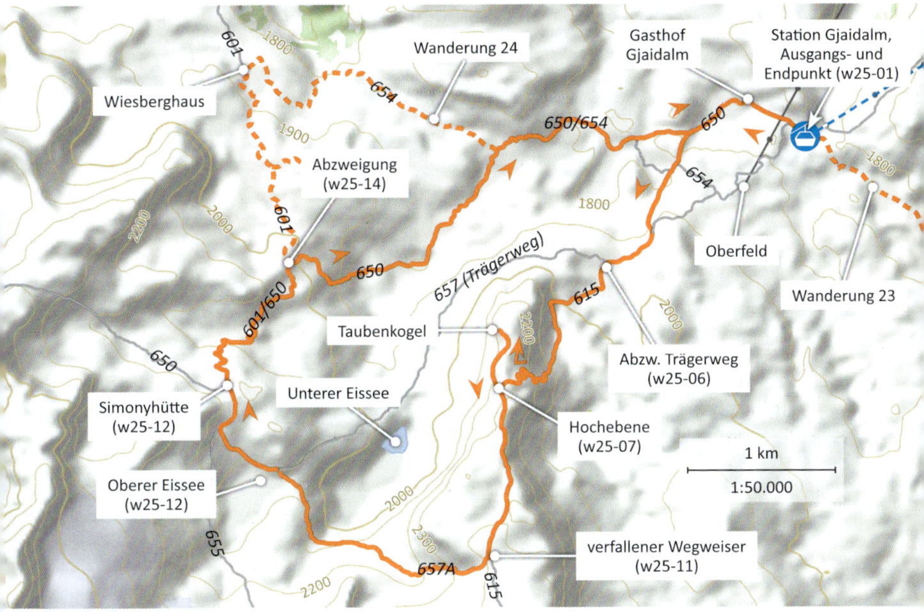

markiert ist: Vom Taubenkogel-Gipfel gehen wir zurück bis zur Hochebene (w25-07) und folgen dort der deutlich erkennbaren Pfadspur, ein flacher Gipfel wird links umgangen. Knapp 700 m nach der Abzweigung unseres Aufstiegsweges erreichen wir eine größere Steinpyramide, daneben steht ein alter Holzpfosten ohne Schilder (w25-09). Hier teilt sich der Weg; wir gehen nach rechts und folgen der durch Steinhaufen markierten Pfadspur in Richtung des deutlich sichtbaren Dachstein-Hauptgipfels. Wir steigen den flachen Hang des Vorderen Gjaidsteins hinauf und erreichen nach nur rund 160 m ein Stück unterhalb des Gipfels wiederum einen größeren Steinhaufen (w25-10). Hier geht es weiter nach rechts. Kurz danach, bei einer stark verblichenen Farbmarkierung auf einem Stein, nach rechts auf den Hohen Gjaidstein zu. Wir überqueren die flache Kuppe, dabei immer mit Blick auf den Hallstätter Gletscher den Steinpyramiden folgend, bis wir nach kurzer Zeit einen weiteren verfallenen Wegweiser erreichen. Dort biegen wir rechts Richtung Simonyhütte ab (w25-11).

Knapp unterhalb der Gletscher liegt der Obere Eissee.

Von nun an geht es mühsam über gerölliges Gelände hinunter zum Oberen Eissee. Dabei muss man ständig auf die spärlichen Markierungen achten, um den schwer erkennbaren Weg nicht zu verlieren. Am

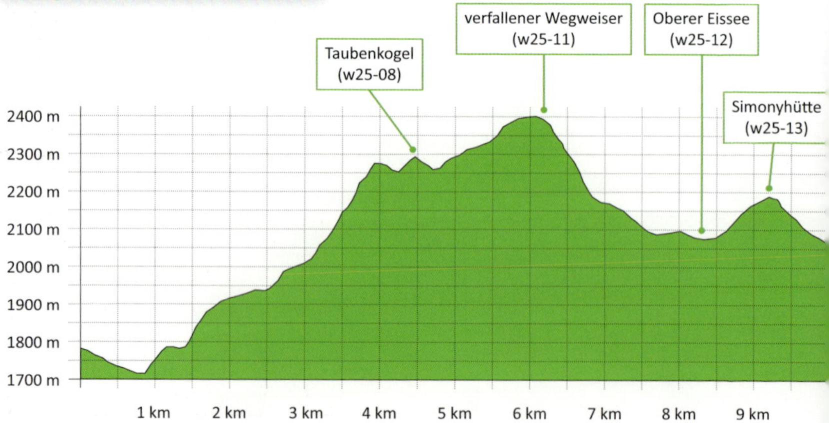

Oberen Eissee an einer Abzweigung links zur Simonyhütte (w25-12, rechts zweigt der Trägerweg 657 nach Oberfeld ab). Ab jetzt ist der Weg wieder zuverlässig markiert. Wir erreichen nach einem kurzen Anstieg die Simonyhütte (w25-13) und gehen geradeaus am Gebäude vorbei Richtung Wiesberghaus. Etwa 1,5 km nach der Hütte rechts Richtung Oberfeld/Gjaidalm (w25-14, geradeaus geht es wie bei Tour 24 zum Wiesberghaus). Der Weg steigt weiter ab und erreicht die Latschenzone. Von nun an folgen wir immer geradeaus dem deutlich sichtbaren Weg. Am Gasthaus Gjaidalm vorbei geht es auf der Fahrpiste in 6-8 min zur Seilbahnstation.

Die hochalpine Zone ist erstaunlich artenreich.

GPS		
w25-01:	47,51520	13,67440
w25-02:	47,51790	13,66858
w25-03:	47,51580	13,66437
w25-04:	47,51422	13,66348
w25-05:	47,50988	13,66115
w25-06:	47,50817	13,65738
w25-07:	47,50050	13,64743
w25-08:	47,50415	13,64747
w25-09:	47,49497	13,64855
w25-10:	47,49363	13,64838
w25-11:	47,49053	13,64672
w25-12:	47,49585	13,62760
w25-13:	47,50103	13,62335
w25-14:	47,50808	13,62862

Über die Lahngangseen ins Tote Gebirge

Der Grundlsee wird auf seiner Nordseite von den Felshängen des Toten Gebirges um mehr als 1000 Meter überragt. Auf steilen Steigen kann man hier in die Einsamkeit des mächtigen Gebirgszuges hinaufsteigen und diese ausgedehnte Rundwanderung unternehmen. Eine fantastische Tour, die durch die große Entfernung freilich sehr fordernd, mit dem hohen Erlebniswert und der Vielfalt von Eindrücken aber auch entsprechend lohnend ist: Vom winzigen Weiler Gößl geht es zunächst steil im Wald hinauf. Nach einem kräftezehrenden Anstieg von fast 800 Höhenmetern, kurz nach dem Überschreiten der Baumgrenze, bietet sich der malerisch gelegene Vordere Lahngangsee für eine Rast an: Im Westen von der langgestreckten Graswand, im Osten vom Gipfel des Neusteins überragt, ist er sicherlich einer der schönsten Bergseen des Salzkammerguts!

Vorbei am viel kleineren Hinteren Lahngangsee, der kaum zugänglich unten im Tal liegt, geht es durch Lärchenwald weiter bergauf, nun immerhin mit einer deutlich sanfteren Steigung. Der Weg führt

Tief im Toten Gebirge glänzt der Vordere Lahngangsee.

uns jetzt lange geradeaus, unterhalb der Graswand entlang, tief ins Tote Gebirge hinein. Nun folgt der schönste Wegteil, vorbei an den für das Tote Gebirge so typischen Karsterscheinungen durch ein Tal mit kleinen Moorflächen zur Wiesenlacke. Der flache Teich ist unser Wendepunkt: Jetzt geht es eine Weile steil bergauf zum 2062 Meter hohen Gipfel des Wildgößl, dessen eindrucksvolle Nordwestflanke wir vorhin von unten gesehen haben. Von nun an befinden wir uns auf dem Rückweg auf einem Pfad, der parallel zu unserem Hinweg verläuft – nur eben eine Etage höher. Nach rechts öffnet sich jetzt der Blick in die Hochfläche des Toten Gebirges hinein, in der Ferne überragt vom Dachsteinmassiv. Ohne allzu große Höhenunterschiede geht es nun längere Zeit dahin, ehe am Ende wieder der etwas hakelige Abstieg nach Gößl hinunter gemeistert werden muss.

Die Wiesenlacke ist der Wendepunkt.

Eckdaten

Anspruch Technik:	● ● ● ● ●	*mittel*
Anspruch Kondition:	● ● ● ● ●	*sehr schwierig*
Länge:	*20,3 km*	
Höhenunterschied:	*Auf- und Abstieg jeweils 1460 m, Durchschnitt Steigung/Gefälle jeweils 7,1 %*	
Gehzeit:	*7:30-9:00 Stunden (ohne Pausen)*	

Anforderungen: *Eine technisch unkomplizierte Wanderung auf mittelschweren Bergpfaden, die nur durch die erhebliche Länge anspruchsvoll ist. Für den steilen Abstieg am Ende sind Wanderstöcke zu empfehlen.*

Wegmarkierungen: *Der Weg ist durchgehend gut markiert.*

Einkehrmöglichkeiten: *Nur in Gößl, unterwegs keine.*

Anfahrt mit dem Auto: *Parkplatz am Seeufer oder am Strandbad Gößl (alle Stellplätze gebührenpflichtig)*

Anfahrt mit öffentlichen Verkehrsmitteln: *Buslinie 956 ab Bad Aussee bis Gößl. Letzte Rückfahrt Mo-Fr 18:43 Uhr, Sa/So 17:43 Uhr.*

Wegbeschreibung

Wir gehen vom Kreisverkehr am Seeufer (w26-01) nach Gößl hinein. Nach 400 m zweigt eine kleine Straße nach links ab, gelbe Schilder weisen zu den Lahngangseen und zur Pühringerhütte (w26-02). Kurz danach rechts über eine Brücke und gleich wieder links (Wegweiser Lahngangseen) auf einen Pfad, der sofort steil in den Wald hinaufführt. Der Weg trifft auf eine breite Fahrpiste und überquert sie, weiter aufsteigend (w26-03). Nur etwa 200 m weiter trifft unser Pfad auf einen von links heraufkommenden Weg, dem wir nach rechts folgen (w26-04, Wegweiser Schweiberalm/Lahngangsee/Pühringerhütte). Nach weiteren 350 m erreichen wir eine Weggabelung (w26-05): Der nach links hinaufführende Weg 213 Richtung Gößler Alm wird später unser Rückweg sein. Wir halten uns hier rechts auf dem Weg 214 zur Pühringerhütte.

Von nun an ist der Wegverlauf für lange Zeit eindeutig. Der Weg führt schließlich unter den steilen Felsabbrüchen der Graswand entlang und erreicht den Vorderen Lahngangsee (w26-06). Links am Ufer entlang geht es weiter, am Hinteren Lahngangsee vorbei, zu den Hütten der Elmgrube

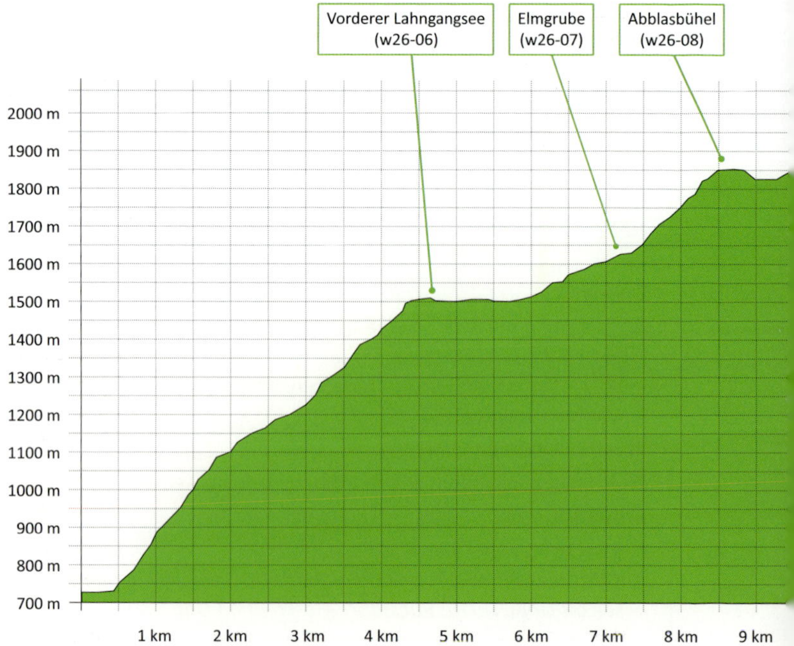

(w26-07). Dort zweigt der Ausseer Weg zur Pühringer Hütte nach rechts ab, wir gehen jedoch links auf den Weg 210 Richtung „Am Abblaser". Nach einem weiteren Anstieg erreichen wir eine Passhöhe, gleich dahinter liegt die winzige Lacke des Abblasbühels (w26-08). Ein Wegweiser zeigt weiter geradeaus Richtung Albert-Appel-Haus. Kurz nach der Lacke kann man auf dem nach links abzweigenden Pfad direkt zum Wildgößl aufsteigen und die Tour damit abkürzen. Für die vollständige Version geht es weiter geradeaus, jetzt ohne größere Steigung am linken Hang eines Tals entlang. Nur gut 300 m weiter wieder eine Abzweigung mit auf einen Stein gemalten Hinweisen: Weg 213 zweigt nach rechts Richtung Grießkarscharte/Almsee ab, wir bleiben auf dem geradeaus führenden 201 zum Wildgößl. Unser Weg beschreibt jetzt eine Linkskurve durch ein karstiges Hochtal, unten kommt die Wiesenlacke in Sicht. Wir gehen direkt an dem Gewässer vorbei (w26-09) und stoßen nur etwa 50 m dahinter auf eine wichtige Abzweigung, die der Wendepunkt unserer Wanderung ist: Geradeaus geht es zum Albert-Appel-Haus, wir biegen hier links ab zum Wildgößl.

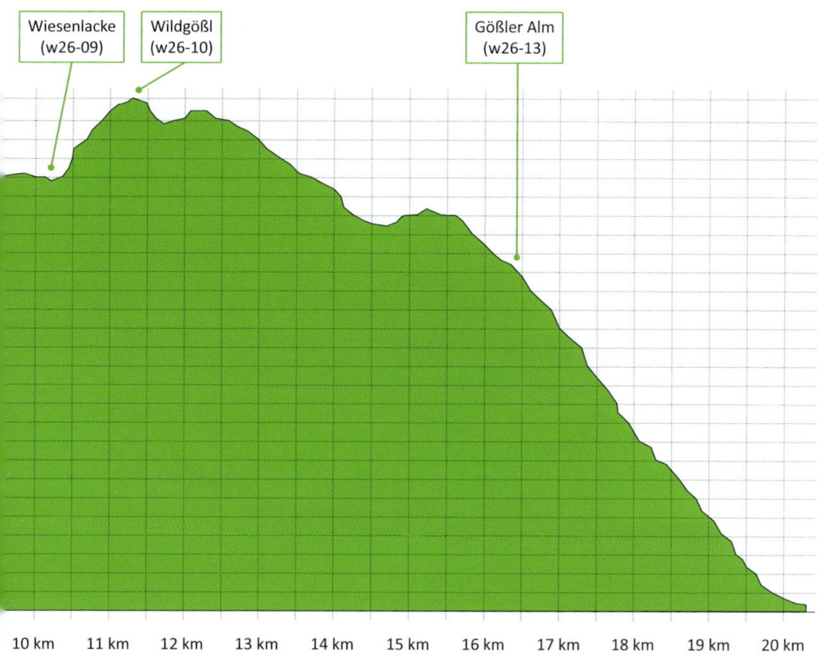

Der Pfad steigt jetzt steil zu einem grasigen Gipfel hin an. Der Wegverlauf ist hier kurzzeitig etwas undeutlich, die dürftigen Markierungen sind leicht zu übersehen. Wir müssen in jedem Fall diesen Gipfel erreichen; von dort aus gehen wir dann nach rechts in wenigen Minuten zum nur wenig höheren Gipfel des Wildgößl hinüber (w26-10), der an der Halterung des Gipfelbuchs erkennbar ist (ein Gipfelkreuz gibt es nicht). Der nun wieder deutlich erkennbare Pfad führt vom Gipfel nach rechts hinunter und weiter parallel zum Steilhang. Kurz danach erreichen wir eine Abzweigung (w26-11) – dies ist der Weg, der vom Abblasbühel heraufkommt. Wir gehen weiter geradeaus Richtung Gößler Alm/Gößl. 800 m weiter eine unmarkierte Weggabelung (w26-12): Hier kann man nach links einen kurzen Abstecher zum deutlich erkennbaren Gipfel des Salzofens machen, der Hauptweg führt rechts am Hang entlang leicht nach unten.

Nun ist der Weg wieder für lange Zeit eindeutig. Nach der Durchquerung eines lärchenbestandenen kleinen Tals geht es steiler bergab zur Gößler Alm (w26-13). Der Weg führt hinter der Alm etwas nach links und dann weiter durch den Wald bergab. 1,7 km nach der Alm trifft der Weg auf eine Einmündung zweier Forststraßen (w26-14); die nach links aufwärts führende Piste ist zu den Lahngangseen beschildert. Wir folgen jedoch der nach links bergab führenden Piste und verlassen sie gleich wieder auf dem Pfad, dessen Markierungen jetzt wieder deutlich sichtbar sind. Bei einem einzelnen Haus überquert der Weg nochmals eine Fahrpiste. Kurz darauf treffen wir auf unseren Anstiegsweg, der nach links Richtung Pühringerhütte/Lahngangseen beschildert ist (w26-05). Hier geht es jetzt nach rechts weiter bergab. 600 m weiter, bei w06-03, dürfen wir die nach Gößl beschilderte Abzweigung nach links nicht verpassen (der breitere Hauptweg führt zur Murbodenhütte etwas weiter westlich am Seeufer). Kurz nach einer Bank etwas links und über die Forststraße, dann dem Breuer-Franzl-Steig Richtung Gasthof Veit folgen. Schließlich ist Gößl erreicht, hier rechts zur Hauptstraße am Seeufer.

Zwischen Abblasbühel und Wiesenlacke erstreckt sich eine karge Karstlandschaft.

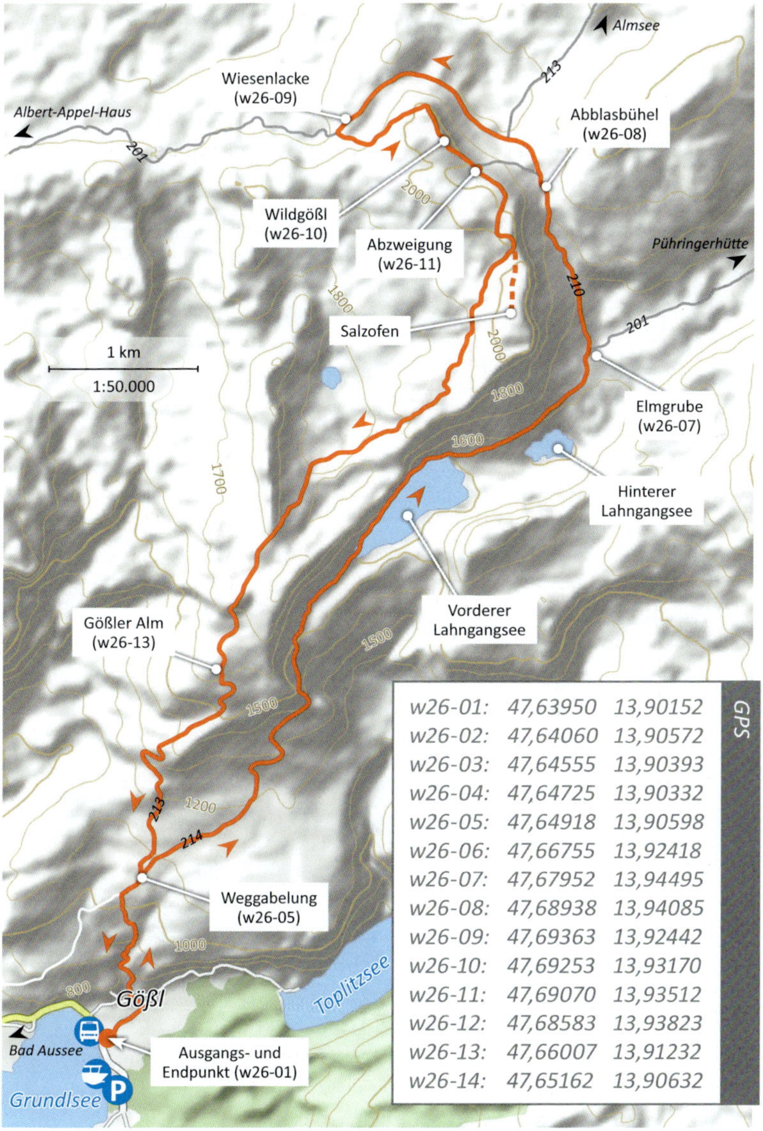

w26-01:	47,63950	13,90152
w26-02:	47,64060	13,90572
w26-03:	47,64555	13,90393
w26-04:	47,64725	13,90332
w26-05:	47,64918	13,90598
w26-06:	47,66755	13,92418
w26-07:	47,67952	13,94495
w26-08:	47,68938	13,94085
w26-09:	47,69363	13,92442
w26-10:	47,69253	13,93170
w26-11:	47,69070	13,93512
w26-12:	47,68583	13,93823
w26-13:	47,66007	13,91232
w26-14:	47,65162	13,90632

Auf die Trisselwand

Zwischen Grundlsee und Altausseer See zieht sich einer der Ausläufer des Toten Gebirges nach Südwesten – und trumpft noch einmal mit einem imposanten Gipfel auf: Die Trisselwand überragt den Altausseer See um mehr als 1000 Meter, im oberen Teil mit einer nahezu senkrechten Felswand. Über den Tressensattel ist der Gipfel leicht besteigbar, und da man weit hinauffahren kann, ist es zudem eine recht kurze Tour – freilich nur, wenn man ein Auto zur Verfügung hat, denn Benutzer öffentlicher Verkehrsmittel müssten zunächst von Altaussee zum Tressensattel aufsteigen, was die Wanderung bedeutend verlängert.

Alleine schon der im oberen Abschnitt aussichtsreiche Anstiegsweg ist ein Vergnügen. Auf den letzten Metern bietet sich dann ein wahrhaft schwindelerregender Tiefblick auf den Hang neben der exponierten Gipfelzacke, ehe sich eine fantastische Aussicht auf den Altausseer See und den gegenüber liegenden Loser öffnet! Da es keine Alternativen gibt, bleibt nur der Abstieg auf demselben Weg.

Der Gipfel der Trisselwand ist atemberaubend exponiert.

Eckdaten

Anspruch Technik:	*●●●○○ mittel*
Anspruch Kondition:	*●●●○○ mittel*
Länge:	*7,4 km*
Höhenunterschied:	*Auf- und Abstieg jeweils 800 m, Durchschnitt Steigung/Gefälle jeweils 10,8 %*
Gehzeit:	*3:10-4:00 Stunden (ohne Pausen)*

Anforderungen: *Die Wanderung verläuft auf mittelschweren, teilweise recht steilen Bergpfaden.*

Wegmarkierungen: *Der Weg ist durchgehend sehr gut markiert.*

Einkehrmöglichkeiten: *Gasthaus Trisselwand am Ausgangs- und Endpunkt, unterwegs keine.*

Anfahrt mit dem Auto: *Von Bad Aussee zum Grundlsee. Kurz hinter der Traunbrücke am unteren Ende des Sees links Richtung Mosern/Untertressen, dann rechts Richtung Sattl. Die Straße führt bergauf zum Gasthaus Trisselwand am Tressensattel (w27-01).*

Anfahrt mit öffentlichen Verkehrsmitteln: *Keine Verbindung zum Ausgangspunkt.*

Wegbeschreibung

Der Weg führt links am Gasthaus vorbei und ist im weiteren Verlauf wechselnd mit Trisselberg, Trisselkogel oder Trisselwand beschildert – das Ziel ist immer dasselbe. Bei einer Abzweigung kurz nach dem Start geradeaus (w27-02). Wir treffen auf eine Forstpiste (w27-03); hier ein kleines Stück links, nach wenigen Metern wieder rechts auf einen schmalen Pfad mit der Nummer 233. Der nun eindeutige Weg führt steil bergauf und überquert die Waldgrenze. Auf einem Hochplateau erreichen wir eine Abzweigung (w27-04); hier links zur Trisselwand (geradeaus geht es zur Schoberwiesalm, Weg 234). Kurz danach ist der Gipfel erreicht (w27-05).

Zurück geht es auf demselben Weg. Kurz vor dem Ziel muss man sich an der Gabelung (w27-02) links Richtung Bad Aussee/Grundlsee halten (rechts geht es nach Altaussee), um zum Parkplatz zu gelangen.

Im oberen Abschnitt ist der Aufstiegsweg aussichtsreich.

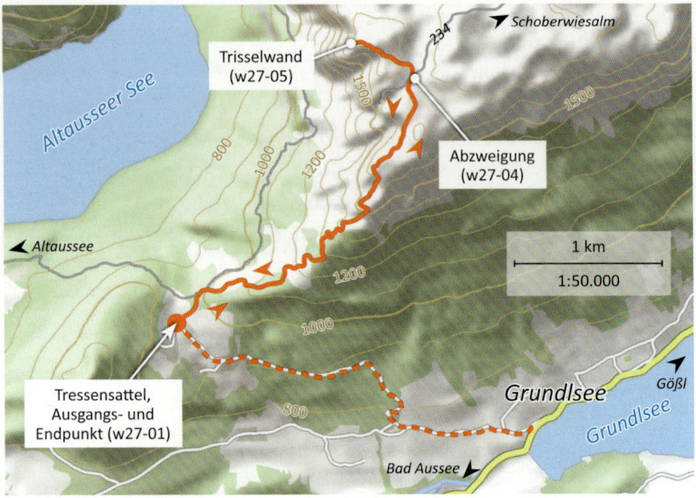

GPS		
w27-01:	*47,62928*	*13,79735*
w27-02:	*47,63130*	*13,79957*
w27-03:	*47,63188*	*13,80680*
w27-04:	*47,64240*	*13,81872*
w27-05:	*47,64618*	*13,81330*

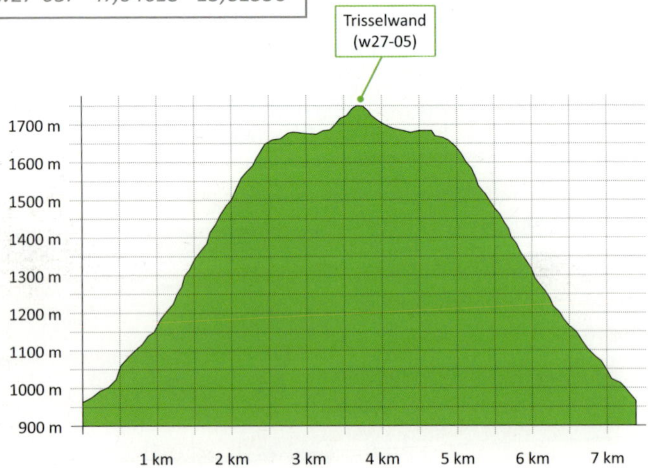

Runde um den Altausseer See

Der Altausseer See ist mit seiner Lage, umrahmt von den Ausläufern des Toten Gebirges mit Trisselwand und Loser, von außergewöhnlicher Schönheit. Zusammen mit Altaussee (➤ Seite 144) bildet er ein großartiges Ensemble – und natürlich war der See der wichtigste Grund dafür, dass sich im Ort überhaupt so viele Literaten ansiedelten und Altaussee zum „Dorf der Dichter“ machten.

Mit einer entspannten Kurzwanderung, die die perfekte Ergänzung zu einer Ortsbesichtigung ist, kann man den See in knapp zwei Stunden auf einem sehr einfachen Weg umrunden. Vom Altausseer Zentrum geht es zunächst nach Süden, bis am Austritt der Altausseer Traun der eigentliche Seerundweg beginnt. Am südlichen Ufer kommt man immer wieder an einladenden Badestellen vorbei, ehe man am östlichen Ende, gegenüber von Altaussee, die Seewiese erreicht. Das traditionsreiche Gasthaus lädt zu einer ausgiebigen Rast ein, der Schiffsanleger vorm Haus ermöglich sogar den vorzeitigen Abbruch der Tour. Weit ist es aber von hier aus nicht mehr: Nur noch 2,5 Kilometer führt der Weg am nicht weniger hübschen Nordufer entlangt nach Altaussee zurück.

Von der Seewiese überblickt man den See in Richtung Westen.

Eckdaten

Anspruch Technik: *• • • • • sehr leicht*

Anspruch Kondition: *• • • • • leicht*

Länge: *7,6 km*

Höhenunterschied: *Auf- und Abstieg jeweils 50 m, Durchschnitt Steigung/Gefälle jeweils 0,6 %*

Gehzeit: *1:40-1:50 Stunden (ohne Pausen)*

Anforderungen: *Sehr einfache Kurzwanderung auf flachen Wegen.*

Variationsmöglichkeiten: *Von der Seewiese aus kann man mit dem Schiff zurückfahren und die Strecke so auf 5,8 km verkürzen.*

Wegmarkierungen: *Der Weg ist durchgehend sehr gut markiert und auch mangels Alternativen nicht zu verfehlen.*

Einkehrmöglichkeiten: *In Altaussee, im Gasthaus Seewiese und an der Jausenstation Kahlseneck.*

Anfahrt mit dem Auto: *Wir benutzen einen der Parkplätze in Altaussee (S. 147).*

Anfahrt mit öffentlichen Verkehrsmitteln: *Buslinie 955 ab Bahnhof Bad Aussee bis Altaussee.*

Wegbeschreibung

Vom Parkplatz beim Kur- und Amtshaus (w28-01) auf der Hauptstraße Richtung See, dann hinter der Kirche rechts und vorbei an der Schiffsanlegestelle und dem Hotel Seevilla. Bei der Traunbrücke (w28-02) beginnt der Seeuferweg, der uns immer direkt am Ufer entlang führt. Nach insgesamt gut 5 km erreichen wir das Gasthaus Seewiese auf der gegenüberliegenden Seite (w28-03, Schiffsstation). Der restliche Weg bis zum Park-

Der „Weg um den See" führt immer am Ufer entlang.

platz beträgt noch 2,5 km; eine weitere Einkehrmöglichkeit bietet hier die Jausenstation Kahlseneck (w28-04).

GPS		
w28-01:	*47,64085*	*13,76660*
w28-02:	*47,63568*	*13,76817*
w28-03:	*47,64945*	*13,79467*
w28-04:	*47,64322*	*13,77893*

Vor allem am Südufer gibt es reizvolle Badeplätze.

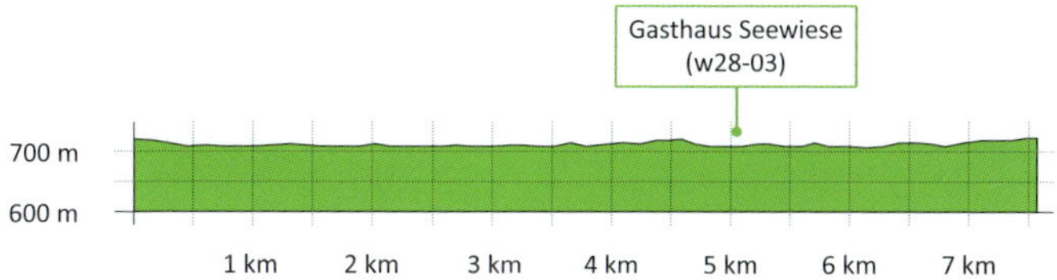

Wanderung 29:

Rundwanderung am Loser

Mit der leichten Erreichbarkeit über die Panoramastraße gehört der Loser zu den meistbesuchten Gipfeln im Salzkammergut (➤ Seite 150). Die fantastische Aussicht über das Ausseer Land, die er durch seine exponierte Lage am äußersten Rand des Toten Gebirges bietet, ist ein zusätzliches Argument dafür, dass man diesen Gipfel einfach erlebt haben muss – auch wenn er zugegebenermaßen ziemlich überlaufen ist.

Die meisten Wanderer bevorzugen den direkten Weg vom Parkplatz an der Loser-Almhütte über den flachen Gipfel des Hochangers und gehen auf demselben Weg zurück. Mit einem Start an der etwas tiefer gelegenen Loserhütte lässt sich die Besteigung zu einer Rundwanderung ausbauen, die nur wenig länger ist, dafür aber sehr schöne zusätzliche Eindrücke bietet – vor allem den großartigen Blick auf die markante Steilwand, mit der der Loser zum Tal hin abfällt. Die populären Attraktionen des Loserplateaus wie das Loserfenster und der Augstsee werden dann auf dem Rückweg mitgenommen, wo sich außerdem das Bergrestaurant Loser-Almhütte für die verdiente Einkehr anbietet.

Vom Losergipfel überblickt man fast das gesamte Ausseer Land.

Eckdaten

Anspruch Technik: ● ● ● ● ● *mittel*
Anspruch Kondition: ● ● ● ● ● *leicht*
Länge: *4,9 km*
Höhenunterschied: *Auf- und Abstieg jeweils 410 m, Durchschnitt Steigung/Gefälle jeweils 8,3 %*
Gehzeit: *2:00-2:30 Stunden (ohne Pausen)*

Anforderungen: *Kurze Rundwanderung auf überwiegend mittelschweren Bergpfaden. Beim Abstieg vom Hochanger zum Augstsee kurzzeitig steil mit Felsstufen.*

Wegmarkierungen: *Der Weg ist durchgehend gut markiert.*

Einkehrmöglichkeiten: *Helis Loserhütte und Loser-Almhütte.*

Anfahrt mit dem Auto: *Auf der Loser-Panoramastraße (mautpflichtig, S. 152) bis zum Parkplatz bei Helis Loserhütte kurz nach Kehre 12 (w29-01, nicht bis zum Ende bei der Loser-Almhütte).*

Anfahrt mit öffentlichen Verkehrsmitteln: *Keine Verbindung zum Ausgangspunkt.*

Wegbeschreibung

Wir gehen vom Parkplatz aus hinunter zur Loserhütte und geradeaus rechts am Gebäude vorbei Richtung Losergipfel (nicht gleich rechts abbiegen Richtung „Loser über Hochanger"). Etwa 70 m nach der Hütte an einer Weggabelung rechts aufsteigend Richtung Loser, Weg 255 (w29-02). Bei einer Einmündung nach knapp 300 m (w29-03, oben sind Wegzeichen am felsigen Hang zu sehen) nicht auf dem deutlichen Weg nach rechts, sondern weiter auf den Losergipfel zu. Von nun an ist der Wegverlauf eindeutig. Nach längerem Aufstieg treffen wir auf den Hauptweg, der von der Loser-Almhütte hierher führt (w29-04, Wegweiser „Augstsee über Hochanger", 255). Dies wird später unser weiterer Weg sein, wir gehen zunächst links und erreichen nach knapp 500 m den Losergipfel (w29-05).

Von dort geht es zurück und an der letzten Abzweigung (w29-04) nun geradeaus zum Gipfel des Hochangers hinauf (w29-06). Dort links an der kleinen Bergrettungshütte vorbei und hinunter Richtung Augstsee. Genau gegenüber der Bergstation des Skiliftes ist auf der linken Seite das Loserfenster zu

GPS

w29-01:	*47,65627*	*13,78342*
w29-02:	*47,65650*	*13,77992*
w29-03:	*47,65810*	*13,77972*
w29-04:	*47,66363*	*13,77453*
w29-05:	*47,66073*	*13,77098*
w29-06:	*47,66305*	*13,77783*
w29-07:	*47,66463*	*13,78115*
w29-08:	*47,66045*	*13,78462*

Das Loserfenster liegt direkt am Weg.

sehen, ein einige Meter hohes Felstor (w29-07). Wir passieren den See am linken Ufer und halten auf den Wegweiser am gegenüberliegenden Ende zu. Von dort geht es zum großen Parkplatz der Loseralm hinunter. Dort folgen wir der talwärts führenden Straße und verlassen sie bei der Ausfahrt des Parkplatzes nach rechts durch eine Viehsperre (w29-08, Weg 201, Markierung auf einem Kanaldeckel). Der Weg verläuft jetzt parallel zur Straße und links an der Talstation des Skiliftes vorbei zum Parkplatz.

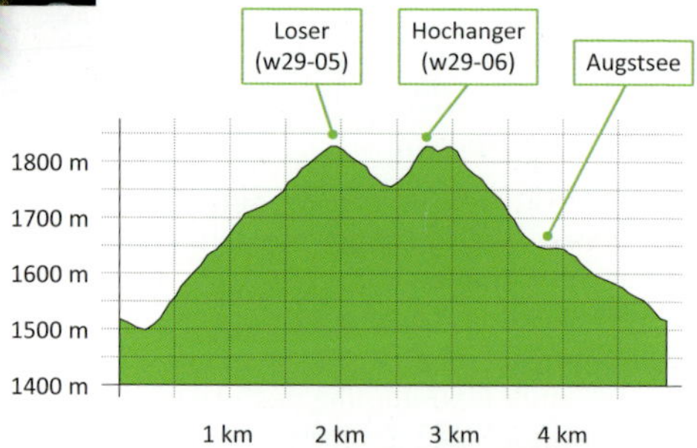

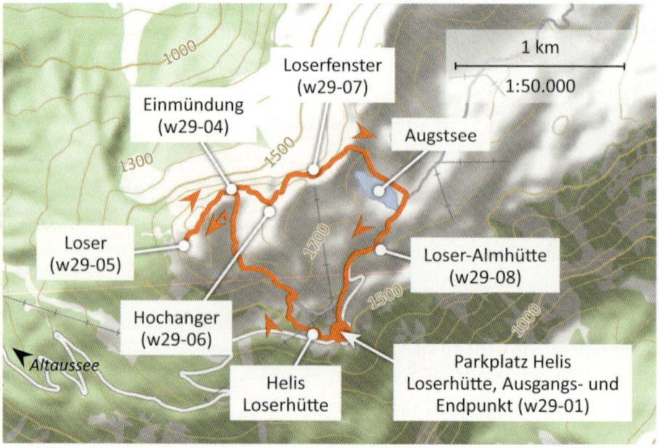

Seenwanderung auf der Tauplitzalm

Die Tauplitzalm oberhalb von Bad Mitterndorf (➤ Seite 155) ist für ihre zahlreichen Seen bekannt – im Sommer sind sie der Hauptgrund für einen Besuch der Alm. Mit der „6-Seen-Wanderung“ kann man in einer gemütlichen, familienfreundlichen Tour alle sechs Seen des Tauplitz-Plateaus erwandern. Bei der hier vorgestellten Variante wurde allerdings der eher uninteressante Krallersee, dessen Umrundung die Tour am Ende noch einmal ziemlich in die Länge zieht, ausgelassen.

Der Weg überquert das Almplateau zunächst Richtung Westen, die unerfreuliche Straße wird dabei soweit wie möglich gemieden. Am Ende des Plateaus öffnet sich ganz unvermittelt die Aussicht auf den tief unten gelegenen Steirersee, eines der schönsten Postkartenmotive des Ausseer Landes. Wer es ganz bequem will, kehrt hier bereits um; es lohnt sich aber, noch eine Fortsetzung anzuschließen, die zunächst zum Steirersee hinunter und weiter zum Schwarzensee führt. Zurück geht es auf dem aussichtsreichen Hangweg Steirerseeleiten. Ganz zum Schluss gehen wir noch an den flachen Wiesenseen des Almplateaus, darunter der hübsche Großsee, vorbei.

Die Wanderung führt bis zum malerischen Schwarzensee.

Eckdaten

Anspruch Technik:	●●●●● *mittel*
Anspruch Kondition:	●●●●● *mittel*
Länge:	*11,6 km*
Höhenunterschied:	*Auf- und Abstieg jeweils 370 m, Durchschnitt Steigung/Gefälle jeweils 3,1 %*
Gehzeit:	*3:00-3:30 Stunden (ohne Pausen)*

Anforderungen: *Mittelschwere Rundwanderung, überwiegend auf Fahrpisten und anderen sehr einfachen Wegen, um den Steirersee herum kurzzeitig auf mäßig anspruchsvollen, teilweise schmalen und ausgesetzten Pfaden.*

Variationsmöglichkeiten: *Bei einer Umkehr an den Steirerseehütten verkürzt sich die Tour auf 6,8 km auf sehr einfachen Wegen.*

Wegmarkierungen: *Der Weg ist durchgehend sehr gut markiert und trotz der zahlreichen Abzweigungen übersichtlich.*

Einkehrmöglichkeiten: *Zahlreiche Einkehrmöglichkeiten im Kerngebiet der Tauplitzalm sowie in den Steirerseehütten.*

Anfahrt mit dem Auto: *Auf der Tauplitzalmstraße bis zum Parkplatz am Hollhaus (w30-01, mautpflichtig, S. 156)*

Anfahrt mit öffentlichen Verkehrsmitteln: *Bus ab Bad Mitterndorf (bis Parkplatz Hollhaus) oder Sesselbahn ab Tauplitz (S. 156). Bei Benutzung der Sesselbahn steigt man erst bei w30-04 in den beschriebenen Weg ein.*

Wegbeschreibung

Wir gehen vom Parkplatz geradeaus an der Schranke vorbei und biegen gleich danach rechts ab Richtung „Waldweg zur 4er-Sesselbahn". Nur 140 m weiter, an der dritten Hüttenzufahrt, geradeaus auf einen Wiesenweg (w30-02). Dieser trifft nach knapp 1 km, kurz nach der Unterquerung der Sesselbahn, auf eine Fahrpiste, der wir nach links folgen (w30-03). Kurz danach erreichen wir die Hauptstraße und folgen ihr nach rechts (w30-04). *Wer mit der Sesselbahn angekommen ist, geht von der Bergstation Richtung Osten und steigt hier in die Rundwanderung ein.* Die Asphaltstraße biegt nach 500 m rechts ab, wir gehen weiter geradeaus Richtung Grazer Hütte (w30-05). Kurz darauf wendet sich die Fahrpiste nach links; hier gehen wir geradeaus Richtung Steirersee und können ein Stück über die Wiese abkürzen. Bei einer Schranke teilt sich der Weg; links geht es in wenigen Minuten zu einem Aussichtspunkt mit Blick auf den Steirersee. Um die Wanderung fortzusetzen, halten wir uns auf dem rechts abwärts führenden Weg. Gleich danach kann man die weit ausholende Kehre der Fahrpiste links auf einem steinigen Weg abkürzen, dann sind die Steirerseehütten erreicht (w30-06). Kurz vor den Hütten geht es rechts Richtung „See Südufer", der Steirersee kommt unter uns in Sicht. Wir steigen jedoch nicht sofort dorthin ab, sondern folgen zunächst dem am Hang entlangführenden Weg. Kurz nach der Abzweigung nach Tauplitz Ort führt der Weg hinunter zum Seeufer (w30-07). Eine noch bessere Badestelle liegt rund 400 m weiter am Westende des Sees. Von dort geht es auf dem aufsteigenden Pfad eine Anhöhe hinauf, und nach 900 m ist der Schwarzensee erreicht, der letzte der Tauplitzseen (w30-08).

Die Wanderung bietet immer neue Aussichten auf den Steirersee.

Vom Schwarzensee aus gehen wir etwa 150 m zurück bis zur Anhöhe, übersteigen dort den Zaun und halten uns bei der Weggabelung jetzt rechts auf den hangparallel verlaufenden Weg. Dieser Weg, der Steirerseeleiten, führt uns oberhalb des Steirersees zu den Steirerseehütten zurück (w30-06). Dort folgen wir kurze Zeit dem Hauptweg, über den wir vorhin gekommen sind, vorbei an der Schranke. Bei einer Weggabelung (w30-09) geht es auf eine Piste nach rechts Richtung Grazer Hütte (vorhin sind wir auf der Piste von links gekommen). Wir passieren die Grazer Hütte und einige weitere Hütten und gehen geradeaus auf einem Wiesenpfad am kleinen Tauplitzsee vorbei (w30-10). An der Abzweigung beim See geradeaus Richtung Großsee/Märchensee/Krallersee.

Der Weg erreicht den Großsee (w30-11) und führt an seinem rechten Ufer entlang. An seiner hinteren Ecke lohnt ein sehr kurzer Abstecher zum kleinen Märchensee (w30-12), ehe es weiter um den Großsee herumgeht. Der Weg entfernt sich vom See und trifft auf eine Fahrpiste (w30-13). Zur Sesselbahn biegen wir hier nach links ab; zum Parkplatz nach rechts Richtung Parkplatz/Krallersee und bei der nächsten Abzweigung vor dem Hotel Herziger links (rechts geht es zum Krallersee, der Umweg lohnt sich aber nicht wirklich).

GPS

w30-01:	47,59330	13,98625
w30-02:	47,59330	13,98862
w30-03:	47,59408	14,00012
w30-04:	47,59592	14,00400
w30-05:	47,59625	14,01042
w30-06:	47,59812	14,02163
w30-07:	47,59755	14,03048
w30-08:	47,59998	14,04798
w30-09:	47,59747	14,01290
w30-10:	47,59760	14,00498
w30-11:	47,59985	13,99878
w30-12:	47,60143	13,99320
w30-13:	47,59672	13,99142

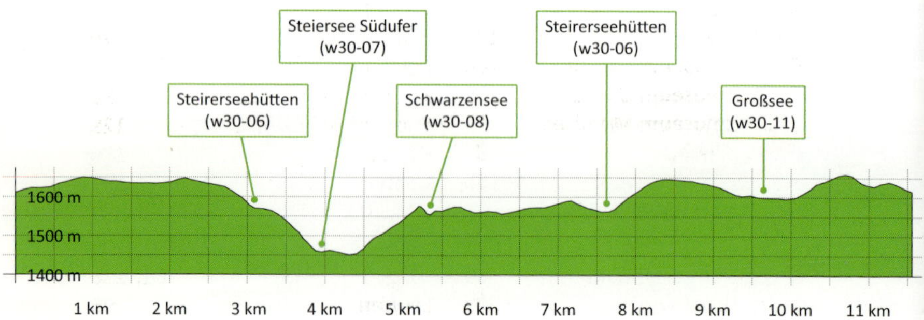

Register